杜威美育思想研究

肖晓玛　著

Wuhan University Press
武汉大学出版社

图书在版编目（CIP）数据

杜威美育思想研究 ／ 肖晓玛著. —— 武汉：武汉大学出版社，
2018.8（2023.8重印）

ISBN 978-7-307-20414-0

Ⅰ.杜… Ⅱ.肖… Ⅲ. 杜威（Dewey，John 1859—1952）—美育—教育
思想—研究 Ⅳ. ①G40-097.12 ②G40-014

中国版本图书馆CIP数据核字（2018）第167817号

责任编辑：黄朝昉 王婷芳 责任校对：胡贵春 版式设计：文豪设计

出版发行：**武汉大学出版社** （430072 武昌 珞珈山）

（电子邮箱：cbs22@whu.edu.cn 网址：www.wdp.com.cn）

印刷：廊坊市海涛印刷有限公司

开本：710×1000 1/16 印张：15 字数：350千字

版次：2018年8月第1版 2023年8月第2次印刷

ISBN 978-7-307-20414-0 定价：58.00元

版权所有，不得翻印；凡购我社的图书，如有质量问题，请与当地图书销售
部门联系调换。

前　言

约翰·杜威（John Dewey）生于1859年，1952年去世后，现在又过了半个多世纪。有人说，没有伟人的时代是可悲的。但是，思想的巅峰往往是很难跨越的，而伟人的产生往往以跨越前人思想来衡量。杜威逝世后的半个多世纪之中，人类经历了巨大的进步，物质生活水平达到前所未有的高度。但不可讳言的是，人类也面临文化与精神上的彷徨和混乱。时代进入21世纪之际，人类并未能解决精神上的所有问题。有人惊呼："上帝死了""众神远游"；有人感叹："逻各斯中心"已经解构，世界是一座"百鸟乱投林"的森

约翰·杜威像

林。人类在制造了无与伦比的物质财富的同时，仿佛也编织了更多的精神困境。这是一个需要文化创新的时代。文化作为生活方式，伴随着人类而产生，本来以解决人类的精神困境为天职，但在当代社会，文化与艺术作为人类精神的栖息地，并没有有效地为困惑的当代人造就一方绿荫。当代某些低俗的文化与艺术有三幅面孔：媚俗、妄自菲薄和低水平重复。媚俗就是迎合普通人的审美娱乐的要求，以低级的艺术取悦大众；妄自菲薄就是放弃对大众精神的引导与提升，放弃启蒙，艺术沦为观念的奴隶；低水平重复就是艺术沦为商品，被批量生产，艺术正在被异化。

在没有更伟大的大师产生的当代，人们更加怀念那些为人类精神探索做出贡献的大师。当我们厌倦了那些"工作室"里制造出来的所谓纯艺术的时候，我们不禁会想起杜威关于艺术即经验的论断；当我们听到很多有识之士对当代艺术产生焦虑，发出"礼失求诸野"的呼声时，我们又不禁会想起杜威关于艺术存在于博物馆之外的昭示；当我们强烈反感当代艺术"那喀索斯"式的自恋主义时，我们会想起杜威关于艺术促进社会和谐、

文明传承、人性完善的倡导。杜威对艺术的理解，似乎可以让我们重新理解艺术的本质。虽然一百多年前的杜威并不能直接为我们解决当代的文化问题，但重新去解读这位哲人的美育思想，却使我们得到诸多启示。杜威的美育思想无疑是那个时代的经典，而经典往往具有穿越时空的永恒魅力。重新阐释经典，将会为今天的文化建设提供思路与借鉴。

有见识的中国教育理论家大多认为：尽管杜威与我们生活在不同时代，甚至随着时光的流逝，我们离杜威会越来越远，但应该看到，杜威顺应时代和社会发展的趋势，批判传统的教育理论和方法，注意对教育史上各种教育理论进行批判性的思考和论述，注重教育理论和教育实践的结合，以一种创新精神对现代教育进行探索等，都会对教育工作者提供颇多启示。作为世界级教育思想大师，杜威所探讨过的教育问题在现实的教育中并没有消失，后人完全可以在杜威探讨的基础上对这些教育问题进行更深入的思考和分析。从这个意义上讲，杜威教育思想并没有过时。正如美国教育学者罗斯（E.A.Ross）曾指出的：未来的思想必定会超过杜威……但很难想象，它在前进中怎么能够绕过杜威。

杜威被称为"实用主义"教育思想家。从1859年在佛蒙特州柏林顿出生到1952年在纽约去世的93年生涯中，他始终不渝地对"现代教育"进行探索，并在理论和实践紧密结合的基础上构建了实用主义教育思想体系。就其思想的涵盖之广而言，不如以"实践主义"教育思想家命名之更为恰当，因为杜威的理论是从解决时代问题而着手的。杜威的教育理论有以下几方面的特点：

一是杜威的教育思想紧密联系社会的变革。杜威所处的时代，是美国的经济高速发展的时代，也是生活、艺术、教育全面异化的时代。当杜威开始对"现代教育"进行探索时，美国社会正处于大转折年代，工业化和城市化使得社会生活发生了全面而又深刻的变化。这个工业化和城市化的进程，不仅为学校教育的发展提供了充裕的物质基础，而且也对学校教育的改革提出了紧迫的要求。杜威的教育探索就是本着这一社会变革展开的。杜威曾经对当时的时代环境表达了他的不满："人所造成的环境，在现代工业的影响之下，提供的是比任何以前的时代所提供的更少的满足、更多的厌恶。"[1]为了给时代"提供更多的满足"，杜威寄希望于艺术教

---

[1] 杜威.艺术即经验[M].高建平，译.北京：商务印书馆，2005：380.

育，他对艺术教育提出了一系列的理论。为了实现他的教育理想，他致力于推广美育，创办杜威学校，并用自己的理论指导巴恩斯基金会。他的美育理论摆脱了中世纪以来的艺术神秘主义，迎合了当时美国民众的普遍情绪。他被视为抽象表现主义的先驱，美国当代艺术教育的奠基人。

二是时代使命感。在社会变革的时代，如何使学校教育适应社会的变革，成为当时美国教育界人士必须面对和思考的一个问题。对此，杜威表现出敏锐的意识和积极的态度，强调学校教育必须进行相应的变革。应该说，他的教育思想反映了新的时代和社会对学校教育的新要求。

三是对传统教育的批判。批判传统教育是杜威构建其教育思想的出发点。正是在对传统教育进行批判和思考的过程中，他提出了一些新颖的教育观点，并构建了实用主义教育思想体系。其美育思想主要体现在：关于艺术的本质，他提出艺术即经验说；关于艺术的生成，他从习惯、情感、想象、知觉等方面辩证地进行论述；关于艺术的功能，他认为艺术可以改造社会、传承文明和完善人性等。

四是进步教育运动的兴起。当杜威致力于"现代教育"的探索时，进步教育运动作为一场教育革新运动正在美国兴起。他不仅对这一运动表现出很大的热情，而且从这一运动中吸取了不少养料。

五是教育实验活动。杜威创办的实验学校是其教育思想的实验室，既为他的许多教育著作提供了大量的素材，又为他构建自己的教育思想打下了必要的实践基础。可以说，把教育理论和教育实践紧密结合是杜威整个教育生涯的主要特征。

六是对教育问题的思考和分析。作为一位教育学者，杜威长于思考和善于分析，这使他的教育思想凸现出新颖性。作为一个综合而完整的教育思想体系，杜威的教育思想系统地阐述了教育与生活、学校与社会、经验与课程、知与行、思维与教学、教育与职业、教育与道德、儿童与教师等几方面的关系。在教育与生活关系上，杜威从教育学角度出发，提出了"教育即生活"，强调教育就是生活的过程；从心理学角度出发，提出了"教育即生长"，强调教育就是儿童的生长。在学校与社会关系上，杜威提出了"学校即社会"，强调学校应是一个雏形的社会，主张校内学习与校外学习的结合，但这并不意味着社会生活在学校中的简单重现。在经验与课程关系上，杜威提出了"课程教材心理化"，强调在课程教材和儿童心理之间建立联系。在知与行关系上，杜威提出了"如何做"的命题，强调知与行的关系，主张"从做中学"。在思维与教学关系上，杜威提出了"如何思维"的命题，强调教学活动应该唤起儿童的思维和培养他们的思维能力，主张基于"思维五步"的"教学五步"。在教育与职业关系上，杜威提出了把职业教育与普通教育结合起来，主张广义的职业教育观。在教育与道德关系上，杜威提出了"学校道德的三位一体"，主张通过学校生活、课程教材和教学方法三个方面来进行道德教育。在儿童与教师关系上，杜威提倡"儿童中心论"，要求学校的一切都是为了儿童的生活和生长。如果与传统教育思想做一比较，杜威的教育思想清楚地凸现出其新颖性，因为它既提出了许多新的观点，又体现了许多新的视角，给人很多启迪。

当然，杜威是个大教育家，其教育理论"几乎涉及和深入到所有教育问题的每一个方面"[1]，美育思想只不过是其诸多教育思想中的亮点之一。杜威的美育思想是一个系统，其逻辑性是十分清晰的：他回答了艺术是什么、艺术怎样生成、艺术有什么用等问题。杜威的美育思想对美国当代的艺术教育产生了深远的影响。笔者有一次很直观的体会。2002年年底，美国小学教育考察代表团莅临广东韶关，笔者有幸聆听了美国一位小学老师上的一堂美术示范课。在课堂上，美国老师的教学充分体现了杜威"艺术即经验"的艺术观和"从做中学"的教学理念：学生分组坐成几个圆圈，老师给一个关于"友谊"的主题，然后让学生自由想象与体验，再让学生自由地用各种形式把他们的体验表达出来。形式上有诗歌、有绘画、有雕塑，不加限制。整堂课轻松活跃，收到了很好的效果。我记得当时在场的中国教育工作者都深受启发。因为即使是到了改革开放后的新时期，我国的艺术教育理论还是不成熟的，艺术教育方法也很缺乏。不可否认，目前我国无论在教育理论界还是教育实践界都取得了一些突破性的成就（只要比较一下我国大中小学近20年的教材，就会发现，我国的教育几乎每天都在改革。教育改革是多层面的，包括教育理念、教学体制、教学方法、教材等），但无论是我国的教育理论还是教育实践，仍需不断探索，尤其是处于经济和文化急骤转型时期的今天更是如此。理论与实践的探索需要我们不断借鉴和汲取先哲们的智慧。回顾和重读杜威的经典文本，发掘杜威的美育思想，不仅能加深我们对杜威的认识，而且对繁荣和

---

[1] 赵祥麟.外国教育家评传：第2卷[M].上海：上海教育出版社，1992：540.

发展我国当前的美育理论和实践都是大有裨益的。

尽管杜威在我国教育界广为人知，但是杜威的美育思想却没有被系统地研究过。由于没有系统地研究，我国教育界对杜威的美育思想难窥全貌，甚至产生误读。当然，杜威教育思想的某些地方阐述比较晦涩，甚至有前后矛盾的现象。如，杜威早期明确否定书本经验和反对分科教学，后期提出课程的学科性质将随着学生年级的增长而表现得越来越突出。早期单纯地强调学生的做，后期提出学生的做不仅仅是外部动作的表现，更重要的是内心理智的活动。早期强调教育过程以儿童为中心，后期指出教育过程是真正的师生共同参与和相互合作的过程，师生双方是作为平等者来参与的。指出这一点，对于消除杜威教育思想误读的现象也许是十分重要的。杜威自己也曾说道："肯定地说，我羡慕那些能够用一种统一的形式来撰写他们的学术传记的人。相反地，我似乎是不稳定的和经常变化的，相继屈服于许多各种各样的，甚至是不一致的影响。我为吸收来自每一种影响的思想而斗争。"[1]出于以上的动机，本书把杜威放在我国当代艺术教育理论建构的大背景下进行研究，主要致力于解读杜威的美育思想，希望对杜威的美育思想有一个较全面的、整体上的把握，从而有助于国内同人了解杜威美育思想的丰富性，并希望能够为促进我国当代的艺术教育理论建构与艺术教育实践提供一些有意义的东西。

鲁迅先生在如何对待外国文化遗产的问题上，曾倡导过"拿来主义"。在建构我国当代美育理论的大背景下，如何将杜威的美育思想作为一种理论资源、思想资源准确进行定位，是一个很重要的问题。杜威的美育思想并未十全十美，也不可能完全适合于我国。本书所做的杜威研究的目的，并不是要把杜威拔到一个前所未有的高度，而是把杜威美育思想的本来面目呈现出来，扬其精华，去其芜杂，以供当代美育理论建构之借鉴。杜威的美育思想不但要全面、准确地阐述，而且只能择其合理处加以借鉴。

我国并不缺乏艺术教育传统。孔子以降，我国的艺术在实践和理论上都得到了迅速的发展。儒、释、道三大宗教成为推动我国艺术发展的主流力量，产生了不可计数的艺术家和艺术理论，形成了中国画、中国民乐、中国书法、中国戏曲、中国古典文学等灿若群星的艺术作品，也产生了刘

---

[1]　杜威.杜威传[M].单中惠，编译.合肥：安徽教育出版社，1987：65–66.

勰的《文心雕龙》、钟嵘的《诗品》、司空图的《二十四诗品》、刘熙载的《艺概》等脍炙人口的经典理论著作。从"万世师表"的孔子提出的"游于艺"、儒家乐教思想中的《乐记》、荀子所写《乐论》算起，我国的艺术理论和艺术教育思想经历了两千多年的发展，这是一份宝贵的文化财富。然而，时代走进了近现代以后，尤其是五四以降，我国的文艺理论大多借鉴西方的理论。尤其是中华人民共和国成立以来至20世纪80年代，几乎是照搬苏联的实践艺术理论，致使在那个时代求学的学生对传统的艺术理论反而生疏了。

我国的传统艺术在艺术本质论上认为艺术是"天人合一"的"静"与"和"的意境；在艺术生成论上讲究"顿悟"；在艺术功能论上讲究"兴、观、群、怨"。儒家认识到"乐"是由"人心之感于物"而形成的。"情动于中，故形于声。"（《乐记·乐本》）人内心的喜、怒、哀、乐、爱、敬之情都可以通过"乐"来表达。"乐"是发自人的内心的，故打动人也是从人内心出发的，正如《乐记·乐化》中所说："乐也者，动于内者也。"《礼记·文王世子》也指出："乐所以修内也，礼所以修外也。"显而易见，在古人看来，"乐"能使人的情感受到震荡、洗涤、净化，从而使人获得心灵的和谐。既然"乐"有如此微妙的作用，那么用它来进行道德感化，其效果必然显著。因此，无论是尧、舜、周公还是程、朱、陆、王这些儒家圣哲，都坚持着"声乐之入人也深，其化人也速"这一道德教化思维路径，始终秉承着用"乐教"涵养道德情感的教化传统。这些观点与杜威在《艺术即经验》《民主主义与教育》《经验与自然》等著作中论述到的艺术作用于社会、人类文明与人性完善的观点是十分相近的，有些则差异很大。如，杜威在艺术教育实践、艺术教育实验方面的成就，是我国传统美育所无法替代的。

我国当代的艺术教育理论之建构，总的来说，还是应该以我国本土的艺术理论为本。事实证明，我国的艺术在当代依然受到世界人民的喜爱，依然散发着迷人的魅力。但我们也不应该拒绝外来的理论资源，杜威的美育理论当然是其中之一。

目 录

第一章　杜威的生平与著述

第一节　杜威的生平

一、杜威的童年岁月

约翰·杜威1859年10月20日出生于美国新英格兰（New England）地区佛蒙特州（Vermont）柏林顿（Burlington）镇南威兰德街186号，是一对中产阶级夫妇四个儿子中的老三。杜威的祖辈系17世纪30年代为避英国法兰德斯公爵迫害而逃到新大陆的欧洲移民。父亲阿奇博尔德·斯普

美国佛蒙特州柏林顿镇南威兰德街186号，
1859年10月20日杜威在此出生

雷格·杜威（Archibald Sprague Dewey）是个做杂货生意的小老板，出身于农民家庭，平生所受教育不多，但他具有超常的记忆力和非凡的演说才能。由于做生意的职业需要而对阅读书籍产生了兴趣，他读过莎士比亚（W. Shakespeare）、英国诗人密尔顿（J. Milton）、英国评论家和随笔作家查里斯·拉姆（C. Lamb）、英国小说家萨克雷（W. M. Thackeray）等人的经典著作，目的在于从这些著作中汲取与做生意有关的演说类的语言和措辞。有时在干活，他引用这些著名人物的经典语句，得意地念着与众不同的、悦

耳的句子；也经常为孩子们背诵自己在所阅读的书籍上摘抄的精彩段落。阿奇博尔德的阅读爱好对杜威的影响很大，从小培养了杜威喜欢阅读课外书籍的习惯。母亲卢西娜·里琦·杜威（Lucina Rich Dewey）是当地一个比较富裕的法官之女，无论是经济情况还是受教育程度，都比他的父亲优越，且她性格开朗，有强烈的宗教热情，对子女们要求严格，但从不压抑孩子们的感情，而是经常提出许多具体目标，采取许多相应的措施鼓励、欣赏与教育孩子。如：为孩子们买百科全书和小说等读物；鼓励孩子们上图书馆借阅书籍；组织孩子们的野营活动以扩大孩子们的交往面，克服孩子们的害羞情绪等。这对孩子们的成长起了重要的作用。"孩子们之所以摆脱家庭的传统，获得了大学教育，这主要应归功于她的影响。"[1]

杜威小时候，天资并不聪慧，且有点害羞，但好学深思，手不释卷。1867年秋天，8岁的杜威入镇上的"北部文法学校"就读。此校的设施非常简陋，同班学生有54人之多，年龄自7岁至14岁不等，来自各式各样的家庭：富裕的和贫穷的、老美国人和新移民。所学科目主要有读、写、算、拼音、文法、历史、地理等。当时的学校，3R（读、写、算）在教育中占主要地位，死记硬背被视为获得真正知识和个人智力训练的最有效的方法，这无疑压抑了孩子们的天性。杜威和其他同伴一样，对学校那些枯燥无味、脱离实际的教育内容，呆板、机械的教学方式没有任何兴趣。尽管课本学习对他并不是多大的负担，但他的兴趣似乎在课本之外。"应该认识到，一直到杜威上大学时，在他本人所受到的教育中，最重要的部分是在课堂外面获得的。"[2]杜威对课堂之外那些送报纸、干杂工、垦荒地、修水渠、探险、露营、垂钓等活动特别感兴趣。暑假里，他在亲戚家所开办的锯木厂和磨坊里，经常好奇地、高兴地待上好几个小时。经常用自己送报纸、干杂工等辛苦挣来的钱在一些图书拍卖活动中买一些自己喜欢的课外图书阅读，这既弥补了学校教育的不足，又扩展了知识面、开阔了视野。不可否认，这为他后来反对传统教育、创立自己的教育思想提供了最初的素材。值得一提的是，"在形成约翰·杜威的教育理论的各种因素中，他童年时代的环境显然起了很大的作用"。佛蒙特州位于美国东北部，州名佛蒙特源于法文Vermont，意即"青山"。著名的格林山脉（Green Mts）

---

[1] 杜威.杜威传[M].单中惠，编译.合肥：安徽教育出版社，1987：6.

[2] 杜威.杜威传[M].单中惠，编译.合肥：安徽教育出版社，1987：9.

自北向南平分该州中部，故而该州又别称"青山州"。1791年加入联邦合众国成为第14州。佛州所生产的大理石、花岗石、枫叶糖浆、石棉及滑石在全美居领导地位。主要的农业包括酪农业、蔬菜农业及水果，其中酪农业颇负盛名，乳牛质量闻名全美。工业产品则包括电机设备、纸制品等。观光业是该州收入的第二大来源。柏林顿坐落在风景秀丽的香普兰湖中耸起的一个丘陵地上，丘陵地的顶部是一块平原，从那里，可以看到阿迪龙达克山脉穿过香普兰湖一直往西延伸，视野的尽头是穿过碧绿的田野往东而去的格林山。杜威很喜欢家乡这种优美的自然环境，也如痴如醉地感受着自然之美。课余时间，他曾和比他大一岁半的哥哥戴维斯·里琦·杜威（Davis Rich Dewey，1858—1942，后来成为美国著名的经济学家）、表弟戴维德·里琦（David Rich）、佛蒙特大学校长布克曼（Buckman）的两个儿子詹姆斯与约翰等人"穿过阿迪龙达克山脉，徒步到曼斯菲尔德山去旅行"，还"从头到尾地勘探了香普兰湖"，"有时划船到乔治湖去；有时在租来运划艇的木制手推车的帮助下，往下到连接香普兰湖和圣劳伦斯河的河流和运河中去划船；有时沿着法属加拿大的另一条河往上划船到一个美丽的内陆湖去"[1]。在某种程度上，可以说，家乡优美的自然环境孕育着杜威的美育思想，也强化了杜威对美的追求和热爱。在日后的许多教育论著中，杜威不仅强调环境美的重要性，也强调让孩子们在环境中感受美、发现美。

杜威12岁时，因学业超群，越级升班后即于4年内完成小学阶段的学业，1872年秋天，13岁的杜威升入了镇里的公立中学。当时的中学分两个班，一个班是大学预备班，另一个是不升学班。由于个人的兴趣和母亲的建议，杜威选择了前者。与小学阶段的学习一样，尽管杜威对大多数老师的讲课没有多大兴趣，但他还是以优异的成绩在3年的时间里完成了4年的中学课程，毕业于柏林顿的公立中学。

与一般的同龄人相比，杜威的童年生活是幸福、快乐的，一方面他受到了父亲潜移默化的影响与母亲较为开明的教导；另一方面，他又有较大的自由空间，可以做自己喜欢做的事情。

二、杜威的大学生活

高等教育大众化在美国的19世纪末已经实施。柏林顿的所有中学生

---

[1] 杜威.杜威传[M].单中惠，编译.合肥：安徽教育出版社，1987：8-9.

毕业后都可以进入设在柏林顿镇的佛蒙特大学（The University of Vermont）。1875年，杜威也就读于这所大学，尽管这所学校于1791年就建立了，但规模不大（杜威于1879年完成学业，那年跟杜威一起毕业的学生仅有18人，全校的学生也不足100人。除了工程学教师外，其他的教员才8人），不过

90岁生日时，杜威回到母校佛蒙特大学

师资力量不错，学校里的教师"都是他们专业领域里的具有献身精神的学者"[1]。

　　杜威在大学期间所学的课程门类之多对当前大学课程的设置具有一定的启迪价值：大学里所开设的全部都是必修课。前两年他学习了希腊文、拉丁文、西洋古代史、解析几何及微积分等科目。第三年开始涉猎自然科学的课程，包括地质学、动物学、生物学、生理学、进化理论等学科。最后一年的课程为学生介绍了一个范围广阔的学术世界，目的是使大学前三年建立的学术知识结构更加完善，学习的主要学科有：政治经济学、国际法、文化史、心理学、伦理学、宗教哲学、逻辑学等。佛蒙特大学开设的课程前三年注重文理各专科，而第四年的课程其主旨在于引导学生学习较为通博而有批判性之理智的学科。可以说，一百多年前的佛蒙特大学所追求的教学目标已是我们今天许多大学力求的"通才教育"，尽管学生并不一定对所有的课程感兴趣。杜威对大学前三年所学的课程（除生理学外）并没有浓厚的兴趣，大部分时间沉溺于课外读物上，但他能非常轻松地应对各门学科的学习，一般总能取得理想的成绩。大学三年级佩金斯教授在生理学课上采用英国著名生物学家赫胥黎（T. H. Huxley, 1825—1895）所写的生理学课本，使活的生物统一体的描述活灵活现地展现在学生的面前，这给杜威"留下了深刻的印象，激起了杜威对事物的一种广泛的学术

---

[1]　单中惠. 现代教育的探索——杜威与实用主义教育思想[M]. 北京：人民教育出版社，2003：5.

好奇心"，这门课使杜威"学习到一种相互依赖和相互影响的统一体观念……"。"总之，从这种学习中，我得到了很大的刺激，比我从以前的任何学习中所得到的刺激都多。虽然没有什么原因促使我继续学习那门特别的学科，但从这个时候起，我被唤起了对哲学的特有兴趣。"大学最后一年所开设的科目是杜威最感兴趣的，这使他更为广泛地接触到人类智慧的领域：既有托里（H. A. P. Torrey）教授建立在诺亚·波特尔的《智慧哲学》基础上讲授的心理学和建立在苏格兰学派著作基础上的哲学，又有条理清晰、逻辑思维力强、表达清楚且采用苏格拉底式讲课风格的巴克汉姆校长所开设的政治经济学和国际法方面的课程。多年之后，杜威在回顾自己的思想历程时仍充满深情地说"我永远感谢我最后一年的大学教育"[1]。因第四年所开设的课程非常吻合杜威的兴趣，他的学业成绩开始出类拔萃，"竟达到如此的程度，那一年他的学习成绩是大学里任何学生都不可能得到的最高分数"[2]。值得一提的是，杜威的出类拔萃不仅来自学校所开设的课程，而且来自学校图书馆订阅的一些英国期刊，这些期刊讨论以进化论为中心的新思想，主要有较为激进的科学思想派别的《双周刊》、较为传统的温和刊物《当代评论》，以及介于二者之间的《十九世纪》。"反映了新酵素的英国期刊，是约翰·杜威这一时期在学术上的主要刺激物。这些英国期刊对于他的影响，比他所学的系统的哲学课程更为深刻。"[3]

杜威的哲学读物，正是通过英国期刊上刊载的相关文章得到扩大的，对这些读物的阅读又激起了杜威更广泛的兴趣。如《双周刊》把杜威的注意力引向了法国实证主义哲学家孔德并促使他去进一步查阅孔德关于实证哲学的文本。"孔德关于现存社会生活的瓦解和发现科学的社会功能的必要性的理论，可能在杜威的思想中保持了持久的影响。阅读孔德和他的英国解释者的著作，开始唤

1972年10月在佛蒙特大学校园中竖起的杜威纪念碑

---

[1] 杜威.杜威传[M].单中惠，编译.合肥：安徽教育出版社，1987：55-56.

[2] 杜威.杜威传[M].单中惠，编译.合肥：安徽教育出版社，1987：10，14.

[3] 杜威.杜威传[M].单中惠，编译.合肥：安徽教育出版社，1987：8-9.

起了杜威对社会环境与科学及哲学思想发展的相互作用的独特兴趣。"[1]
由于杜威学业成绩的优秀，在1879年的大学毕业典礼上，他被选为美国大学优秀生联谊会（OBK）的会员。

佛蒙特大学的学习，使杜威受到了多种思想的熏陶，既有达尔文的进化论观点、孔德的社会学说，也有英国的经验主义理论以及德国的理性主义哲学等。在杜威个人成长史上，佛蒙特大学无疑是一个重要的阶段。

三、杜威的谋职体验与际遇

1879年大学毕业后，杜威在美国南方宾夕法尼亚州（Pennsylvania）南部石油城（South Oil City）的一所高中任教两年，主要担任拉丁文、代数和自然科学的教学，后来又曾回家乡柏林顿邻近的夏洛特镇的一所乡村学校任教。在教学之余经佛蒙特大学教授托里的指导，研读黑格尔等人的哲学论著。托里教授不仅鼓励与指导杜威攻读哲学，还经常与杜威在散步时谈论以前杜威在大学课堂里没有听讲过的观点。1882年杜威撰写了一篇名为《唯物论的形而上学假设》（*The meta physical Assumpations of Materialism*）的哲学论文，被黑格尔的崇拜者哈里斯（William T. Harris）称为佳作，并在哈里斯主办的、美国当时仅有的一本哲学杂志——《思辨哲学杂志》（*Journal of Speculative philosophy*）上发表。稍后，杜威又陆续写了三篇论文《斯宾诺莎之泛神论》（The patheism of Spinoza）、《知识和情感的关系》（Knowlege and Ro1ativity of Feeling）和《康德和哲学方法》（Kant and philosophie of Method）交由哈里斯发表。这几篇文章的组织及系统化的技巧不错，篇幅并不长，但对一位青年学者来说，自己的论文能刊登在全国唯一哲学学术论文的杂志上，这是一种极大的激励和鼓舞。

在哈里斯的鼓励下，杜威于1882年9月进入约翰斯·霍普金斯（The Johns Hopkins）大学攻读博士学位。霍普金斯大学是美国第一所研究性大学，在杜威入校时，该校的研究生院已设立几年了。霍普金斯大学不仅有浓厚的学术氛围，而且有一流的师资水平。杜威在霍普金斯大学读书期间，校长是美国著名教育家吉尔曼（Gilman）。吉尔曼不仅有卓越的远见，而且有独特的思维：他集中了许多优秀学者和教师，帮助一些研究生为到德国去获得奖学金、继续学习美国需要的知识做准备；他特别重视研究生创新意识的培养，不断激励学生去进行新的、有创造性的研究；他聘请了不少哲学

---

[1] 杜威.杜威传[M].单中惠，编译.合肥：安徽教育出版社，1987：13.

上有成就的学者为学生上课；他本人对每一位研究生的学习都极为关心，时时给予指导，而且上课时采取讨论的方法，富于思辨的气息，崇尚自由的精神，举行公开的辩论，等等。这种氛围无论对学生的学术研究还是为人都具有极大的激励作用。在霍普金斯大学学习期间，杜威还受教于讲授德国哲学的莫里斯（George S. Morris）教授、发展心理学创始者霍尔（Stanley Hall）与实用主义哲学家皮尔士（Charles Pierce）。尽管杜威主修的是哲学，但他还将历史和政治科学作为他的副修专业，学习过公共机构史、英国史、比较宪法史、美国公共机构、美国家政、国际法等课程。杜威很欣赏学校采用专题讨论、提倡和鼓励学生解放思想、进行创造性研究的教学方法。在谈到霍普金斯大学的教学时，杜威曾这样说："学生既没有被当作接受讲课内容的水桶，也没有被当作为了把教科书内容作为每天的谷物磨碎的碾磨机，而是通过他自己的发展去探求真理，教师所采取的手段和方法就是适当的鼓励和建议。"霍普金斯大学"从各个方面滋养了杜威"[1]。在霍普金斯攻读博士学位期间，杜威已公开发表《认知和感觉的相对性》《康德和哲学方法》《新的心理学》等多篇学术论文，已表现出一名学者的潜力。在为人方面，杜威建立了良好的人际关系，结交的亲密朋友主要有：来自康涅狄格州后来担任波多黎各总督的耶格、美国物理学家阿瑟·基姆鲍尔、生物学教授哈里·奥斯本、美国生理学家弗雷德里克·S. 李、美国心理学家贾斯特罗以及卡特尔等。这种良好人际关系的建立"对杜威在教室里和该大学普拉特图书馆中所得到的教育来说，是一种非常宝贵的补充"[2]。此外，在霍普金斯大学的求学也为杜威的教学生涯奠定了一定的基础。莫里斯教授在杜威第一学期结束后推荐他教大学本科生第二学期的哲

杜威与密西根大学《Inlander》杂志的编辑（1885）

---

[1]　单中惠.现代教育的探索——杜威与实用主义教育思想[M].北京：人民教育出版社，2003：14，18.

[2]　杜威.杜威传[M].单中惠，编译.合肥：安徽教育出版社，1987：18.

学史课程，虽然每周只有两次课，但这种初为人师的经历使他积累了一定的教学经验，也增强了自己在教学上的信心。

John Dewey in Ann Arbor, circa 1885

杜威在安娜堡（1885）

1884年杜威以题为《康德心理学》（The psychology of Kant）的论文获哲学博士学位，毕业后经莫里斯教授的推荐，同年秋天得到了密西根大学（The University of Michigan）哲学讲师的职位。此后一直到1894年，除1888年赴明尼达大学（University of Minnesota）工作一年外，杜威一直在密西根大学任教。密西根大学的校园环境、学术环境为杜威的成长和发展提供了有利条件。校长安吉尔注重学术水平的提高，且为"师生提供了一种真正民主的环境，并提倡创造性教育所必需的自由权利和个人责任。他个人的魅力与和蔼，产生了一种对新教师和学生普遍友好的气氛"。学校里的一些教授坚持拜访年轻的讲师，使这些年轻的讲师备感亲切。杜威对参加学校每周一次的教师会议有深刻的印象，认为这种会议具有教育意义，因为"新教师直接被承认为教师队伍中一个已成熟的和可依赖的成员"[1]，这不仅增强了杜威的从教信心，而且对杜威日后形成民主主义教育理论产生了重要影响。除了学校的大环境外，哲学系的环境更让杜威满意。

Photo: U-M Bentley Historical Library

The parlor in Prof. George Morris's house, where the Philosophical Society met, was a second home for the Deweys. Ashley's Restaurant is now on the State Street site.

莫里斯教授的住宅，这是哲学系成员经常聚会的地方，后来莫里斯把自己的住宅提供给杜威一家居住

因为莫里斯教授于杜威在密西根大学任教一年后就担任了哲学系的主任，随后，杜威被聘请为他的助手，这使在霍普金斯大学就建立的亲密师生关系又得到了进一步的发展，两人既是事业上的合作伙伴，又是生活上的真诚朋友。1889年3月莫里斯教授的突然去世，无疑使杜威感到无限悲伤，"在杜威的一生中，无论在个人生活方面还是专业方面，莫里斯的去世都是一个巨大的损失"[2]。

---

[1] 杜威.杜威传[M].单中惠，编译.合肥：安徽教育出版社，1987：22.

[2] 杜威.杜威传[M].单中惠，编译.合肥：安徽教育出版社，1987：27.

在密西根大学期间，杜威不仅认真教学，而且在学术研究上也产生了一定的影响，尤其是他于1886年出版的《心理学》（Psychology）一书，是美国人自己创作的第一部"新"心理学著作[1]，也是最早用英文写的心理学教科书之一。莫里斯教授评论说："《心理学》一书比我所读过的同类书籍中任何一本都好；它是对自知（self-knowledge）的一种真正的贡献。"美国佛蒙特大学教授、杜威研究学者戴克休曾（G.Dykhuizen）教授也指出：这"使得杜威引起了哲学界的注意，表明他已是美国最有独到见解和最有主见的思想家之一"[2]。此外，密西根大学校园内有各种团体活动，杜威的积极参与加速了其学术研究的发展。如，密西根大学有一个"哲学学会"，为教师和学生提供讨论哲学问题与历史、文学、政治、科学、宗教的关系提供了一个平台，这个学会每月举行一次，由师生宣读自己所写的文章并进行讨论。杜威到校后不久就参加了这个学会，并做了多次演讲，其中题为《智力发展以及与心理学的关系》的演讲被报道为"无疑是一些时候来在安阿伯所进行的最有才智的讨论"[3]。重要的是，密西根大学期间的工作，为杜威对中小学教育的研究提供了可贵的机会。在杜威去密西根大学任教初期，为了解决中学教育与大学教育的衔接问题，大学的行政管理人员和教师组成调查委员会去一些中学调查，杜威有幸作为其中的一名成员访问了州里的一些中学。"杜威对普通教育的兴趣，就是通过他对中学的访问而激发起来的"[4]。由于中学教育与小学教育之间的联系紧密，杜威自然在关注着小学教育。这些研究为他后来到芝加哥大学工作并开展教育实验活动提供了一定的素材。而且，密西根大学在1886年成立了由来自密西根大学的教师与安阿伯和伊普西兰蒂中学的教师组成的"密西根教师俱乐部"，其目的是通过讨论，有效地促进中学教育和大学教育的结合。杜威是这个俱乐部的成员，并经常在一些教师讲座和教师大会上演讲自己感兴趣的与教学及学习心理有关的话题，如注意、记忆、想象、思维等，这是将中小学教育建立在心理学基础上的研究，也促使杜威不断地进行探索。此外，在密西根大学工作期间，还有一个激励杜威

---

[1]　杨鑫辉.心理学通史：第四卷 [M].济南：山东教育出版社，2003：215.

[2]　单中惠.现代教育的探索——杜威与实用主义教育思想[M].北京：人民教育出版社，2003：23.

[3]　单中惠.现代教育的探索——杜威与实用主义教育思想[M].北京：人民教育出版社，2003：24.

[4]　杜威.杜威传[M].单中惠，编译.合肥：安徽教育出版社，1987：31.

Alice Chipman in 1886.

杜威夫人艾丽丝·奇普曼（1886）

事业前进给予杜威振奋的人——艾丽丝·奇普曼（Alice Chipman，1860—1927）。杜威入密西根大学的第一年（1884）冬季与艾丽丝同住一幢寄住宿舍，因而相识，于2年后（1886年7月）结婚。艾丽丝生于密西根州，后进入密西根大学，曾受教于杜威。艾丽丝的父亲为一家具制造工匠，其母亲早故，艾丽丝鞠养于外家，其独立精神与自力更生的精神以及坚毅的性格，概受其外祖之熏陶。不管在生活上还是学术上，艾丽丝都是杜威生涯中的"重要他人"。杜威对哲学的兴趣从古典思想而泛及现代生活，以及对于情境与人物能做直觉判断，均归功于其夫人的影响。杜威对于教育实验之成就，一部分亦得力于夫人的协助。杜威在芝加哥大学任教其间，与其夫人创立了名闻遐迩的实验学校，从事教育实验与革新工作。总之，密西根大学的工作加速了杜威学术研究的发展，帮他积累了丰富的教学经验，拓宽了他的研究兴趣，这为他日后的研究和教学工作奠定了良好的基础。

1894年年初，杜威接受了芝加哥大学（University of Chicago）的聘请，担任该大学哲学教授，并任哲学、心理学和教育学系的系主任。一直到1904年，杜威一直在芝加哥大学工作。芝加哥大学是一个视"研究比教学更重要"的大学，教职人员"必须是一个教师，但首先必须是一个学者，热爱学问，具有研究的热情，是一个能获得成果并希望发表有价值的成果的探究者"[1]。在专业水平上，芝加哥大学充满活力，学术专著的出版和科学杂志的发行使这所大学获得了应有的声誉，取得了当时最有创造性的学术成就。芝加哥大学的这种学术氛围刺激着全体教

哥伦比亚大学哲学系大楼
（杜威曾担任过该系教授）

---

[1] 单中惠.现代教育的探索——杜威与实用主义教育思想[M].北京：人民教育出版社，2003：28.

师不断创造性地开展自己的学术工作。"杜威发现自己处在一种创造性的环境之中，被由著名人士组成的教授会包围着。"[1] 杜威与哲学系的同事们既合作研究共同感兴趣的问题，又对自己感兴趣的问题做专门的研究。杜威的研究兴趣主要集中在哲学、心理学、教育学方面，并发表了大量有影响的研究成果。如1896年发表的《心理学

杜威与芝加哥大学哲学俱乐部成员（1896）

中的反射弧概念》和《兴趣和意志训练的关系》、1897年发表的《我的教育信条》、1902年发表的《儿童与课程》等，这些研究成果的不断发表进一步提高了杜威在哲学界、心理学界和教育界的声誉。在芝加哥大学，杜威主要承担研究生的教学工作，这与他以前在密西根大学的教学工作模式相比产生了巨大的变化。他以前所教的学生是本科生，现在的工作为他提供了一个"能与一些能从事研究工作的研究生一起，实现自己的计划"[2] 的机会。杜威是一个会发现资源、利用资源的人。哲学系的同事、杜威的学生对杜威来说就是极好的资源，在与他们的共处中杜威受益匪浅。1903

年，杜威给友人的信中写道："一些年来，我发现，我的学术观点更多地来自其他人——学生和同事——的思想，而超出我所能知道的……"[3] 早在密西根大学执教时，杜威就已对中小学教育发生了浓厚的兴趣，并希望提高教育学在大学中的地位。到芝加哥大学任教后，他的这一想法更加强烈。当时芝加哥大学的哈珀（Harper）校长对教育也很感兴趣，也想改善教育学在大学中的地位。杜威

杜威（右一）与约翰·C. 斯文森

[1]　杜威.杜威传[M].单中惠，编译.合肥：安徽教育出版社，1987：37.

[2]　杜威.杜威传[M].单中惠，编译.合肥：安徽教育出版社，1987：37.

[3]　单中惠.现代教育的探索——杜威与实用主义教育思想[M].北京：人民教育出版社，2003：31.

的想法显然与校长的想法一致。1895年秋天，在校长哈珀的赞同与校董事会的批准下，杜威成立一个培养教育方面专业人才的"教育学系"的计划实现了，"教育学系"开始作为芝加哥大学一个独立的系而成立了，杜威被任命为教育学系主任，同时保留哲学系主任的职务。在杜威的领导下，"教育学系"开设了与教育相关的大量课程，主要有：普通教育学、教育学一般原理、

位于纽约市西120街上的哥伦比亚大学师范学院
（杜威在哥伦比亚大学哲学系任教的同时也在这里讲课）

教育心理学、教育哲学、教育方法、教育理论的发展、初等教育、英国教育学、教育史等。"教育学系"经常邀请著名教育学家开设相关的教育讲座，并为逝世的著名教育家如瑞士的裴斯泰洛齐、美国的贺拉斯·曼等举行纪念活动。此外，"教育学系"还成立了供教师和学生学习、交流思想的"教育学俱乐部"，杜威也经常参加并宣读自己的一些文章。这些活动的开展，对扩大教育学系在学校的影响、促进师生了解有关教育问题、激励师生进一步探索与研究起了重要作用。与此同时，作为"教育学系"实验学校的"大学初等学校"（后称杜威学校）于1896年1月正式开学（在本书的第四章将进一步介绍）。杜威学校虽然只存续了8年[1]，但这8年之内学校的所有实验工作，有助于形成和修正杜威教育理论上的观点。"从某种意义上讲，正是在芝加哥大学初等学校实验的时期，杜威开始形成了具有特色的教育思想。"[2]在此期间，杜威发表了一系列产生广泛影响的研究成果，如《我的教育信条》（1897）、《学校与社会》（1899）、

---

[1] 由于与学校行政管理问题上的矛盾，杜威于1904年春辞去了芝加哥大学的教职，杜威离校后，实验学校的教师大多也离开了，杜威学校的实验就此终止。杜威辞职离开芝加哥大学后，芝加哥大学实验学校并未停办，而由杰克曼担任校长至1909年，后改由杜威学校的原来教师吉勒特（H. O. Gillet）担任校长，直到1944年他退休为止。

[2] 单中惠.现代教育的探索——杜威与实用主义教育思想[M].北京：人民教育出版社，2003：126.

《儿童与课程》（1902）等。其中《学校与社
会》是他为实验学校的家长、教师及学生所做
的种种讲演并与他们讨论的重要成果之一。杜
威1904年以后发表的文章，包括许多杰作，如
1916年所著的《民主主义与教育》等，"都
是在芝加哥实验学校积累的认识的基础上完成
的"[1]。尽管杜威最后是带着不愉快的心情离开
芝加哥大学的，但芝加哥大学的十年是杜威人
生中非常关键的十年，不仅进一步奠定了他在
哲学界、心理学界、教育界的地位，而且是杜
威将哲学、心理学和教育学结合起来进行大胆
实验的十年，这是他构建有自己特色的教育思
想体系的重要时期，完成了"从哲学家到教育

Students raised funds for this portrait of Dewey when he left for the University of Chicago in 1894. It hung in Newberry Hall, now the Kelsey Museum.

1894年杜威离开芝加哥大学
时，学生集资为杜威塑像

家的转变"[2]，从而使他在教育界脱颖而出。此外，在芝加哥任教期间，
他还担任了美国心理学会（American Psychological Association，APA）的会长
（1899—1900）。

  1904年杜威转赴哥伦比亚大学讲授哲学，一直到1930年退休。在哥
伦比亚大学，来自哲学上的挑战超过了教育上的挑战，"杜威发现自己正
处在一种新的哲学环境之中"[3]。对杜威哲学思想有重要影响的是一位古
典主义和亚里士多德学派的学者，有独创性的、使人备受激励的哲学史教
授——伍德布里奇，伍德布里奇与杜威都承认与绝对论相对的多元论，不
相信直觉感知理论。学术上的共同点使他们之间的联系密切，这对促进杜
威思想的进一步发展起着重要作用，他俩交往的成果充分反映在杜威1925
年发表的《经验与自然》一书中。此外，哲学教授蒙塔古也是杜威的同
事，与杜威在社会问题上有许多接近的观点，他们之间的密切交往对杜威
的社会哲学观产生影响。对杜威艺术哲学思想有重要影响的是宾夕法尼亚

---

[1] 拉格曼.一门捉摸不定的科学：困扰不断的教育研究的历史[M].北京：教育科学出版社，
2006：55.

[2] 单中惠.现代教育的探索——杜威与实用主义教育思想[M].北京：人民教育出版社，2003：
35.

[3] 杜威.杜威传[M].单中惠，编译.合肥：安徽教育出版社，1987：42.

州莫里昂的阿伯特·C. 巴恩斯博士（Dr. Albert C. Barnes，1873—1951），他俩是在杜威的一个专题讨论会上认识的，并建立起亲密的友谊（本书第四章将进一步介绍）。巴恩斯在认识杜威之前已经收藏了大量现代绘画，他希望自己的收藏品能够为艺术教育服务，并对艺术教育的方法感兴趣。巴恩斯建立了促进艺术教育的进步及对美的艺术欣赏的"巴恩斯基金会"，并请杜威担任"巴恩斯基金会"的第一个教育顾问，"与巴恩斯基金会的联系，给杜威以前有点零乱的艺术思想提供了一定的哲学形式"[1]。在哥伦比亚大学期间，杜威的社会哲学、政治哲学、艺术哲学都得到了进一步的完善和发展。除了研究工作外，杜威还从事哥伦比亚研究生的教学工作，开设逻辑学与教育学等方面的课程。此外，在哥伦比亚大学工作期间，杜威还活跃在学校以外的许多学术和社会活动中：如，1905—1906年，他担任了美国哲学学会（American Philosophical Society）会长；1915年，他成为全美大学教授联合会（The American Association of University professors）的创立者和第一任会长；1916年成为纽约市第一个教师联合会（The New York Teachers Union）的创始成员；1920年，他帮助组建了美国公民自由联合会；1928年，任美国进步教育协会名誉会长；1929年，任人民座谈会主席、独立政治行动联盟全国主席等。特别需要指出的是，在此期间杜威还到国外访问讲演[2]。正是通过这些活动，杜威推广与宣传了他的思想，为美国和世界各国所学习、了解和接受，他成了世界上最有影响的教育家之一。总之，哥伦比亚大学期间，杜威作为著名哲学家和教育家的学术地位得到了真正的确立和普遍的公认。

---

[1] 杜威.杜威传[M].单中惠，编译.合肥：安徽教育出版社，1987：46.

[2] 1919年2月至4月杜威在日本停留2个多月，在东京帝国大学主讲《哲学之改造》。杜威于1919年4月30日至1921年7月1日在我国的2年多时间里，分别在上海、天津、山西、山东、江苏、江西、湖北、湖南、浙江、福建、广东、辽宁、河北、北京等十四个省市做了大小演讲200多次，广泛传播他的思想。1924年杜威去土耳其协助土国教育之改革。1926年应墨西哥政府的邀请去做讲演，并担任政府的教育顾问。1928年夏季，在美苏文化协会的主办下，杜威作为25名美国教育家组成的非官方旅行团成员访问了苏联。对于以上活动，杜威于1929年所撰写的《对苏维埃俄罗斯和革命的世界墨西哥、中国、土耳其的印象》（Impressions of Soviet Russia and the Revolutionary World，Mexico-China-Turkey）等文章中回顾了自己的游历情况，介绍了这些国家的教育改革情况，并提出了自己的有关见解。

By 1938, the Dewey residence at 15 (later 605) Forest Ave. had been enveloped by Witham Drugs (now Village Corner).

至1938，杜威一直居住在森林大道

The Dewey home at 15 (later 605) Forest, in 1965.

杜威的住宅：森林大道15号（后改为605号）

杜威在哥伦比亚大学任教26年才退休，退休之后仍被哥伦比亚大学聘为名誉教授（至1939年止）。退休后的杜威依然从事创作，并积极参与美国社会的文化和政治活动。如：杜威把教育看作是社会改革必不可少的组成部分，作为一名社会活动家的杜威，活跃在进步主义教育运动中；他为民主教育和学校教育，为妇女的选举权、财产权和教师的占有权等事业而斗争；他是教师组织的坚定的笃信者；他把学校看作社会的缩影，致力于学校的创造性，在这样的学校里，不同的文化和价值观都受到保护和尊重；他78岁时，还一度到墨西哥为苏联托洛斯基（Leon Trotsky）辩护，驳斥对托氏的指控。此外，退休后的杜威依然活跃于许多组织机构中，如，1932年被选为美国教育协会两位名誉主席之一，1937年任控诉莫斯科对托洛斯基的审判调查委员会主席；1938年当选为美国哲学学会名誉主席。总之，西方传记说他"决不是一般的退休教授"[1]。

尼赫鲁总理与杜威博士交谈（1949）

杜威在观看他的90岁生日礼物：一尊中国瓷器

1952年6月1日杜威因肺炎逝世于纽约，享年93年。

---

[1] 胡经之.西方文艺理论名著教程[M].北京：北京大学出版社，1986：568.

第二节　杜威的著述概略

　　杜威一生孜孜不倦的为学精神令人敬佩，其创作力之丰富充沛，也实足惊人。在半个多世纪的学者生涯中，杜威从1881年第一次发表论文《唯物论的形而上学假设》到1952年发表的最后一篇文章《〈教育资源的使用〉一书的引言》（Introduction to the Use of Resources in Education），共著有三十多本书，近千篇论文，涉及哲学、心理学、社会学、教育学、美学、宗教学等多个学科领域。杜威的著述遗产用页数来计算的话，有"5000页文章和18 000页专著"[1]。杜威的第一篇教育论文是1885年10月16日发表在《科学》杂志上的《教育与妇女健康》（Education and the Health of Women），第一本专著是于1886年出版的《心理学》（纽约，哈珀，1886），第一篇关于中等教育的论文是于1893年11月在《教育评论》上发表的《中学的伦理学教学》（Teaching Ethics in the High School）。早在1907、1910年曼彻斯特大学的芬德雷（J. J.Findlay）即编辑了两卷杜威文集，在美国流行甚广。1990年由美国学者博伊兹博士主编、南伊利诺伊州大学卡邦代尔分校杜威研究中心编辑整理、南伊利诺伊州大学出版社出版了《杜威全集》（1882—1953）。《杜威全集》计37卷（仅目录就有一本书的厚度），这37卷以杜威生平历程的早期、中期、晚期为划分的界限：早期著作（1882—1898）5卷；中期著作（1899—1924）15卷；晚期著作（1925—1953）17卷。在版本上又有平装与精装的区别，精装本内容构成完备，含专家导读、正文、注释、索引等；平装本未将原著中注释收入在内。1991年，《杜威全集》的缩语词表和主题词索引成书出版。1996年，杜威研究中心与InteLex集团合作，推出《杜威全集》的光盘版（CD-ROM）。杜威产生广泛影响的经典代表作主要有：《我的教育信条》（1879）、《心理学》（1886）、《学校与社会》（1899）、《我们怎样思维》（1911）、《明日之学校》

纽约市第五大道1158号公寓
（1952年6月1日杜威在此去世）

----

[1] 蒂尔.进步教育果真过时了吗？[M]//瞿保奎，马骥雄.美国教育改革.北京：人民教育出版社，1990：220.

（1915）、《民主主义与教育》（1916）、《哲学的改造》（1920）、《人性和行为》（1922）、《经验与自然》（1925）、《确定性的追求》（1929）、《艺术即经验》（1934）、《经验与教育》（1938）、《人的问题》（1946）、《一种共同信仰》（1934）、《自由主义与社会行动》（1935）、《自由与文化》（1938）、《逻辑学：探究的理论》（1938）、《求知与已知》（1949）等。虽然杜威没有论述美育的专著，但艺术教育作为美育的主要实施途径，其内容、手段和方式都是艺术，对什么是艺术的回答与认识直接决定着人们对艺术教育、艺术课程的性质、地位、目标和作用的不同认识和界定。杜威所提出的具有原创性、哲理性和包容性的"艺术即经验"观对艺术教育的启迪是多方面的。在杜威的经典著作如《学校与社会》《民主主义与教育》《经验与自然》《哲学的改造》《艺术即经验》等书中，艺术的主要问题和洞见、艺术深入而广泛的功用性、艺术与科学的连续性、艺术与文化的连续性、作为艺术价值核心的审美经验的动态观等都得到了强有力的阐述。这有助于我们从不同的视角和层面去领悟杜威美育思想的深奥含义。

杜威的许多论著在世界几十个国家中有近百种译本流传，有些著作多次再版，"他关于哲学、伦理学、社会学、政治学、教育学、心理学等诸多领域的不少论著被西方各该领域的专家视为经典之作"[1]，堪称一位百科全书式的伟大学者。据美国杜威研究中心统计，从1900年到1967年间，他的著作被译成35种文字，共出了327个版本[2]。法国的《哲学杂志》在1883年1月就摘录了杜威的第一篇文章，这也是外国最早提到杜威，杜威的一些著作在1909年以前在法国已翻译出版；1907年杜威著作的俄文版就出现了，杜威的绝大多数著作在20世纪20年代时已经有俄文版；英国1900年出版了《学校与社会》；德国1905年翻译出版了《学校与社会》；瑞典1901年翻译出版了《和意志有关的兴趣》；西班牙1915年翻译出版了《学校与社会》；意大利1913年翻译出版了《我的教育信条》，从1949年意大利第一次出版《学校与社会》"到1967年印刷了21次"[3]。杜威的著作在

[1] 刘放桐，代卢.重新认识和评价杜威[M]//新旧个人主义——杜威文选.孙有中，译.上海：上海社会科学研究院出版社，1997.

[2] BOYOLSTON J A, ANELRESEN R L. And eols, A cheeldlst of Translation：1900—1967[M]. Carbondale：Southen Illinois Univesity Press，1969.

[3] 巴森.约翰•杜威对世界教育的影响[J].乔有华，译.外国教育研究，1984（3）：65.

我国翻译出版最多，主要著述几乎都有中文译本，很多教育和哲学著作在20世纪二三十年代已被翻译出版。20世纪80年代以来，杜威原著再一次被大量引入，其中《民主主义与教育》还被作为师范院校教育学的教科书得到广泛使用。

　　杜威一生的经历并不曲折也不复杂，作为一位思想家和学者的一生又是如此的不简单。作为一名思想家，他不断追求吸收新知，不断修正、发展自己的思想。他乐于接受各种意见和看法，不管它们的来源如何。在他的哲学事业最高峰，甚至在他的事业接近终结的时候，他对经验的新的方向和新的范围的可能性，对新问题和老问题的新方面，总是很敏感的。他很少满足于他自己的体系。

　　作为一名学者，杜威一生好学深思，不遗余力、矢志不移地从事学术思想研究。杜威所做的工作涉及领域极广，麦肯奇（W. R. Mckenzi）曾对杜威在19世纪90年代所做的工作涉及领域进行了总结："哲学、心理学、教育哲学、教育心理学、相关教育学科心理学、儿童研究、初等教育、中等教育、实验学校、作为大学课程的教育学及其他，等等"[1]。但杜威是一位谦谦君子，在芝加哥任职的时候，被描写为"朴素的、谦虚的、'丝毫不矫揉造作，始终不失为心平气和'、有人情味、深思的和有点害羞的人"[2]。他为人诚挚，富于同情心，善于争辩问题，工作极为认真。作为一名教师，他讲课语速极慢，一个字一个字慢慢地往下说，甚至一个动词、一个形容词、一个介词都要慢慢地想出来，再讲出来。作为杜威嫡传弟子的胡适[3]把这解释为"选择用词的严肃态度"，但也不得不承认，杜威"不是一个好演说家和讲师"。的确，杜威并不善言谈，许多学生都认为他的课枯燥无味。但如果耐下心来听讲，却能启迪人的智慧。正如他的一个听讲者写道："不是强行灌输。他静悄悄地松开铁箍，不知不觉地桶底就消失了。"[4]

---

[1]　MCKENZI W R. Introduction toward unity of Thought and Action，in John Dewey[M]. New York，1975：9-16.

[2]　布里克曼.约翰·杜威：杰出的教育家[M]. 纽约版. 1961：168.

[3]　胡适在哥伦比亚读书期间，杜威是他的博士论文《中国古代哲学方法之进化史》的指导老师。胡适选修了杜威的"伦理学之宗派"和"社会政治哲学"两门课。前者属于逻辑学，胡适在这个方向上完成了博士论文。

[4]　转引自狄克.约翰·杜威：在芝加哥的年代[J].哲学史杂志：英文版，1964（10）：247.

第二章　杜威美育思想探源

作为一个于哲学、教育学、心理学、美学等方面的集大成者，杜威美育思想的来源纷繁复杂。在其整个博大精深的思想体系中，既受美国本土文化的影响而表现出鲜明的美国哲学的特征，也有承继欧洲传统思想的痕迹。

第一节　时代背景

杜威生活在19世纪下半叶和20世纪上半叶，他目睹了美国怎样由一个不发达的农业国成为一个高度发达的工业国，亲身经历了美国社会的进步运动，他"对所处的历史时代具有敏锐的历史意识"，"因而常常能够把握住他那个时代的脉络"[1]，并对他所处的时代做出了卓越的贡献，被称为"美国民主主义哲学家"。在他去世前，历史学家亨利·科马格做出了如下的评价："杜威如此忠实于自己的哲学信念，因而他成为了美国人民的领路人、导师和良心。可以毫不夸张地说，整整一代人都是因杜威而得以启蒙的。"[2]

19世纪的美国，是一个从政治、经济到文化全面发展的时代。众所周知，美国从17世纪初期起就是英国的殖民地，经过18世纪爆发的反对殖民主义者的独立战争后建立了美利坚合众国，此后，其政治、经济、社会、文化等都有了进步和发展，然而它仍是朴素而缓进的农业国家。到19世纪初，美国95%的人口生活在农村以农业为生。1861年至1865年的南北战争，是美国历史上划时代的事件。马克思曾于1867年7月25日在《〈资本

---

[1] 单中惠.现代教育的探索——杜威与实用主义教育思想[M].北京：人民教育出版社，2002：44–45.

[2] 科马格.美国精神[M].纽黑文：耶鲁大学出版社，1995：100.

论〉第1版序言》中盛赞美国的南北战争：正像18世纪美国独立战争给欧洲中产阶级敲起了警钟一样，19世纪美国南北战争又给欧洲工人阶级敲起了警钟。南北战争在政治上废除了黑奴制度，使黑人取得了公民权利；南北战争亦促进了产业革命，使工业生产和国际贸易飞速向前。

20世纪初，美国已从一个农村化的农业国转变成了一个工业大国：蒸汽和电力取代了人力；铁取代了木材；钢又取代了铁；机器可以驱动钢制器具；石油制品可以润滑机器，可以照亮房间、街道与工厂；铁路运送人员与货物，蒸汽机牵动火车沿着钢轨前进；电报、打字机以及其他机器使商业活动的节奏大大加快；冷藏技术不仅使远距离运输食品成为可能，还因此出现了肉类加工业；煤炭燃烧产生的蒸汽可以推动纺锤及缝纫机运转；气钻可以钻入地球深处采煤等。与1860年美国工业总产值占世界工业总产值的6%相比，1900年已达30%。1900年，美国的工业总产值已超过农产品总值的一倍以上[1]。工业化的加速发展促进了美国人民财富和收入的稳步增长。"国民收入从19、20世纪之交的365.57亿美元增加到1920年的604.01亿美元，或从每人480美元增加到每人567美元。"[2]可以说，当时的美国拥有了人类历史上空前强大的生产能力和物质财富。

工业革命如同一个"潘多拉"魔盒，在释放出"天使"的同时，"邪恶之神"也同时降临人间。随着美国从农业社会向工业社会的过渡，美国社会原先平静和谐的农业文明被打破：人们的生活被异化了，教育被异化了，艺术也被异化了。杜威是生活在这个全面异化时代的文化巨人，他是这个时代的产物，也是这个时代的反叛者。

一、生活的异化

工业革命使得经济腾飞的同时必然引起财富的重新分配，而分配的结果是日趋增长的贫富悬殊。一方面是财富的高度集中，大公司、大企业、大家族拥有惊人的财富和特权，而且还在迅速兼并。各行各业都呈现出垄断的趋势，极少数的财富决定着国家的经济命脉，经济上的自由竞争几乎成为不可能。据统计，1892年，百万富翁已达2500人，拥有2500万美元以上财富者有100人，亿万巨富则为10人[3]。美国著名印裔

---

[1] 王守昌，苏玉昆.现代美国哲学[M].北京：人民出版社，1990：4.

[2] 林克，卡顿.1900年以来的美国史[M].刘绪贻，译.北京：中国社会科学出版社，1983：5-8.

[3] 丁则民.美国内战与镀金时代[M].北京：人民出版社，1990：79-80.

经济学家莱维·巴特拉（Ravi Batra）估计：1929年美国最富有的人手中所持的财富占当时美国国民财富的36.3%[1]。出身于费城一个贫苦家庭后来成为美国著名社会改革家、经济学家和出版商的亨利·乔治（Henry George，1839—1897）在其1879年的畅销书《进步与贫穷》（Progress and Poverty）中，指出了财富是怎样愈来愈多地流入愈来愈少的人手中的：好像有一个庞大的楔子被打进去，但不是从社会底部，而是从社会中间。因而上边的人更加抬高，而下边的人愈挤愈低。乔治问道：要到什么时候为每个美国人提供均等机会和美好生活的许诺才能实现呢？大部分过错要归诸其时发了大财的工业家和铁路巨头。另一方面则是贫困的急剧恶化，普通工人的生活改善远远落后于工业的发展。伍德罗·威尔逊（Woodrow Wilson，1856—1924）总统曾对1915年的工业状况做过调查并评论道："我们工业人口的大多数……生活于一种实际贫困的状况之中。这个比例有多大不能精确判定，但可以肯定，受雇于制造业和矿业的工资收入者家庭中，至少有三分之一，而且可能有一半，其全年的收入，不足以使他们维持任何一种合适的和过得去的状况。"[2]在大城市，成群结队的穷人从各类慈善机构那里获得微薄的救济。他们居住的是破、脏、旧、暗的贫民窟和大公寓，不少人因无力付房租而流浪街头。贫民居住区环境恶劣，排水、照明、医疗等条件都跟不上实际需要，更不用说娱乐设施。他们生活中所展示的贫穷、愚昧、落后、罪恶成为各大城市中触目惊心的现象。1907年，诗人埃德温·马卡姆（Edwin Markham，1852—1940）在《世界主义》杂志上将贵妇人的"癞皮狗"与从事艰苦劳动的穷人的"小孩"进行对照，更是将这种贫富对立的异化生活描述得淋漓尽致："在令人窒息的房间里，男男女女整日整夜地缝纫制作。那些在家庭式血汗作坊里工作的工人比大血汗工厂里的工人更廉价……尚在玩耍的孩子也被召进来，在大人们身边从事艰苦的劳动……当这些幼小的心灵在本应由成人承受的重负下受到伤害，而他们稚嫩的双肩也在重压下变形的时候，在同一座城市里，一条环佩叮当的癞皮狗却可以在漂亮的贵妇人那天鹅绒遮掩着的膝盖上炫耀撒娇，这难道不是一种野蛮的文明吗？"[3]

---

[1] 巴特拉.1990年大萧条[M].北京：三联书店，1988：95.

[2] 林克，卡顿.1900年以来的美国史[M].刘绪贻，译.北京：中国社会科学出版社，1983：45.

[3] 津恩.美国人民的历史[M].许先春，蒲国良，张爱平，译.上海：上海人民出版社，2000：274.

随着美国工业化进程的不断深入，美国人的精神生活出现了一系列问题。首先，人们对金钱的热爱，早已超过对宗教的信仰。英国作家弗朗斯·特罗洛普在辛辛那提待过两年之后，对这种生活做了极其生动的描述："蜂房里每一只被雇佣的蜜蜂都在为了寻找蜂蜜而奔波忙碌……不论是艺术、科学、知识，还是生活情趣都不能诱惑其停止对它们的追求。"[1]杜威也观察到："即使那深入人心的最保守的道德和宗教观念以及爱好，也深刻地受到影响。"[2]其次，那个艰难岁月使人产生巨大的恐惧而导致精神失控：某人可能会把自己想象成"一束连在头发丝上的神经"，或"被一千根绳子牵拉着，去承受那无边的苦难"。都市人有时想象自己在被锤子打击着，只有锤子落下了，才能结束一天的劳作，或想象自己在遭受"时代发展这把大锤的痛击"。在众多文学作品中，人们用各种词汇来比喻精神失控和巨大的恐惧，如：好像麻痹了似的颤抖、哆嗦；被砸碎、毁掉、踩烂、压破、挤扁；在咆哮的旋涡、屠杀和号叫面前摸索、求助、抽搐、尖叫、哭喊、啜泣。他们"在黑暗中奇异地跳跃"，沉溺于或真或假的梦游中。很多人为了逃避现实，干脆毫无原因地消失掉。最后，美国人把休闲也当作工作。也有局外人建议重压下的美国人好好地去度个假期，可是亲眼看到美国人怎样度过美国式假期的人都知道，这根本无法将他们从压力下解脱出来：美国人去度假，也像是在工作。他们要求一切安排都按自己的要求去做，因为他们没有时间可浪费。也有局外人建议他们提高生活的内在质量，可熟悉情况的人都明白，他们格外不适应这种令人心灵不安的事情，也从来不会这么去做。他们认为教美国人逃离城市生活或摆脱内心痛苦都不现实，只有在公共生活中，只有更多地，而不是减少享受城市生活所提供的一切，才能让他们感到轻松一些。

在工业革命的影响下，大多数人为了生存不得不拼命工作，正如杜威所描述的："在生活上的应用不仅是切实可行的，而且也为商业上所必需。"[3]但工作对他们而言似乎没有任何意义。因为早期的工业化改变了工作的性质，人们日益告别那种每个人和他的家庭独立自主地工作、他们

---

[1] TEAFORD J C. Cities of the Heartland：The Rise and Fall of the Industrial Midwest[M]. Indiana University Press，1994：11.

[2] 杜威.学校与社会·明日之学校[M].赵祥麟，译.北京：人民教育出版社，2006：26.

[3] 杜威.学校与社会·明日之学校[M].赵祥麟，译.北京：人民教育出版社，2006：26.

自己决定一切、他们自己消费自己劳动产品的自给自足的农业时代，而是在一种强制性的生产方式下劳动，在分配给他们的工作岗位上耗费大量时间，从事的是一种机械的、重复的工作。他们的工作安排非常死板，任务是千篇一律的，就像机器上的一个部件，对工作本身没有控制权，不能由自己决定采用什么技术，使用什么工具，生产出来的产品也与自己没有关系。总之，工人不能从工作本身中得到安慰，自己也不能控制自己的工作进程和报酬。工人对工作毫无感觉，感到自己和工作都没有什么价值和重要性。

在杜威看来，"在现代工业的影响下，提供的是比任何以前的时代所提供的更少的满足、更多的厌恶"[1]。关注社会现实、关注生存环境，使饱受磨难的美国人摆脱所产生的精神危机是敏锐的、有高度社会使命感和责任感的每一位有识之士力求解决的。杜威指出："如果我们的教育对于生活必须具有任何意义的话，那么它就必须经历一个相应的完全的变革。"[2]杜威充分认识到艺术能改变人们这种异化的生活状态：如果人们在工作中能"艺术地投入"，意识到"所做的事的意义"，欣赏"有用的作品的做工精良"[3]，人们的日常生活经验就可以成为完美的、愉快的审美经验，人民的精神生活就可以得到相应的改善。杜威的美育思想倡导的是艺术与生活的联系，是人们生活的指南，是对人的生存状态的终极关怀。杜威以前的学生和亲密朋友悉尼·胡克在《关于杜威的一些回忆》一文中曾说过：对每一个成年人来说，杜威都提供了一种经过深思熟虑的、合理的生活信仰。这是与社会现实时代的需要息息相关的，是应运而生、应时而兴的思想。在杜威90岁诞辰之际，美国《新共和》杂志的编辑们在专刊上着重指出："如果任何其他人对现代智慧生活的影响可以与杜威相比的话，那么我们还不知道他是谁呢？"[4]

二、教育的异化

殖民地时期美国的教育基本上属于欧洲大陆传过来的旧教育，它以课堂为中心，以书本为中心，以教师为中心，压制儿童个性发展，宗教色彩

---

[1]　杜威.艺术即经验[M].高建平，译.北京：商务印书馆，2005：380.

[2]　杜威.学校与社会·明日之学校[M].赵祥麟，译.北京：人民教育出版社，2006：26.

[3]　杜威.艺术即经验[M].高建平，译.北京：商务印书馆，2005：3-4，381.

[4]　康内尔.二十世纪教育史[M].张法琨，译.北京：人民教育出版社，1900：197.

浓厚。随着美国资本主义工商业的急剧发展，广大劳动者在从事各种经济开发活动中必须掌握一定的知识与技术。显然，旧教育已不符合时代需要，必须以新的教育适合新的社会要求，并且以新的教育理论指导新的教育活动。在这段时期，美国的教育借鉴了欧洲的"新教育运动"和"新教育思潮"，如18世纪末对法国教育家让·雅克·卢梭（Jean Jacques Rousseau，1712—1778）重视儿童自由发展、反抗一切旧教育束缚的思想的借鉴，19世纪初对瑞士教育家裴斯泰洛齐（Jonhann Heinrich Pestalozzi，1746—1827）重视初等教育中发展儿童能力、采取实物教学等主张的吸收，对德国教育家福禄倍尔（Friedrich Froebel，1782—1852）注重儿童自由发展及幼儿教育理论的继承，引进德国教育家赫尔巴特（Johann Friedrich Herbart，1776—1841）关于教学过程、教学形式、教学阶段的研究等。这些来自西欧各国的"新教育"理论曾有效地推动了美国教育的改革。

尽管如此，当时美国的教育质量仍未尽如人意。无论是学校制度、课程设置，还是教学方法，形式主义的、呆板的教育仍占统治地位，教育的弊病极其明显，主要体现在：理论脱离实际、知识脱离经验、学校脱离社会、教育脱离生活，教育对象是被动的而不是主动的。在当时的教育实际中，大多数公立的中小学校几乎就是使儿童应付作业和考核制度，教师仅是"根据教学大纲、教科书的要求给学生布置作业，要求他们反复练习、记忆，并在考试时背诵出来，而学生注意的也只是印在书本上的字词，而不去理解与人生意义有关的问题，如人的本性和命运、人生活其中的宇宙的性质和他们周围的世界"[1]。"教师的严酷态度是格外明显的；由于完全服从于教师的意愿，所以学生是沉默的和静止的，课堂的精神也是沉闷的和冷漠的。"学校因此成了一个令人沮丧的场所。"学校对于儿童来说，从来就没有什么乐趣。同样，对于家长来说，学校往往被看作是一个异己的世界，对于它所教育的人来说似乎充满了敌意或冷淡。"[2]19世纪90年代，一名关注公立学校教育的新闻观察人员曾报道："教师对学生冷漠，缺乏友善；学生完全受教师意志的压制，他们沉默寡言，死气沉沉，教室

---

[1] 陆有铨.现代西方教育哲学流派[M].郑州：河南教育出版社，1993：4.

[2] 鲍尔斯，金蒂斯.美国：经济生活与教育改革[M].王佩雄，译.上海：上海教育出版社，1990：53-54.

里充满了消沉、沮丧的气氛。"[1]在19世纪末的最后几年里，美国威斯康星州的一位报刊编辑霍尔德（W.D.Hoard）对当时的学校进行了考察后指出："这正是60年前我们少年时代的情况，但今天99%的学校还依然如故。"[2]美国教育家罗斯描述当时学校的使命是："从私人家庭集合起像揉好的面团一样的具有可塑性的儿童，然后把他们放到社会的揉面板上捏塑成型。"[3]

杜威对此阶段的教育做过极为精辟的描述："教育上所用的教材由过去已经编好的一系列的知识和技能组成，因此，学校的主要任务是把这些知识和技能传授给新一代。过去，也已经形成了各种行为的规范的准则。学校的道德训练就在于培养符合这些规范和准则的行为习惯。最后，学校组织的一般形式使学校构成和其他社会组织显然不同的机构。"这些特点决定了教育的目的和方法："教育的目标是通过获得教材中有组织的知识和成熟的技能，为年轻一代承担未来的责任和获得生活上的成功做好准备。既然教材和正确的行为规范都是从过去传下来的，那么学生的态度，总的说来，必须是温良的、顺受的和服从的。书籍，特别是教科书，是过去的学问和智慧的主要代表，而教师是使学生和教材有效地联系起来的机体，教师是传授知识和技能及实施行为准则的代理人。"[4]

总之，那个时代普通学校明显跟不上工业革命对社会结构的巨大变化。在大多数人成为城市居民的情况下，尽管他们尽力服务于人类，可是他们对城镇的增加和扩大，阻止儿童失掉教育机会方面却做得很少。在这种形势下的基本事实是，像杜威看到的，旧家庭生活的破裂和简单的村社生活的消失。他指出现代儿童生活在一个制造物品的世界，他们怎样开始生活只是一个不清楚的概念：儿童看见衣服前就没有看见过布；来到饭桌前就没见过谷物；用一根火柴就可以点燃瓦斯或只按一下电钮就可以开灯照明。一个世纪前，一个乡村儿童生活在他每日的经历中是很幸运的：他看到自己的邻居从剪羊毛到操作织布机织布的全过程；而房间照明是从宰杀牲畜、炼成油脂、制成烛芯等一系列辛苦劳动而来的，而不是按一下电

[1]　津恩.美国人民的历史[M].许先春，蒲国良，张爱平，译.上海：上海人民出版社，2000：222–223.

[2]　克雷明.学校的变革[M].单中惠，马晓斌，译.上海：上海教育出版社，1994：50.

[3]　鲍尔斯，金蒂斯.美国：经济生活与教育改革[M].王佩雄，译.上海：上海教育出版社，1990：50.

[4]　赵祥麟，王承绪.杜威教育论著选[G].上海：华东师范大学出版社，1981：345–346.

钮开关就行。他们的日常生活本身具有较大的教育价值，无论在知识方面和道德方面都比今天的儿童情况好。在分担家务上，他建立起自觉的思想和品质。每日的工作可以引起丰富的学习动机，而现在明显不存在了。传统学校没有注意到这种教育环境的改变，早先的教育是少数人的装饰品的影响仍停留在它们之间。旧的钻研课本的方法依然是教学方法的主要内容，课堂教学只是讲和听。固定不变的座位就是这种制度的代表。他们预先假定被动的儿童会紧张地接收教师给他们预备的教材。

在这种只关注有基本读写技能的生产工人的教育年代，对美的寻求很少有吸引力。学校艺术教育的开展，是在形式化、技术化的束缚下进行的。如，1870年，美国马萨诸塞州通过了工业图画法案，要求学校向15岁以上的学生教授装饰图画。州教育委员会与波士顿学校委员会聘请了英国人沃尔特·史密斯（Walter Smith）担任波士顿第一位图画指导和马萨诸塞州第一位图画督学。史密斯在美工作期间于1873年建立了美国第一所教师培训学校——马萨诸塞州师范美术学校，1874—1877年组织了第一个职业美术教师协会——马萨诸塞州美术教师学会。史密斯还制定了从小学一年级到师范学校的美术教材，使美术教育计划系统化，这对美国早期美术教育的普及和发展具有不可否认的推动作用。但这种美术教育可以定位为工具课，其教学方法完全以机械的技法训练为主，最终目的是为了培养满足大工业生产需要的机器设计者。总之，当时的学校就像工厂，在校学习的学生好比是原材料。他们经过学校的教育，加工成为能适应社会生活需要的产品，而产品的规格是由工业文明的需要所规定的。按社会向学校提出的"产品规格"培养、教育学生，这就是学校的工作。显然，在19世纪末到20世纪初这一大转折的历史年代里，学校教育的工厂模式已无法满足社会发展的需要。

杜威的教育思想基于儿童的生活模式，是对当时学校教育"工厂模式"的反拨。杜威充分认识到：学校不只是学习功课的场所，不是各种特殊职业的培训，学校自身应成为一种生动的社会生活的真正形式。因此，学校应与儿童的生活联系，"成为儿童生长的地方；在那里，儿童通过直接生活进行学习，它不只是学习课文的地方……学校里所从事的各种典型的作业是摆脱了经济压力的，其目的不在于生产成品的经济价值，而是要发展儿童的社会能力和洞察力"[1]。按照杜威的观点，学校美育应组织儿童的生活并使之与生活联系起来，让孩子感受生活的美，发现生活的美，

---

[1] 杜威.学校与社会[M].赵祥麟，译.北京：人民教育社，2005：31-32.

并在生活中去表现和创造美。杜威倡导学校的"各种实际活动与艺术结合"[1]。也就是说，美育应"基于儿童的生活，为了儿童的生活"，使儿童的生活充满艺术精神，美育的目的完全摆脱了狭隘的功利倾向，是让儿童在生活中体验到快乐，体验到美感。正如胡克在《关于杜威的一些回忆》一文中所说的：因为杜威所倡导的美育思想，数百万美国儿童的生活才更加丰富、更加幸福。

三、艺术的异化

殖民地时期的美国，在英国本土受到迫害的清教徒刚刚来到这片陌生的荒凉的大地上，他们几乎无暇读书，也没有心情从事艺术创作，而是忙着巩固和扩大既得的利益[2]。在正规的文学艺术这一高深奥妙的领域里，19世纪的美国人显然感到自己不如同时代的欧洲人——这是有非常充足的理由的。因为美国人忙于制服荒原，根本无暇假装斯文和讲究美学。此外，清教徒的传统认为，辛勤的劳动和拯救灵魂比艺术修养价值更大。1835年，法国旅行者亚历克西·德·托克维尔曾说道：除了星期日去做礼拜外，将一周中的每一天都花在挣钱上的人们，没有什么可用来招待喜剧女神。英国评论家西德尼·史密斯的评价颇具代表性，他于1820年反问道："在全球各地，有谁读过一本美国的书，看过一场美国的戏，见过一幅美国的画或一尊美国的塑像呢？"[3]

托马斯·科尔：哈得孙河清晨　　阿谢尔·杜兰德：清冷　　阿尔伯特·比尔施塔特：约塞米蒂
（1827）　　　　　春天的早晨（1850）　　　　风景（1866）

---

[1] 杜威.学校与社会[M].赵祥麟，译.北京：人民教育社，2005：32.

[2] 斯塔夫里阿诺斯.全球通史——1500年以后的世界[M].吴象樱，梁赤民，译.上海：上海社会科学出版社，1999：550.

[3] 斯塔夫里阿诺斯.全球通史——1500年以后的世界[M].吴象樱，梁赤民，译.上海：上海社会科学出版社，1999：550.

　　随着独立战争、南北战争的胜利以及美国经济的发展和美利坚民族的形成，美国人在本土语言的基础上吸收了印第安人的语言和非洲的民歌民谣，形成了本民族的语言，也创立了自己的文化，为各种各样的艺术提供养分，使艺术在美国这块沃土上蓬勃发展起来。如，产生于19世纪的哈得孙河画派（Hudson River School，也称"美国风景画派"）在美国的艺术史与民族进程中有着重要意义。哈得孙河画派以哈得孙河沿岸风光为题材，通过风景画展示出美洲大陆如伊甸园般美好，充满神秘色彩与原始气息。从哈得孙河画派最早的创始人托马斯·科尔（Thomas Cole，1801—1848）到被誉为"美国风景画之父"的阿谢尔·杜兰德（Asher B. Durand，1796—1886），从西部风景画家阿尔伯特·比尔施塔特（Albert Bierstadt，1830—1902）到弗雷德里克·埃德温·丘奇（Frederic Edwin Church，1826—1900）、托马斯·莫然（Thomas Moran，1837—1926）等，他们所创作的一系列风景画使美利坚民族感受到了美洲大陆的魅力，并以此而骄傲。美国人在对其国土产生热爱之情的同时，自豪感也随之产生。这种自豪感不仅促进了整个民族的凝聚力，也激发起人们对探索这充满魅力的美洲大陆的热情。在探索的过程中，开拓、坚毅、自豪的精神与浪漫的气质逐渐上升为美利坚的民族精神。美国艺术从此摆脱了欧洲的束缚，自信地开拓自己的独特风格，为未来美利坚成为世界的艺术中心奠定基础。19世纪末，美国在音乐领域也取得了长足发展，如，福斯特的歌曲《淡褐色头发的珍妮》和"进行曲之王"——约翰·菲利普·苏萨（John Philip Sousa，1854—1932）的代表作《星条旗永不落》（the Star-spangled Banner，曾译《星条旗》歌）等作品，不但表现了美国国力不断上升时的情怀，而且体现出美国文化的多元融合特点；19世纪末爵士乐起源于美国南部新奥尔良地区的黑人音乐，并吸收了欧洲通俗易懂的和声与音调，形成了自己独特的风格，风行美国，传遍世界。总之，美国的艺术家从一开始就全神贯注于他们周围世界的现实情景，他们极好地记录了美国在成熟过程中发生的各种变化。20世纪美国最

弗雷德里克·埃德温·丘奇：尼亚加拉大瀑布（1857）

托马斯·莫然：黄石大峡谷（1872）

受欢迎的现实主义通俗画家爱德华·霍珀（Edward Hopper，1882—1967）曾指出：一个国家的艺术，只有当它最充分反映本国人民性格时，才是最伟大的。美国那个时代的艺术反映了美国人民的性格和他们的生活方式。

但在工业革命的影响下，经济制度所造成的贸易和人口流动，人们似乎将一切都"商品化"。肉体、文化、精神生活都可能变成商品，艺术品也像其他物品一样在世界市场上出售，"为艺术而艺术"的艺术至上主义者占据统治地位，这使艺术失去了它们土生土长的身份，不得不去谋求一种新的身份，

爱德华·霍珀：《加油站》

而去充当"美的艺术"的标本。在工业革命之前，"艺术"与"技术"是一种统一的存在。工业革命后，大量的生产机器的介入，最终使"艺术"与"技术"一分为二："艺术"只为精神而存在，藏在高高的象牙塔之内，与人的实际生活不相干；"技术"则只是推进工业发展的手段，难入"艺术"的门庭。工业状况的变化也影响了艺术家，工业实现了机械化，而艺术家却不可能为大规模生产而机械地进行工作，于是他们脱离社会生活的主流，产生了一种杜威所说的特殊的审美"个人主义"。许多艺术家一味地使艺术"超脱"，不再同具体经验中的事物相联系，从而创作出一种与外界隔绝的"自我表现"形式；夸大自己与外界隔绝的状态，以至达到怪癖的程度，艺术品因此蒙上了一层独立和玄妙的色彩。或许这就是把艺术看成"高高在上、理应受人顶礼膜拜"的思想非常深入人心的缘故。由于艺术被移入一个与生活相分离的独立王国，艺术失去了它们赖以产生的土壤，在社会生活及人类经验中被孤立起来，仿佛只有把艺术从世俗与普通人的生活经验中脱离出来才可保持艺术品的纯粹性与精神价值，结果出现了一种很不正常的情况：似乎只有那些远离日常生活的博物馆和美术展览馆里的收藏品才是真正的艺术。工业革命的过度分工使人们在工作时感到单调乏味，艺术在很大程度上就成为人们工作之余的消遣品，成为不如意的现实生活的避难所。但是，观赏所谓高雅、正统严肃的艺术品既花费时间又太昂贵，被工业社会快节奏生活弄得业已失去耐心的、收入不高的普通人，就干脆在"凶杀、色情、爵士乐、连环漫画"等低级庸俗的艺

术中寻求暂时的刺激或麻醉，只求暂时忘掉生活的乏味与苦闷。

在工业革命带来的喧嚣中，欢乐与工作的分离、艺术与工作的分离、艺术与工艺的分离是工业革命影响下社会的弊病。反对粗制滥造一些廉价的、充满低级趣味的艺术产品，呼吁艺术家们回归自然、田园和古代文化，去寻找一种感性的真实和人性的力量，主张艺术的社会普及，让艺术从作为少数人的奢侈品中解放出来，回到普通人的生活中，这是有识之士的明智之见。因为"艺术绝不是'奢侈品'，或是多余物。从心理学、社会学的角度看，它是人类发展的根本力量"[1]。因此，杜威力求还原艺术的本质。杜威认为美的源头是生活，美来自日常的生活感受："既然经验是有机体在一个物的世界中斗争与成就的实现，它是艺术的萌芽。甚至最初步的形式中，它也包含着作为审美经验的令人愉快的知觉的允诺。"[2]在杜威看来，美的最本质的"母体"是生活。因此，杜威把美从"形而上"的殿堂降低到了"生活"的"实在"的层面，一方面拉近了美与现实生活的距离，另一方面赋予了美以实在的内容。

马克思主义经典作家曾强调指出："任何真正的哲学都是自己时代精神的精华。"[3]杜威美育思想的形成绝不是偶然的，而是各种社会文化因素相互作用的产物，是工业化进程中文化转型时期的特定意识形态的表现，是对新的工业文明所产生的困惑和思考。作为一个应时而生的哲学家、教育家，杜威的美育思想既打上了美国工业文明的烙印，也孕育着对美国工业文明的反叛；从另一个角度来说，杜威的实用主义美学，本身就是资本主义实用文化的产物。我们可以看出，杜威的思想中有浓厚的实用倾向，他把艺术还原到生活等观点，在很大程度上解放了艺术，因为杜威不但降低了艺术的门槛，而且定义了艺术的实用性价值。所以，它既反映了工业时代美国人最为普遍的价值观，又具有工业文明所难以包容的人性关怀和终极价值的追寻。所以说，杜威的思想是充满悖论的，同时也是深刻的。

---

[1] DEWEY J, in Monroe: Cyclopedia of Education [M]. New York: The Macmillan Company, 1912: 224.

[2] 杜威.艺术即经验[M].高建平，译.北京：商务印书馆，2005：3，19.

[3] 马克思恩格斯全集：第1卷[M].北京：人民出版社，1956：121.

第二节　达尔文的进化论美学对杜威美育思想的影响

1859年11月24日，达尔文（Charles Robert Darwin，1809—1882）具有革命性的著作——《物种起源》（*On the Origin of Species*）的第一版在英国问世。《物种起源》以极其丰富而确凿的事实和严谨的逻辑、巧妙的思辨，不仅论证了生物进化、物种可变，而且还提出了可信的进化机制。达尔文第一次从生物变异—自然选择—物种形成—生物演化逻辑系列中成功地论证了生物与自然环境的对立统一，这是继牛顿首次进行无机界运动大综合之后的一次更高层次的科学大综合，即无机界与有机界运动的大综合。《物种起源》的影响是巨大的，它的发行量充分说明了这点：这本书第一版第一次印了1250册，在发行的当日便销售一空；第二次印刷了3000册，也很快销完了[1]。在达尔文的有生之年，这本书仅在英国就印制了27万册，此外还有许多美国的版本以及无数的译本问世[2]。可以说它是一本"震惊世界的书"。

美国杜威研究中心现任主任
莱瑞·海克曼

达尔文1859年出版了震动当时学术界的《物种起源》一书

杜威的成长时期恰好是达尔文学说的广泛传播时期，达尔文对他的影响是深刻的。当代美国著名实用主义哲学家、美国哲学促进会主席、杜威研究中心主任、南伊利诺伊大学哲

达尔文

美国杜威研究中心

---

[1]　达尔文.物种起源[M].舒德干，译.西安：陕西人民出版社，2005：556.

[2]　迈尔.很长的论点——达尔文与现代进化思想的产生[M].田洺，译.上海：上海科学技术出版社，2003：8.

学教授莱瑞·海克曼（Larry A. Hickman）教授认为："从19世纪70年代杜威是一个大学生直到1952年杜威去世，查尔斯·达尔文的著作对杜威产生了深刻的影响。"[1]美国教育学者，杜威的弟子、同事，杜威在哥伦比亚大学的继任者威廉·赫德·克伯屈（William Heard Kilpatrick，1871—1965）指出：杜威深深地受惠于达尔文的《物种起源》[2]。当今美国最有影响的新实用主义哲学家之一——理查德·罗蒂（Richard Rorty，1931—2007）说"杜威根据达尔文理论来考虑人类"[3]。胡适说："杜威受了近世生物进化论的影响最大，所以他的哲学完全带着生物进化学说的意义。"[4]单中惠教授认为："在某种意义上，正是由于达尔文进化论的出现，才会形成杜威教育思想的独特体系。"[5]的确，杜威本人对达尔文《物种起源》一书的评价相当高，杜威在1909年7月为纪念《物种起源》出版50周年所写的《达尔文对哲学的影响》一文的开头便指出，达尔文已经引起不仅在科学史上而且在整个思想史上的一场哥白尼式的革命，"《物种起源》的出版，标志着自然科学发展的一个新纪元"，《物种起源》"带来了一种思维形式，这种思维形式最后必然改造了认识的逻辑，也就因而改造了对于道德、政治和宗教的探讨"[6]。达尔文对杜威美育思想的影响主要体现在以下几方面：

一、审美经验是生物性的

在中世纪基督教神学中，认为美只属于上帝，达尔文却把美还原到物的层面，用唯物的眼光来看待美。达尔文认为审美观念（美感）并非人所独有，动物也具有美感，能够欣赏美的色彩和形式，人的美感是动物的美感进化的结果，也就是说，审美具有生物性的特点。审美的生物性是指美感不是上帝的意志，美感必须依附在生物上，美是生物性的体现，是生物性的一部分。杜威认为达尔文的哲学是一种理智的哲学，他说："'物种'和'起源'两个特殊的词的结合，体现了一场理智的革命，并带来了

[1] HICKMAN L A. Dewey's Theory of Inquiry[M] // HICKMAN L A Reading Dewey：Interpretations for a Post-modern Generation. Bloomington： Indiana University Press. 1998：167.

[2] 克伯屈.回忆杜威和他的影响[M] // 杜威. 杜威传，181–182.

[3] 罗蒂.哲学和自然之镜[M] // 杜威. 艺术即经验，译者前言.

[4] 葛懋春，李兴芝.胡适哲学思想资料选：上[G].上海：华东师范大学出版社，1981：69.

[5] 单中惠.现代教育的探索——杜威与实用主义教育思想[M].北京：人民教育出版社，2002：64.

[6] 杜威.达尔文对哲学的影响[G] // 杜威教育论著选，109.

新的理智倾向。"杜威所指的理智是指达尔文把哲学从神学的束缚中解脱出来。列宁曾说过：达尔文推翻了那种把动植物种看作彼此毫无联系的……第一次把生物学放在完全科学的基础上。

在具体谈到美与美感时，达尔文声称：人和低等动物的感官的组成，似乎有这样一种特殊本性，对各种各样鲜艳的颜色、某些式样或形态，以及和谐而有节奏的声音感到快感的美。并指出："人和许多低于人的动物对同样的一些颜色、同样美妙的一些描影和形态、同样的一些声音，都同样地有愉快的感受。"[1]杜威以"活的生物"（原文是live creature，指动物和人）作为《艺术即经验》的第一章，说明艺术不是从美的事物中开始；艺术不是基于抽象的形式；艺术不只是一种理念或一个词，艺术的开始、过程、结果都在生物中进行，"艺术即经验"，"真正的艺术品是运用经验并处于经验之中才能达到的东西"。如何理解"经验"？杜威认为，"生物学的常识"是触及"经验中审美性的根源"，这是因为"我们生活在其中的实际的世界是运动与到达顶点，中断与重新联合的结合，活的生物的可以具有审美的性质"，因此，杜威明确指出："为了把握审美经验的源泉，有必要求助于人的水平之下的动物的生活。"当然，杜威并不是把人降低为动物，而是认为从动物的身上可以找到审美经验的直接性和整体性。在杜威看来，动物的活动是把"行动融入感觉，而感觉融入行动——构成了动物的优雅，这是人很难做到的"，并举例说明："狗既不会迂腐也不会有学究气；这些东西（学究气）只有过去在意识中与当下分隔开，过去被确定为模仿的模式，或经验的宝库时，才会出现。"[2]不难看出，杜威与达尔文的立场是一致的，从美的生物学的起源上探讨美感，把审美与生物的生存能力联系在一起了，这对哲学史上人们用理性、语言、意识等各种各样的词来说明人与动物的区别而忽视人与动物间共同的东西无疑是一种有力的抨击。有学者曾评论：在达尔文的影响下，杜威把积极的经验——"做"，看作一种寻求生存的手段。当"做"与"受"保持平衡时，我们就有一个统一的经验，这就是我们经历的审美经验[3]。

[1]　达尔文.人类的由来[M]//西方美学通史：第五卷.上海：上海文艺出版社，1999：721，725.

[2]　杜威.艺术即经验[M].高建平，译.北京：商务印书馆，2005：13，16，18–19.

[3]　TEJERA V. American Modern：The Path Not Taken[M]. New York： Rowman & Littlefield. 1996：119.

二、动态的认识观与发展观

杜威认为，两千多年以来，人类关于自然和知识的思维方式是"建立在凝固的和终极的超越性这个假定上；它们是建立在把变化和起源看作缺陷而不真实的标记上面的"。因此，两千多年来欧洲官方和哲学思想中的各种形式是"固定的和绝对的"，而《物种起源》则把各种形式看作是"发生着的和消逝着的东西"。在杜威看来，达尔文逻辑引起的那种理智的转变"从事物是一次永远的形成起来的一种理解，转移到事物即使在现在仍在形成中的各种特别的理解"，哲学应该摒弃"按照绝对的起因和绝对真理的终局所进行研究"。因此，杜威认为笛卡儿对自然界事物的断言适用于所有的事物，即它们"被看作正在逐渐地生成，而不仅仅看作一经创造出来便是最终的和最完善的状态的时候，它们的性质便更加容易地被人们所理解"[1]。

具体谈到审美时，达尔文认为人类没有普遍的审美标准，"要是认为人的心灵中存在任何与人体有关的关于美的普遍标准，那肯定是错误的"[2]。达尔文认为，人类各个种族是在进化历程中形成自己的审美标准，如：欧洲人可能认为椭圆的脸形、平直端正的面容和鲜明的肤色是美的，而另外一些人则欣赏有宽阔的脸、高颧骨、扁平的鼻子和黑皮肤的人。每个种族的人，总是倾向于他们所习惯的东西，而不能忍受任何剧变。当然，他们也喜欢变化，并赞赏由变化而带来的不偏不倚的特征。如：欧洲人看惯了椭圆的脸形、平直端正的面容和鲜明的肤色，但如果这些特点发展得更显著一些，他们要进而加以赞美。在达尔文看来，人类的各个种族虽然在进化过程中形成了一定的审美标准，但这种审美标准不是永恒的，而是处于不断的变化之中。他举例说明，如果世间每一个女子都变得像梅迪契家族所收藏的古希腊美神维纳斯雕像那样的美，我们在一定时期内会目眩神迷，但过了些日子又觉得不美了，对美的标准也有所提高，"我们又将要求来些变化，而一旦有了变化，我们很快又愿意看到某些特点比现有的寻常标准再略微夸大一些"[3]。杜威在谈到审美时也认为审美没有固定的标准，即使同一个人在不同的时候也会有不同的审美感

---

[1] 杜威.达尔文对哲学的影响[G]. // 杜威教育论著选，华东师范大学出版社，109-116.

[2] 蒋孔阳，朱立元.西方美学通史：第五卷[M].上海：上海文艺出版社，1999：721-722.

[3] 蒋孔阳，朱立元.西方美学通史：第五卷[M].上海：上海文艺出版社，1999：723.

受，更不用说不同民族的人对同一件艺术作品的感受，他说："作为一件艺术作品，每次对它进行审美经验时，等于是再创造一次……如果问一位艺术家他的作品的'真正的'意义是什么，是荒谬的，他自己会在不同的日子和一天的不同时间里，在他自身发展的不同阶段，从作品中发现不同的意义。"[1]

在杜威看来，审美经验本身是处于一个动态的过程中，而不是处于一个静态的环境中。杜威说："活的存在物不断地与其周围的事物失去与重新建立平衡。从混乱过渡到和谐的时刻最具生命力。"因此，审美经验产生于生命反复地失去又重建与环境的平衡之中，产生于从骚乱到和谐这一时刻，所以在完全流动的世界中或完全静止的世界中，在一个混乱的世界中或在一个完成了的世界中，都不可能产生审美经验。杜威进一步指出，每一个完整的经验都"要花时间来完成，是因为它是一个生长过程：有开端，有发展，有完成"，每一个完整的经验都"有动态的组织"[2]。总之，在达尔文的影响下，杜威认为美的形式如果能被证明由具体的可知的条件所产生，便是无意义的、空虚的，杜威因此放弃了古典哲学关于终极原理和末世论的探寻，在动态发展的审美经验观中探讨有关艺术的问题。

三、人的发展与环境的共生关系

自然选择学说是达尔文最富革命性、独创性的理论观点。达尔文的自然选择学说认为生物个体发生的变异是随机的，不同的个体由于形态、结构上的不同，会有对环境的不同适应度，如果个体产生的变异有利于个体在该环境中生存，个体的适应度就大，存活下来的概率就高；反之，如果产生的变异不利于个体在环境中生存，适应度就小，个体存活下来的概率就低。也就是说，环境起到了一个对生物个体"选择"的作用，那些适应度高的个体就被"选择"而存活下来，适应于环境的变异因此被保留下来，不适应的被淘汰，生物就这样在自然环境的"选择"作用下不断发展进化，从而发展出各自对环境高度适应的形态、结构等。用杜威的话说，"一切有机体的适应只不过是由于经常不断的变异和对于生存竞争不利的

---

[1]　杜威.艺术即经验[M].高建平，译.北京：商务印书馆，2005：118.

[2]　杜威.艺术即经验[M].高建平，译.北京：商务印书馆，2005：16，60.

那些变异的消灭"[1]，而"人，即有机体"[2]。

杜威把世界看成是人的环境。人与动物一样，只是一个"活的生物"而已。动物没有主客体意识，它们是与自身的生活环境结合在一起的。人与环境也是结合在一起的，人是环境的一部分，环境也是人的一部分，人与环境是相互作用的。我们的皮肤不是隔离自我与环境的墙，我们的活动是在环境刺激下形成的，我们的思想也是环境的产物。人的活动表现为环境中各种力量的相互作用。也就是说，人并不是置身于环境之外思考环境的。当人置身于环境之外时，就是将环境看成了对象，就是把认识的主体、经验者和被认识的对象分割开，把经验和自然、精神和物质分割开，这就导致了"二元论"。在杜威看来，我们只能处于环境之中，我们不是世间诸种力量相互作用的旁观者，而是参与者。"第一个要考虑的是，生命是在一个环境中进行的；不仅仅是在其中，而且是由于它，并与它相互作用。"杜威认为，活的生物随时都面临着来自环境的危险，因此，活的生物"必须从周围环境中吸取某物来满足自己的需要"。有机体为了生存必须适应环境，"如果有机体与环境间的间隙过大，这个生物就死亡了"[3]。有机体对环境的适应是积极的、主动的，"有生命的地方就有行为、有活动。为要维持生命，活动就要延续，并与其环境相适应。而且这个适应的调节不是全然被动的，不单是有机体受到环境的塑造——在生物当中没有只顺从环境的，就是寄生虫也不过是接近这个境界而已。要维持生命就要变化环境中若干因素。生活的形式越高，对环境的主动改造就越重要"[4]。

杜威的"艺术即经验"观强调"经验是有机体与环境的相互作用的结果、符号与回报"，没有这种相互作用的东西就不是经验，在杜威看来，这种相互作用是持续的。"一个经验是一个有机的自我与世界的持续性与累积性相互作用的产物。"[5]也就是说，杜威不是把经验作为不同于其他部分的精神领域，他认为经验只有在有机体与环境相互作用时才可能产

[1] 杜威.达尔文对哲学的影响[G] // 杜威教育论著选，113.

[2] 杜威，本特雷.认知与所知[M] // 蒋孔阳，朱立元.西方美学通史·二十世纪美学：上.上海：上海文艺出版社，1999：647.

[3] 杜威.艺术即经验[M].高建平，译.北京：商务印书馆，2005：12-13.

[4] 杜威.哲学的改造[M].许崇清，译.北京：商务印书馆，1958：45.

[5] 杜威.艺术即经验[M].高建平，译.北京：商务印书馆，2005：22，244-245.

生。具体论述审美时，杜威指出：经验就是"一种艺术作品与自我相互作用的东西"。由于"每一种文化都有着自身的集体个性"，在不同的文化背景下长大的人其经验是不同的，因此在对同一件作品进行审美时其审美经验是不同的。"两个不同的人的经验也不相同。同样的人在不同的时间里将某种不同的东西带入到同一个作品中时，它也会发生变化。"[1]

总之，在达尔文的影响下，杜威不仅把生物学的概念引入他的美育思想中，"环境、有机体、互动、延续性"等生物学的术语和分类在杜威的美育思想中俯拾皆是，而且认为所有生物的活动中都具有审美经验，明确指出以"活的生物"为基石，这使他的美育思想充满生命活力。

第三节　黑格尔的方法论对杜威美育思想的启示

美国当代最有影响力的哲学家理查德·罗蒂曾说过：在考虑杜威时，从考虑黑格尔开始较为合适[2]。杜威与黑格尔（Georg Wilhelm Friedrich Hegel，1770—1831）的不解之缘有三个人起了重要的作用：托里（H.A.P.Torrey）、哈里斯（William Torrey Harris，1835—1909）、莫里斯（George S. Morris）。杜威就读于佛蒙特大学时在哲学教授托里的引导下"结识"了黑格尔，并在托里的个别指导下，大量阅读了黑格尔等人的德国古典哲学著作。哈里斯是著名的黑格尔主义者，在1867年创办了当时美国唯一的哲学刊物《思辨哲学》（Speculative Philosophy）杂志，且成立了"康德学会"，广泛传播德国古典哲学。杜威大学毕业后仍然孜孜不倦地学习和研究哲学，并经常写一些哲学方面的文章寄给哈里斯博士。在寄文章的同时，杜威写信咨询哈里斯自己是否适合从事哲学研究。哈里斯在回信中肯定杜威具有哲学头脑，并在1882年的《思辨哲学》杂志上发表了杜威的《唯物主义的形而上学假定》一文。哈里斯的肯定与鼓励坚定了杜威从事哲学研究的决心。1882年杜威进入约翰斯·霍普金斯大学攻读哲学博士学位，在此期间，来自密西根大学的访问学者莫里斯教授对杜威的思想产生了重要影响。莫里斯教授主要致力于将黑格尔与亚里士多德联系起来的

---

[1]　杜威.艺术即经验[M].高建平，译.北京：商务印书馆，2005：367-368.

[2]　罗蒂.真理与进步[M].杨玉成，译.北京：华夏出版社，2004：260.

研究，试图建立一种新的逻辑，即实在的逻辑，取代黑格尔的逻辑和亚里士多德的逻辑。这一思想启发了杜威。杜威认为，应当用认识过程的逻辑去取代形式的逻辑和真理的逻辑。杜威还接受了英国新黑格尔主义者格林等人《哲学批判文集》的影响，他认为新黑格尔主义是当时哲学中一股有生命力的、建设性的思潮。尽管在其后的15年间，杜威自称"逐渐漂离"黑格尔主义，认为黑格尔体系的那种形式化、图式化非常矫揉造作，最终放弃了黑格尔主义的深奥术语与唯

黑格尔

心主义的形而上学，并建立了自己的"经验自然主义"或"实验主义"，但与黑格尔的神交在他的思想中"留下了一种不可磨灭的痕迹"。杜威就此写道："黑格尔体系的形式和系统性的组合是极其矫揉造作的。但是，在他的思想内容中，常常有一种使人惊奇的深度；在他的许多分析中，除去机械的和辩证的装饰之外，还有一种非凡的敏锐性。如果我可能成为任何一种思想体系的信徒的话，我将仍然相信，在黑格尔那里比在其他任何一个有体系的哲学家那里，有着更加多的财富和更加多样化的见识。"[1]具体说来，黑格尔对杜威的影响主要体现在以下几方面：

一、黑格尔的辩证统一思想"愈合"了杜威精神上的"创伤"

在几千年的欧洲哲学史上，二元论的哲学传统始终占据着主导地位。二元论的哲学理念主要是将世界看成对象，从而形成精神是主体，物质是对象的二元对立关系，主要有：柏拉图的理念世界与物质世界；亚里士多德的形式与质料；圣·奥古斯丁（Saint Aurlius Augustine, 350—430）的上帝之城（The City of God）与人类之城；笛卡儿的精神与肉体；康德的现象与本体等。杜威觉得自己早期所接受的哲学只是几千年欧洲哲学史上这种将自我与世界、灵魂与肉体、自然界与上帝隔离的"一种智力训练课程"，这导致"精神上存在着一种创伤"。黑格尔的哲学完全是反二元论的。在黑格尔看来，哲学上的二元论在即将到来的更大的统一中只是短暂的一个环节，黑格尔在精神的发展中理解生命、观念与自然，他的哲学运用理念外化为自然、社会，最后又回归精神的辩证

---

[1] 杜威.杜威传[M].单中惠，编译.合肥：安徽教育出版社，1987：64–65.

运动解释自然、生物、人类，从而建立了一个在杜威看来"主观与客观、物质与精神、神与人"统一的无比巨大的一元论体系。"黑格尔的主体和客体、物质和精神、神和人的统一，并不是纯粹的智力公式，它是作为一种巨大的释放，一种自由而起作用的。"在黑格尔的思想体系中，精神与物质的二元对立被统一到精神上来，这种辩证统一性思想对杜威来说是"情绪上的一种强烈渴望"[1]。用杜威的话说："黑格尔学派所强调的连续性和交互作用的思想，在经验主义的基础上继续对我产生影响。当我完全从黑格尔学派的束缚下解放出来时，我逐渐认识到，这实际上意味着能够更好地理解和阐述黑格尔的这些原理。"[2]杜威吸取了黑格尔的辩证统一思想，并超脱其绝对精神和世界理性的束缚，在哲学上反对任何形式的二元论，主张用"经验"去统一主观与客观、精神与实践；在教育上反对儿童与社会、学校与社会、教师与学生、知识与行为、兴趣和训练的对立。杜威的对立统一思想亦有手段和目的合一、人文与自然的合一等，特别是他的思想非常注意知行合一，这种对立统一的看法当然不完全与黑格尔相同，但无疑是受到黑格尔的启示而产生的。

黑格尔把辩证统一性思想贯彻、渗透到对美的本质、对自然美和艺术美的诸多问题的分析中。黑格尔根据"理念感性显现"阐述美的本质，黑格尔说，"正是概念在它的客观存在与它本身的这种协调一致中才形成美的本质"，并指出，"正是这概念与个别现象的统一才是美的本质和通过艺术所进行的美的创造的本质"[3]。在黑格尔看来，美包含两个客观因素：一是理念、概念；二是它的感性和个别的形象显现。两者缺一不美，"美在这种境界里……显现为客观现实"[4]。黑格尔认为理念是客观的、绝对的，它的感性显现对审美主体来说也是客观的，所以，美不是个别审美者主观感情和臆测的产物，而是客观理念的必然结果。但黑格尔并不是机械的客观论者，他的理念、概念不是抽象、静止、孤立的客体，它同时又是

---

[1]　杜威.杜威传[M].单中惠，编译.合肥：安徽教育出版社，1987：63.

[2]　杜威.杜威传[M].单中惠，编译.合肥：安徽教育出版社，1987：21.

[3]　黑格尔.美学：第一卷[M].朱光潜，译.北京：商务印书馆，1979：143，130.

[4]　黑格尔.美学：第一卷[M].朱光潜，译.北京：商务印书馆，1979：104.

能动的创造万物的主体，它是"本身包含各样差异的内在统一，因此它是一种具体的整体"[1]。它的内部差异、矛盾导致它自身分裂和外化，使自己的本质在感性对象中实现、发挥出来。所以，"感性显现"又是作为主体的理念自身的创造物或对象化。在这个意义上，美是主体的创造，是主体的客体化，是主客观的统一。在自然美领域，黑格尔认为在各式各样自然事物中，只有有生命的事物才真正有美。他提出了一个重要概念："生气灌注"[2]。他认为一般整体与有机整体的区别就在于后者是"生气灌注"，正是这种生气成为有机体（生命）的本质和"灵魂"。也就是说，自然要美，"要见出生气灌注"，其各部分（形象）必须"都融化为一个整体，因而显现为一个个体，一个把这些特殊部分既作为差异的，又作为协调一致的，而包括在一起的统一体"[3]。显然，在黑格尔看来，自然生命之美在于灵魂与外形的辩证统一，只有当外在形象的各个部分在"观念的主体性"即"灵魂"的统摄下融化为一个生气灌注的有机整体时，才有自然事物之美。在对艺术美的论述中，黑格尔提出艺术思想就在于"真实的东西"即灵魂（神）要"展开为外在存在"即外在形象（形），"艺术也可以说是要把每一个形象的看得见的外表上的每一点都化成眼睛或灵魂的住所，使它把心灵显现出来"[4]。当然，艺术不同于自然生命，艺术中的神、灵魂，在黑格尔看来就是理性内容、主题思想，外在感性形式、形象则是形、肉。艺术理想的本质就在于把外在形象与"灵魂的内在生活"相统一。黑格尔从不同角度、不同层次揭示了艺术美的统一性。在总体构成上，黑格尔认为只有理念内容与感性形式达到了和谐统一才是真正的美。就艺术美的具体显现——艺术形象而言，黑格尔认为只有情境与情致、情致与个别人物、人物性格与情境等多重矛盾有机统一，艺术形象才是美的；就艺术形象的中心——人物性格而言，黑格尔揭示了性格的多样性、丰富性与主导性、坚定性的内在矛盾，只有达到了这两个对立面的统一，才能塑造美的（理想的）性格。

---

[1] 黑格尔.美学：第一卷[M].朱光潜，译.北京：商务印书馆，1979：137.

[2] 黑格尔.美学：第一卷[M].朱光潜，译.北京：商务印书馆，1979：155.

[3] 黑格尔.美学：第一卷[M].朱光潜，译.北京：商务印书馆，1979：162.

[4] 黑格尔.美学：第一卷[M].朱光潜，译.北京：商务印书馆，1979：198.

　　杜威坚决主张传统艺术上一大群二分的观念在根本上的连续性是黑格尔的辩证统一思想的具体体现。杜威认为，传统二分的观念主要有：艺术与生活、美的艺术与实用的艺术、高级的艺术与通俗的艺术、艺术家与普通人等。首先，杜威呼吁联结艺术与生活。在杜威看来，艺术品并不是存在于人的经验之外的建筑、书籍、绘画或塑像，而是人们"运用自己的经验并处于经验之中才能达到的东西"，也就是说，在日常生活中，经验是无处不在的。任何能够抓住我们的注意力，使我们发生兴趣，给我们提供愉悦的事件与情景，都能使我们产生经验。因此，"为了理解艺术产品的意义，我们不得不暂时忘记它们，将它们放在一边，而求助于我们一般不看成是从属于审美的普通的力量与经验的条件。我们必须绕道而行，以达到一种艺术理论"，这种新的艺术理论旨在"恢复作为艺术品的经验的精致与强烈的形式同普遍承认的构成经验的日常事件、活动，以及苦难之间的连续性"[1]。其次，杜威反对将艺术分为实用艺术与纯粹艺术、高雅艺术与通俗艺术。在杜威看来，如果有了这种区分，那些有教养的人会将自己的欣赏范围局限于前者，而人民大众即由于缺乏财力、时间和教育水平，出于自己的"审美饥渴"会去"寻找便宜而粗俗的物品"。这种区分使高雅艺术因普通人对其望而生畏、无法接近而失去了大众；而普通人因"寻找便宜而粗俗的"通俗艺术来满足自己的审美饥渴则失去了品位。杜威反对审美的与艺术的区分。杜威认为，"艺术的"不只是指生产的行为，而"审美的"也不只是指知觉和欣赏行为。艺术作品中应有适合于欣赏性的接受知觉的审美成分，"将这两者区分开来，将艺术看成是附加在审美材料之上，或者认定，既然艺术是一个创造过程，对它的知觉和欣赏与创造行动就没有任何共同之处"是错误的。杜威赞同英国著名哲学家和经济学家、19世纪最具影响力的古典自由主义思想家之一——约翰·斯图尔特·穆勒（John Stuart Mill，1806—1873）的见解，即"艺术是一种在实施中对完善的追求"，实施中的完善不能只根据实施来衡量和定义，而是"包括了对所实施的产物的知觉与欣赏"[2]。也就是说，一部作品要想真正成为艺术的，它同时也必须是审美的，艺术的与审美的是不能区分的。总

---

[1]　杜威.艺术即经验[M].高建平，译.北京：商务印书馆，2005：1-2.

[2]　杜威.艺术即经验[M].高建平，译.北京：商务印书馆，2005：49-50.

之，杜威主张艺术与生活、实用艺术与纯粹艺术、高雅艺术与通俗艺术、审美的与艺术的之间的连续性是一种内涵广泛的统一的艺术观。用杜威的话说，艺术包容了自然的、普通的、重复的、井然有序的和确定的方面，又包容了不完整的、发展中的因而也是不稳定的、偶然的、新奇的和特殊的方面。杜威把艺术的本质定义为对立面的协调统一，"这样，方式与效果、过程与产品、工具与成果之间的关系无形中就成了核心的问题。任何活动，只要包括了两者而没有顾此失彼，便是艺术"[1]。

杜威对审美经验的阐述是黑格尔辩证统一思想的"回声"。杜威认为，审美经验不是一个封闭的和永恒的天堂，我们可以于其中最终依靠令人满意的沉思。它更像一个运动的、破裂的和消散的事件，一个用它那即刻掌握的混乱和张力的能量，暂时于经验之流的裂隙中品味的事件。它是一个发展的过程，在其顶峰被解构地消融于随之发生的经验之流中，将我们推向未知之中，推向面对形成新的审美经验的挑战，一种从过去经验的碎片和抵抗以及当前的环境因素而来的、新的运动和暂时的统一。而且，对杜威来说，经验统一的持久性，不仅是不可能的，它在审美上也不是令人欢迎的；因为艺术要求张力和破坏性的新奇的挑战，要求对秩序的实现和破坏的有节奏的奋争。"由于艺术家以一种特殊的方式关注统一得到实现时的经验，他并不避开抗拒与紧张的时刻。相反，他致力于研究这些时刻，不是为了它们本身，而是由于它们的潜力"[2]可能转变为一种统一的经验。不难看出，杜威的审美经验是对统一性的赞美。

二、黑格尔历史主义的整体论对杜威艺术观的影响

恩格斯指出："黑格尔的思维方式不同于所有其他哲学家的地方，就是他的思维方式有巨大的历史感作基础"，在对艺术的有关论述中，"到处贯穿着这种宏伟的历史观"[3]。

黑格尔揭示了艺术与时代、艺术与社会的精神联系。在黑格尔的体系中，理念经过逻辑、自然阶段进入精神阶段，实际上就是进入社会。艺术作为精神阶段的一个重要环节，当然是社会的意识形式之一。这就在总体

[1] 李普曼.当代美学[M].邓鹏，译.北京：光明日报出版社，1986：79.

[2] 杜威.艺术即经验[M].高建平，译.北京：商务印书馆，2005：14.

[3] 马克思恩格斯全集：第13卷[M].北京：人民出版社，1976：531.

上决定了艺术受制于社会。黑格尔提出了特定时代的世界观是艺术与社会的联系方式。他说，艺术之所以在历史上演进，是"因为先后相承的各阶段的确定的世界观是作为自然、人和神的确定的但是无所不包的意识而表现于艺术形象的"[1]。也就是说，每个时代对自然、社会、宗教等观念——世界观或时代精神决定着艺术发展的趋向。黑格尔还指出：各个时代的艺术是各个时代世界观（时代精神）的感性显现，因此，艺术发展归根结底要受时代精神——各时代社会思想文化状况的制约，随时代、社会的发展而发展。

黑格尔揭示了艺术发展同人类自身文明水准和认识能力相适应的规律。在论述象征艺术起源时，黑格尔说，在人处于与自然混成一体的"蒙昧状态"时不会有艺术；当人对自然征服到一定程度，对客观世界有了清醒认识，"抽象的知解力"即抽象思维有了较大发展时也不会有象征艺术；只有在介于原始蒙昧与理性状态之间，即人既依赖、崇拜自然又有主体再现自己需要的状况下，人凭借原始的形象思维，把自然事物人格化，"按照这些观念的普遍性和自在本质把它们表现于一种形象，让直接的意识可以观照"，这样就产生了象征艺术。黑格尔也看到了史诗、抒情诗、戏剧诗的发展同人类文明的进步及人类认识能力的发展有着内在的联系。黑格尔认为史诗产生于一个民族的"最初期"，即它"已从混沌状态中醒觉过来"，但还未被固定的社会秩序所束缚的"英雄时代"；抒情诗"却是在生活情况的秩序大体上已经固定了的时代"才能特别繁荣，那时，个人已与世界对立，发展了自己的内心思想感情；而戏剧诗则"是一个已经开化的民族生活的产品"，人们已受过一定的文化素养，这只有在一个民族的历史发展的中期和晚期才有可能出现[2]。

黑格尔的历史感影响着杜威对艺术和审美的有关论述。杜威强调没有对艺术的社会——历史层面的了解，艺术和审美就不能被理解。这种强调，反映了黑格尔历史主义的整体论[3]。对杜威来说，艺术不是一个抽象的、独立的美学概念，而是在某种真实世界中被物质缠绕的、被它的社

---

[1]　黑格尔.美学：第一卷[M].朱光潜，译.北京：商务印书馆，1979：90–91.

[2]　黑格尔.美学：第三卷[M].朱光潜，译.北京：商务印书馆，1979：109–110，200，243.

[3]　舒斯特曼.实用主义美学[M].彭锋，译.北京：商务印书馆，2002：39.

会——经济和政治因素有效地结合的东西。在杜威看来，艺术史同样是由这些因素所决定的。

杜威认为，艺术与生活的分离不是某种必然势不两立的产物，而是历史的、政治的、社会的、经济的原因，实践的与审美的之间的裂缝也不是一个必然的不幸，而是一个历史的灾难。杜威对于"美的艺术的区分性概念"所引起的历史原因是这样描述的：

我们今天将美的艺术品移入并存放的博物馆和画廊本身，就对那种将艺术隔离开来，而不是将之视为庙宇、广场及其他社会生活形式的伴随物的原因，作了部分说明。一本有教益的现代艺术史可以依据独特的现代博物馆和画廊制度的形成过程来写。在此我们可以指出一些突出的事实。欧洲的绝大部分博物馆都是民族主义与帝国主义兴起的纪念馆。每一个首都都必须有自己的绘画、雕塑等物品的博物馆，它们部分是用来展示该国过去艺术的伟大，部分是展示该国君主在征服其他民族时的掠夺物……它们证明了现代艺术隔离与民族主义和军国主义间的联系[1]。

在杜威看来，导致艺术博物馆分区化的不但有社会的、历史的因素，而且有经济的、政治的因素。杜威就此写道：

资本主义的生长，对于发展博物馆，使之成为艺术品的合适的家园，对于推进艺术与日常生活分离的思想，都起着强有力的作用。作为资本主义制度的重要副产品的新贵们，特别热衷于在自己的周围布置起艺术品，这些物品由于稀少而变得珍贵。一般说来，典型的收藏家是典型的资本家。他们为了证明自己在高等文化领域的良好地位而收集绘画、雕像，以及艺术的小摆饰……证明他们在经济界的地位一样。不仅个人，而且社群和国家也将修建歌剧院、画廊和博物馆作为它们在文化上具有高尚趣味的证明。一个社群愿意将其收入花费在赞助艺术上，就表明，该社群并非完全沉湎于物质财富……这些东西反映并建立了优越的文化地位，而它们与普通的生活的隔离反映出它们不是本土与自发的文化的事实[2]。

杜威进一步论证了国际资本主义和工业化对艺术生产和接受的改变，这促使艺术自身成为一个与世隔绝的世界：

---

[1] 杜威.艺术即经验[M].高建平，译.北京：商务印书馆，2005：7.

[2] 杜威.艺术即经验[M].高建平，译.北京：商务印书馆，2005：7.

由于经济体系的原因，贸易与人口的流动削弱或摧毁了艺术作品与这些艺术作品曾经是其自然表现的地方特性。由于艺术品在失去了它们的本土地位之时，取得了一种新的地位，即成为仅仅是美的艺术的一个标本，而不是别的什么东西……艺术品像其他物品一样，是为着在市场上出售而生产的……由于工业状况的变化，艺术家被挤出了活跃着的兴趣的主流之外。……为了不迎合经济力量的趋势，他们常常感到有必要将他们的分离性夸大到怪异的程度……艺术品带上了某种更大程度的独立与秘奥的气氛[1]。

杜威认为，正是这些政治的、经济的、历史的、社会的因素，再加上现代社会中存在的"生产者与消费者"之间的鸿沟，才形成了"普通的经验与审美经验之间的裂痕"以及在真实世界中积极实践的生活与从那个世界中逃进博物馆、剧院或音乐厅的被沉思的艺术之间的鸿沟。杜威最后从社会和文化的角度，表达了他意义深远的理想信念："审美经验是一个显示，一个文明的生活的记录与赞颂，也是一个对文明质量的最终的判断。"[2]

第四节　桑塔耶纳自然主义美学对杜威美育思想的影响

乔治·桑塔耶纳（George Santayana，1863—1952）是美国现代著名的哲学家、美学家、诗人和文学批评家，曾在哈佛大学求学并任教。桑塔耶纳的美学著作主要有1896年出版的《美感》和1905年出版的《艺术中的理性》，其中《美感》是桑塔耶纳根据自己1892年至1895年期间在哈佛大学讲授美学理论和美学史的讲稿基础上整理而成的，这是他的第一部美学论著，也是美国第一部真正意义的美学著作。美国坦普尔大学教授门罗·C.比厄斯利（Monroe Beardsley，1915—1985）认为，桑塔耶纳

桑塔耶纳

---

[1]　杜威.艺术即经验[M].高建平，译.北京：商务印书馆，2005：8.

[2]　杜威.艺术即经验[M].高建平，译.北京：商务印书馆，2005：362.

和杜威对艺术的有关论述"在立场上是一致的"[1]；也有学者指出，杜威的《艺术即经验》是"把桑塔耶纳那带有思辨色彩的自然主义美学彻底实证化、实用化"[2]。桑塔耶纳作为美国本土的哲学家与美学家，无疑对杜威的思想产生了重要影响，杜威在《艺术即经验》一书中曾多处直接引用桑塔耶纳关于艺术的论述。桑塔耶纳对杜威的影响主要体现在：

一、以经验为出发点研究美与艺术的本质

"美是一种价值"和美是"客观化了的快感"，是桑塔耶纳美学的著名论断。桑塔耶纳对自己的论断是这样解释的："要寻找一种美的定义，以寥寥数语给这名词做出有力的释义，那是容易的。我们根据美学权威知道，美是真，美是理想之表现，是神的完善性之象征，是善的感性显现。……这些词句可以激发思想，给我们一时的快慰，但是很难给人多少永久的启发。一切真正能规定善的定义，必须完全以美作为人生经验的一个对象，而阐明它的根源、地位和因素。我们必须从这个定义尽可能弄清楚：美为什么出现，在何时出现，又怎样出现；一件东西必须具备什么条件才是美的，我们天性中有什么因素使我们能感觉到美；审美对象的构造和我们的感情兴奋之间有什么关系。舍此之外，就不能真正阐明美，或者使我们了解审美的欣赏究竟是什么。"[3]从以上的论述可以看出，桑塔耶纳是把美作为"人生经验的对象"来加以研究的。也就是说，桑塔耶纳是立足于"人生经验"研究美的本质的，正是通过这一种研究，才发现"美是一种价值"。在桑塔耶纳看来，客观事物本身并没有美，因此不是研究客观事物中美的现象，而是研究形成美感的条件和美的感觉，而这种研究必须诉诸人生的经验，人生经验是一种颇为独特的载体，不但有判断，而且有感觉。感觉包括快乐、痛苦以及其他所有等级的感觉。判断和感觉结合起来就形成了"价值判断"。价值判断又区分为道德判断和审美判断。道德判断是间接经验，审美判断是直接经验。审美判断是一种内在的快乐感觉，它又可分为低级的一般快乐和高级的审美快乐。桑塔耶纳的"美是

[1] 比厄斯利.西方美学简史[M].高建平，译.北京：北京大学出版社，2006：303.

[2] 蒋孔阳，朱立元.西方美学通史·二十世纪美学：上[M].上海：上海文艺出版社，1999：序论24.

[3] 桑塔耶纳.美感[M].缪灵珠，译.北京：中国社会科学出版社，1982：10.

客观化了的快感"不仅是对美的本质，同时也是对美感经验及其条件的概括性解释。

　　杜威的艺术观也是以经验为基础的。早在《经验与自然》一书中论及希腊艺术时，杜威就说过："我们从其含蓄的方面来讲，把经验当作艺术，而把艺术当作是不断地导向所完成和所享受的意义的自然过程和自然的材料。"[1]也就是说，艺术源自经验。在1929年版的《确定性的寻求》中，杜威更是把艺术看成是人类实际生活需要和经验的产物，认为人生活在危险世界中，为寻求安全而发明艺术，以便借艺术而利用自然力量，把威胁他们的条件和力量变成保护自身的堡垒，如盖房、织衣、用火等，从而养成共同生活的复杂艺术。杜威在此强调的是艺术起源于人类的日常生活经验，艺术是构成原始人类生活经验的有机组成部分。在《艺术即经验》一书中，杜威直接在书名上点明艺术的本质是经验。在杜威看来，艺术和审美的源泉"存在于人的经验之中"："甚至一个粗俗的经验，如果它真的是经验的话，也比一个已经从其他方式的经验分离开来的物体更加适合于揭示审美经验的内在性质。"杜威明确指出，要理解美的最终的和可以为大家所接受的形式必须从日常生活经验入手。"聪明的技工投入到他的工作中，尽力将他的手工作品做好，并从中感到乐趣，对他的材料和工具具有真正的感情，这就是一种艺术的投入。"[2]不难看出，"回到普通和平凡事物的经验中去寻找经验之中的美学价值"是杜威极力倡导的。总之，杜威的"艺术即经验"观与桑塔耶纳从"人生经验"为出发点来研究美有异曲同工之妙：他们都是把美或艺术看作一种经验状态，从而以经验为出发点来研究美与艺术。这在20世纪初的审美心理时代无疑是独树一帜的。

二、美感与艺术中的自然主义性质

　　桑塔耶纳在《美感》一书的导言中明确指出：

　　美感在生活中，比美学理论在哲学上，占有更重要的地位。造型艺术，以及诗和音乐，就是这种人类兴趣的最显著的纪念碑。因为它们虽然只诉诸观照，但是仍然在一切文明时代，都曾吸收大量精力、天才、荣誉

[1]　杜威.经验与自然[M].傅统先，译.南京：江苏教育出版社，2005：228.

[2]　杜威.艺术即经验[M].高建平，译.北京：商务印书馆，2005：10，3–4.

为之服务，并不下于对工业、战争或宗教所贡献的。然而，美的艺术，虽然看来是美感最纯粹的所在，但绝不是人类表现其对美的感受的唯一领域。在人类的一切工业品中，我们都觉得眼睛对事物外表的吸引特别敏感，在最庸俗的商品中也为它牺牲不少时间和功夫，人们选择自己的住所、衣服、朋友，也莫不根据它们对美感的效应[1]。

这段论述明确指出美感在生活中所涉及的领域是非常广阔的。在桑塔耶纳看来，人类所赖以生存的现实环境，都会对人产生一种"美感效应"，吃饭、走路、社交、买东西、生产劳动、学习、娱乐、体育锻炼、艺术创造活动等的一切人类活动，莫不如此，更不用说专门从事艺术创造的艺术家。作为自然主义的美学大师，桑塔耶纳认为自然界的一切都具有美的魅力，自然界中那些朴素无华的美好事物对人的主体所产生的影响比那些人为刺激更具魅力，自然作品第一，人为作品第二，在他的心目中，自然之美高于艺术美。因此，他要求人们"宁愿放弃人为刺激，也决不应该变得对自然的享乐无动于衷"[2]。按照桑塔耶纳的观点，艺术家所创造的"人为刺激"意义上的一切作品较之自然之美是远远逊色的，如，同样一朵花，画家所画的那种花远远逊色于自然界中朴素纯实的鲜花。在艺术之花和自然之花面前，人们理应更欣赏后者。在谈到艺术时，桑塔耶纳认为艺术来自自然本能，又归之于无所不能的大自然。他提出："由于艺术如此确实地涉及自然的实质，因此艺术与自然相协调，成为大自然创造性的物质活力的一部分，并由大自然的本能的手所创造。……因此，从本能中产生的艺术，是大自然的成就的象征和准确的尺度，也是人的愉快的象征和准确的尺度。"[3]

杜威"艺术即经验"中的"经验"首先是关于自然的，是在自然以内发生的。用杜威的话说："经验既是关于自然的，也是发生在自然以内的。被经验到的并不是经验而是自然——岩石、树木、动物、疾病、健康、温度、电力，等等。在一定方式之下相互作用的许多事物就是经

[1] 桑塔耶纳.美感[M].缪灵珠，译.北京：中国社会科学出版社，1982：1.

[2] 马奇.西方美学史资料选编：下卷[G].上海：上海人民出版社，1987：974.

[3] 蒋孔阳.二十世纪西方美学名著选：上[G].上海：复旦大学出版社，1987：277–278.

验。"[1]也就是说，经验离不开自然，自然离开了经验也是没有意义的，只有经验与人这个有机体相互作用的自然才可能成为经验的组成部分；也只有在经验之内，主体与客体、人与自然之间的连续性不可分割地存在着。杜威认为自然中存在的节奏是"艺术形式的存在成为可能的第一个特征"。根据这个特征，杜威进一步指出："如果想要保持审美形式上的新鲜感，它都必须强调对于自然形式的敏感性。"[2]杜威对艺术的"经验自然主义"性质做了非常准确而密集的陈述：

在这里，实质上只有两条道路可以选择。或者，艺术乃是自然事件的自然倾向借助于理智的选择和安排而具有的一种持续状态；或者，艺术乃是从某种完全处于人类胸襟里迸发出来，附加在自然之上的奇怪东西，不管这种完全处于人类内心的东西叫作什么名称。在前一种情况之下，愉快地扩大了知觉或美感欣赏同我们对于任何圆满终结的对象的享受乃是属于同一性质的。它是我们为了把自然事物自发地供给我们的满足状态予以强化、精炼、延长和加深而对待自然事物的一种技巧和理智的艺术的结果。在这个过程中，新的艺术发展了起来，而这些新的意义又提供了独特的新的享受特点和方式。在新生的事物的生长中，这一过程到处都在发生着[3]。

第五节　詹姆士的心理学理论对杜威美育思想的启迪

尽管杜威强调：影响他思想的一些力量"来自于人和环境的超过了来自于书本"，但詹姆士（William James，1842—1910）却是个例外。杜威自己说过：詹姆士对他的影响主要来自"《心理学原理》（*Principle of psychology*）"[4]。的确，詹姆士1890年出版的长达1393页的两卷本《心理学原理》一书对整个世界心理学的发展都产生了重要影响。这部书被译成法文、德文、意大利文、俄文、中文等多种语言出版。美国心理学家墨

[1] 桑塔耶纳.美感[M].缪灵珠，译.北京：中国社会科学出版社，1982：3.

[2] 杜威.艺术即经验[M].高建平，译.北京：商务印书馆，2005：163，170.

[3] 杜威.经验与自然[M].傅统先，译.南京：江苏教育出版社，2005：312.

[4] 杜威.杜威传[M].单中惠，编译.合肥：安徽教育出版社，1987：66-67.

菲（Gardner Murphy，1895—1979）曾生动地描述过："在地球上的每一个角落，只要心理学为人所知，詹姆士的名字就会被提到。好几万人读过他的《心理学原理》……有很长一段时间，说詹姆士是美国最杰出的心理学家，那似乎是废话，因为不论是学者还是一般人都承认，任何仅次于他的人都远不及他。……欧洲心理学家……近几十年来对詹姆士的认识超过了詹姆士本国的人士；他们只要有重大的心理学尝试——不论是实验的还是理论的——要提出讨论，就总要邀请他的亡灵赴会。"[1]美国教育家克雷明（L. A. Cremin，1925—1990）曾指出：詹姆士的"《心理学原理》是杜威学术上的《奥德赛》"[2]，为杜威的思想引出"新的方向和特性"。对杜威来说，詹姆士为他日后雄心勃勃的哲学改造活动提供了一种方法、一种信念、一种思想基础，即把兴奋点从理论探索转向现实的现象，努力为当时突出的社会矛盾寻求科学的、哲学的解答。杜威认为："我们的大部分哲学研究需要重新进行；而且，一种完整的综合最终将导致一种与现代科学相一致的哲学。这种哲学是与教育、道德和宗教方面的实际需要相联系的。"詹姆士的思想"通过它的方法而越来越深入进入了我的全部思想之中，并成为改变旧的信念的一种酵素"[3]。

一、詹姆士心理学的研究对象对杜威美育思想的影响

在詹姆士看来，心理学就是心理生活及其条件的科学。詹姆士在《心理学原理》中开宗明义地写道："心理学是关于心理生活的科学，既包括心理生活的现象，又包括其现象产生的条件。"[4]詹姆士反对当时流行的冯特式的把心理现象人为地分析为若干因素，反过来又认为心理仅仅是这些元素结合的做法。詹姆士认为元素主义的主张是人为的、狭隘的，并指出：经验不是由要素混合或组合而成的，经验就是它本来的那个样子。通过内省分析研究而发现的各个要素并不能证明要素是独立于观察而存在的。心理学家和受过专门训练的人能从总的混合物中分

---

[1]　墨菲，柯瓦奇.近代心理学历史导引[M].林方，王景和，译.北京：商务印书馆，1980：282.

[2]　克雷明.学校的变革.单中惠，马晓斌，译.上海：上海教育出版社，1994：130.（《奥德赛》与《伊利亚特》并称为古希腊两大史诗，相传为荷马所作。）

[3]　杜威.杜威传[M].单中惠，编译.合肥：安徽教育出版社，1987：67，68.

[4]　杨鑫辉.心理学通史：第四卷[M].济南：山东教育出版社，2003：127.

析出各元素的存在，并不能证明这些元素在他人的经验中也存在。因此，詹姆士认为元素分析的做法是"心理学家的谬误"。与元素主义者的观点相反，詹姆士认为，心理生活不是一些割裂的片断，而是一个整体，是一种流动着和变化着的整体经验，一种川流不息的状态，所以叫作"意识流"。"形容意识的最自然的比喻是河或是流。此后，我们说到意识的时候，让我把它叫作思想流，或意识流，或是主观生活之流。"在詹

詹姆士

姆士看来，一切意识都是冲动的，"激发某一种动作，是一切意识的根本性质"[1]。具体说来，意识具有五个特性。第一，意识是属于私人的。每一种意识状态都是属于个人意识的一部分。"我们通常所研究的意识状态，只有从个体意识里、各个自我里、各个具体而特殊的我和你里才可以见到……心理学处理的直接资料不是思想，而是个人的自我。……没有一种心理学能怀疑各个人自我的存在。"[2]很明显，詹姆士把意识和自我联系起来了。第二，意识是不断变化的。每一种意识状态从不重复出现。由于环境是变化的，因此意识也会不断变化以便适应环境。第三，意识是连续的。意识是一个不断中断和静止的过程。意识流有快有慢，并分为意识比较清楚的实体状态和不能察觉的过程状态。第四，意识是认知的。意识显然是应付独立于思想之外的对象，具有意识的功能。第五，意识是选择性的。尽管环境中事物繁多，但是，意识总是集中于某些事物上的。总之，詹姆士的心理学理论不像德国心理学那样沉溺于意识元素的科学分析，而是扩展了心理学的研究对象，重视应用，使心理学家贴近生活，走进社会生活。

杜威在自己的研究过程中，结合詹姆斯对人类心理学的兴趣与实际操作，力图解决人与社会所面临的现实问题。杜威认为，哲学的主要目的不是

[1] 詹姆士.心理学原理[M].唐钺，译.北京：商务印书馆，1963：87，370.

[2] 杨鑫辉.心理学通史：第四卷[M].济南：山东教育出版社，2003：129.

要解决哲学家们所困惑的问题，而是要解决人与社会所面临的实际问题。因此，杜威不仅关心经典的哲学问题，而且从更广泛的范围来探索解决他那个时代所面临的问题，包括社会、道德、科学、教育、民主与知识等方方面面的问题。在心理学研究方面，杜威反对构造主义心理学从心理元素出发，认为心理学的真正对象是研究在环境中发生作用的整个机体，心理学家应关心的是有机体的整个协调作用。"心理只意味着一种机能。而机能又经常处于一个协调之中，并且只有从维持和再组织这个协调中获得意义。"[1]在杜威看来，协调作用是具有适应性和目的性的，是指向成功的，人正是通过现实进行的生存斗争而取得进步的。因此，杜威把儿童看作是和他们的环境相互联系、相互作用的能动机体，认为儿童学会适应环境并与社会成功合作的基本途径就是直接参与社会生活的各种活动，这是教育的基本方式。

二、詹姆士的本能论心理学对杜威美育思想的影响

本能论是詹姆士的心理学体系中的重要内容。詹姆士认为本能是基于动物和人的一种先天冲动。"本能通常被界说为在无须事先经过行为教育和无预知的目的的情况下，以达到特定目的的方式进行活动的能力。"詹姆士将本能分为三种：感觉冲动，知觉冲动，观念冲动。尽管詹姆士认为动物与人都有本能，但人比低级的动物有着更多的本能。"人类比任何低等动物都具有更加繁多的冲动；而且这些冲动之中的任何一种冲动，就其本身而言，也和最低级的本能一样，都是盲目的；不过，由于人有记忆、反省和推理能力，人在做出这些冲动并体验到结果之后，就会联系着对那些结果的预见，——感受它们……显然，每一种本能行为，在动物记住之后，一旦重复就不再是'盲目的'了，仅就动物已经见过的目的而言，本能必然伴随着对'目的'的预知。"[2]在詹姆士那里，本能是一个范围广泛的范畴，模仿、竞争、恐惧、同情心、建设性、社交性和害羞性、爱情、父母之爱等都归入人的本能。詹姆士还指出本能并不是固定不变的。首先，"本能受习惯抑制"的原则，认为每一种本能都会引起两种相反的冲动：或产生偏爱，或进行改变。特别是，本能会因重复养成的习惯

---

[1] 车文博.西方心理学史[M].杭州：浙江教育出版社，1998：332.

[2] 杨鑫辉.心理学通史：第四卷[M].济南：山东教育出版社，2003：137.

而发生偏爱。习惯一旦形成，就越来越支配行动，直到最后成为社会和个性的决定性因素。与此同时，詹姆士还认为，一切心理起因都归结为本能冲动，人的习惯以及心理品质都是本能冲动的表现。詹姆士主张，应选择一种刺激，使有益于个人和社会的本能冲动在早期就得到表现，并使之养成习惯。其次，本能具有关键期。"许多本能在某一特定时期成熟而后就消失了。"[1]因此，在本能表现的特定时期应予以充分刺激，使本能倾向得到表现。

杜威继承和发展了詹姆士的本能论心理学，把人的许多复杂心理现象，甚至人的社会行为都归结为天赋的本能。杜威指出，本能是潜藏在儿童身体内部一种与生俱来的能力，本能"最初是自发的，而且没有一定的形式；它是一种潜能，一种发展的能力。……它是一种独创的和创造性的东西，是在创造别种东西的过程中形成起来的东西"[2]。在杜威看来，儿童身上潜藏着四种本能：语言和社交的本能，这是一种社交的冲动；制作的本能，这是一种建造性的冲动；研究和探索的本能，这是一种探究性的冲动；艺术的本能，这是一种表现性的冲动，儿童会在绘画、造型和音乐等活动中表现出艺术方面的能力。杜威认为，最重要的事实是这四种本能是内在地结合在一起的。探究的本能是在建造性的冲动与交谈的冲动相结合中产生的；艺术本能，是从社交和制作本能中产生的，儿童的艺术本能尤其是与社交的本能——要说、要表现的欲望联系在一起的，艺术本能是交流的本能和建造本能的精髓和完满的表现。尽管儿童尚处于"未成熟的状态"，但他具有一种积极的、向前发展的艺术潜能。杜威明确指出，儿童有制作和享受艺术的能力，这种艺术能力具有可塑性和依赖性两个特点：可塑性指儿童所具有的艺术能力不是一成不变的，依赖性指儿童的艺术能力依赖周围的环境和教育才能不断发展。在杜威看来，儿童与成人在心理上存在着很大的差别，成人是在社会生活中已有一定职业和地位的人，负有特定的责任，已养成了某些习惯。而儿童的主要任务就是生长和发展，养成各种不定型的习惯，为他以后生活的特定目标提供基础和材料。儿童的心理不是一个固定的实体，而是一个生长和发展的过程。每个儿童具有独特的生理和心理结构。儿童

---

[1]　杨鑫辉.心理学通史：第四卷[M].济南：山东教育出版社，2003：138.

[2]　赵祥麟，王承绪.杜威教育论著选[G].上海：华东师范大学出版社，1981：295.

的能力、兴趣和习惯都建立在他的原始本能上，儿童的本能是儿童发展和教育最根本的基础，儿童心理活动从本质上来说就是他的本能发展的过程。如果没有促进儿童本身发展的潜在可能性，儿童就不可能获得真正的发展。杜威强调："教育上的问题在于怎样抓住儿童的活动并予以指导。通过指导，通过有组织的使用，它们必将达到有价值的作用，而不是散漫的或听任于单纯的冲动的表现。"[1]教育应该尊重儿童的天性，即本能及其活动，教育的任务就在于为儿童本能的生长和儿童活动的开展创造条件。在《我的教育信条》一文中，杜威指出："教育必须从心理学上探索儿童的能量、兴趣和习惯开始。它的每个方面，都必须参照这些考虑加以掌握。"[2]为了促进儿童潜力的充分发展，艺术教育不仅要充分运用儿童"天赋的资源、未投入的资本"，即尊重儿童的主动性，充分挖掘每一个儿童与生俱来的艺术潜能，反对简单的说教、机械简单的模仿或固定的模式，而且要给孩子提供适当的艺术环境和适当的刺激，否则儿童与生俱来的艺术本能会日益失去。

---

[1] 赵祥麟，王承绪.杜威教育论著选[G].上海：华东师范大学出版社，1981：33.

[2] 赵祥麟，王承绪.杜威教育论著选[G].上海：华东师范大学出版社，1981：2-3.

第三章　艺术即经验：杜威美育思想的内核

　　杜威的美育思想是一个系统，其逻辑性是十分清晰的。首先，他回答了艺术是什么的问题，即他关于艺术本质的论述。其次，他回答了艺术怎样生成的问题，他运用动态、连续、统一的辩证思维方法以及心理学、社会学的理论，回答了这个问题。最后，他回答了艺术有什么用的问题，即艺术如何作用于人与社会。这三个方面，构成了杜威完整的美育思想体系。

　　在杜威看来，艺术不是在"象牙之塔"中上演的"阳春白雪"，而是一种"活的生物"。他对艺术的理解与论断，消解了中世纪以来流行的非理性神秘主义美学和理性神秘主义美学，将艺术还原到了生活。

　　在杜威之前，非理性神秘主义美学和理性神秘主义美学相当流行。前者如古罗马时期的希腊唯心主义哲学家、新柏拉图主义创始人普罗提诺（Plotinus，205—270）的美学。在普罗提诺对美的一系列思考中，我们可以看到，他对"美在于对称与和谐"的说法深刻怀疑，主张思索对称背后的东西，因为对称是某些美的物体的外在特征，并不能成为涵盖一切美的事物的规定。他一方面考察低层次的物体美，认为物体的美在于内在的形式美；另一方面，他更称颂高层次的精神领域的事物美，认为这一类型的美属于灵魂的美，而要见到精神领域的美，须将自己的灵魂进行净化，上达到心智；在心智中凝神观照到"太一"，也就是神，在转身向神时得到神的光辉沐浴；人逐渐与神接近，最后灵魂在刹那间出窍入神，人神合一而将人提升到神的境界，人在精神上呈现一种狂喜状态。这一过程是由观看美的事物，最终领悟到美是源于一切所皈依的神，源自真善美合一的"太一"。在普罗提诺那里，"太一"是至美的、完满的，从它流溢出理性，从理性流溢出灵魂，再从灵魂流溢出物质。物质是最低级的，因而是罪恶之源。人应当摆脱物质的束缚，通过直觉，最后与"太一"或神契合为一。从这种神秘的"流溢说"出发，普罗提诺认为美不是来源于物质世界，而是来源于理念，即混乱的事物由于分享到从"太一"流溢出的理念而取得了整一的形式，于是就产生了美。可以看出，普罗提诺所理解的美是一个序列，这个序列由高到低依次是善和心智的美、灵魂的美、非感性事物的美。在美的序列中，每一级的美都是由分享上一级的美的理念而生成，往下则产生下一级的美。物体美是最低层次的美，它是由灵魂的美的理念产生，灵魂的美中又有心智的美的理念，最高层次的美是心智美，得自作为"太一"的善。在普罗提诺的美学思想中，审美是对自身的美和善的一种诉求，观照美向"太一"回归的过程是自我认识、自我提升的过程。普罗提诺美学思想中的神学迷雾是显而易见的。后者如英国美学家克莱夫·贝尔（Clive Bell，1881—1964）的"艺术是有意味的形式"论。在贝尔那里，所谓形式，是指艺术品内的各个部分和质素构成的一种纯粹的关系，这种纯粹的关系仅向有审美力的人展示，普通人看不到它；所谓意味，是指一种极为特殊的、不可名状的审美情感，这种情感只有在有审美力的人审视上述纯粹"形式"时才能出现，它既不同于创作时作者的心理状态，也非日常生活中普通的喜怒哀乐之情，它只在审美地观看艺术品时才出现，它是神圣和高尚的。意味与形式存则俱存，亡则俱亡。显然，贝尔所谓有意味的形式，依然使艺术蒙上了神秘主义的面纱。

波丘尼：《美术馆里的骚乱》

杜威的美学思想（包括美育）摆脱了神秘主义的美学。这倒不是因为他独一无二地反对美的神秘性，在他之前和在他之后，同样反对艺术神秘主义的美学家很多。如犹裔罗马尼亚诗人特勤斯坦·查拉（Tristan Tzara，1896—1963）在他《关于达达主义的演说》一文中曾说道：艺术不是生活的最有价值的表现形式，艺术并不像人们认为的那样具有像天体或宇宙的神圣，生活比艺术更有兴味。他公然反对传统的艺术高于生活的

莱顿：《音乐课》

见解，模糊了艺术和生活的界限。意大利画家、雕塑家、未来派运动的理论家乌姆博托·波丘尼（Umberto Boccioni，1882—1916）在其《未来派雕刻艺术宣言》中写道：我们不能忘记，钟表发出的嘀嗒声以及表针的转动，汽缸活塞的往复运动，一对嵌齿轮随着其坚固钢齿的周而复始的运动而进行的分离和结合，飞轮或螺旋桨的涡轮所发出的狂吼怒器，这一切都是一个未来派雕塑家必须加以考虑的造型及绘画的材料源泉。他还认为，工业产品比艺术领域中那些人工塑造的古典雕塑品有着更多的真实性和更大的效用。国际达达主义的领袖杜尚（Marcel Duchamp，1887—1968）说得更干脆：美国所能提供的唯一艺术便是它的铅管和桥梁。理查德·赛洛曾明确表示："我并没有创造艺术，我从事的是一项活动。如果有人把这项活动称之为艺术，那是他的事情，决定我所从事的是一项活动还是艺术，这不是我现在能做到的，这要在以后才能得到解决。"[1]

杜威使美学摆脱神秘主义，在于他明确提出了"艺术即经验"的口号，这使艺术从"上帝的意志"降至"凡人的经验"。

第一节 艺术本体论

什么是艺术？这是西方艺术理论中的一个十分古老而又非常重要的问题。艺术能不能定义，对于这个问题，有两种截然不同的回答。一种意见认为，艺术能够定义。如美国当代女哲学家、艺术理论家苏珊·朗格（Susanne K. Langer，1895—1982）在《艺术问题》一书中明确表示：我认为，找到一个适合于任何艺术家所创造的任何东西（包括成功的和不成功的）的艺术定义是完全可能的。这就意味着，包含在惯例中的艺术概念——即艺术家们采用的艺术概念——并不是随时代的改变而改变，

德兰：《威斯敏斯特大桥》

---

[1] 孙浩良.当代西方艺术理论述要[M].北京：学林出版社，1988：4.

也不是随着地区的改变而改变。美国当代著名哲学家、美学家乔治·迪基（Gorge Dickie，1926—）也持同样的看法，他认为给艺术下定义是可能的，只要这个定义保持灵活性，就能具备必要而充分的条件。美国当代著名分析哲学家、文艺批评家丹图（Arthur C.Danto，1924—）曾这样说过，如果在我们的文化中没有艺术这个概念，那么也就不会有现实这个概念。

但是，也有相当一部分艺术理论家，对此持相反的观点。英国著名艺术史家贡布里希（Ernst Hans Josef Gombrich，1909—2001）在他的著作和谈话中一再表明自己的观点：没有艺术这种东西。其名著《艺术的故事》以一篇题名为《论艺术和艺术家》的导论开头，导论的第一句话就是："世间并无绝对的艺术，唯有一个个艺术家而已（There really is no such thing as Art. There are only artists）。"[1]他申述的理由如下：艺术这个名称用于不同时期和不同地方，所指的事物会大不相同，比如，原始人把艺术用作巫术符号，中世纪用艺术宣传宗教，文艺复兴时期用艺术来制作肖像。当代美学家中持相同意见者亦大有人在。如，阿默斯特学院哲学教授威廉·肯尼克（William E. Kennick）在《传统美学是否基于一个错误》一文中曾说过："没有人问我们时，我们的确知道什么是艺术；换言之，我们十分清楚如何正确使用'艺术'一词和'艺术品'这一字眼。一旦有人问起我们艺术是什么时，我们便不知道了；这就是说，我们无法找到任何简单或复杂的定义来准确地表达它们的逻辑内容。"

还有一些哲学家，认为艺术的定义是流动与变化的。如美国著名艺术史家詹森（Horst Woldemar Janson）曾这样表示过：人们对于艺术品的见解是在不断变化着的，"艺术的绝对价值不可估定，无论过去或现在，我们都非把艺术品置于特定的时间和环境中考察不可，只要艺术还在我们周围被创造着，并每天给予我们新的感受，就迫使我们要不断调整眼光"[2]。

艺术乃"众妙之门"，也是一个难解的"斯芬克斯之谜"。历来的艺术理论家和哲学家，曾经为它提供了一个又一个答案，有的长期得到社会的公认，产生了巨大的影响。最著名的关于艺术的定义有：柏拉图（Plato，公元前427年—前347年）的"艺术即模仿说"；贝尔的"艺

---

[1] GOMBRICH E H. The Story of Art[M]. Phaidon Press，1997：1.

[2] 孙浩良.当代西方艺术理论述要[M].上海：学林出版社，1988：3.

术是有意味的形式"说；桑塔耶纳的"艺术是客观化了的快感"说；克罗齐（Bendetto Croce，1866—1952）的"艺术是情感的表现"说；苏珊·朗格的"艺术是情感的符号"说等。杜威的"艺术即经验"说也是其中之一。

马格里特：《错误的镜子》

1934年，杜威发表了具有重大影响的著作《艺术即经验》（*art as experience*）一书。作为美国"实用"精神的一个方面，杜威将艺术与生活联系起来，使艺术从形而上开始向形而下发展，从而改变了西方自文艺复兴以来的艺术观念，颠覆了中世纪以来的神秘主义艺术论，张扬了美国式的实用主义精神，这是杜威对20世纪美学及美育的一大贡献。在杜威的美育思想体系中，对艺术的定义"艺术即经验"是他所有论述的理论起点，也是整个理论体系的基础。杜威的"艺术即经验"观主要包含以下几个方面的内涵[1]。

一、艺术是实在的，而不是神秘的

杜威认为，艺术是实在的，而不是神秘的。艺术不单存在于理念、形式、语言之中，艺术的开始、过程、结果都是在具体的经验中进行的，"实际的艺术品是这些产品运用经验并处于经验之中才能达到的东西"[2]。在杜威看来，经验几乎可以包括人类的一切活动：

它不仅包括人们做些什么和遭遇些什么，他们追求什么，爱些什么，相信和坚持些什么，而且也包括人们是怎样活动和怎样受到反响的，他们怎样操作和遭遇，他们怎样渴望和享受，以及他们观看、信仰和想象的方法——简言之，能经验的一切过程。"经验"指开垦过的土地，种下的种子，收获的成果以及日夜、春秋、干湿、冷热等变化，这些为人们所观察、畏惧、渴望的东西；它也指这个种植和收割、工作和欣快、希望、畏

[1] 肖晓玛.杜威"艺术即经验"之解读[J].惠州学院学报，2009（2）.

[2] 杜威.艺术即经验[M].高建平，译.北京：商务印书馆，2005：1.

惧、计划、求助于魔术或化学、垂头丧气或欢
欣鼓舞的人[1]。

简单地说，经验就是我们所做的以及我
们因此而承担的后果的全部（all our doing and
sufferings），经验具有如此广阔的包容性，"艺
术即经验"，艺术也就无处不在了。杜威的关
于艺术的定义是非常具体的，只要把它和西方
古典主义美学关于艺术的认识做比较就可以看
出它的时代进步性。古希腊哲学家是从"数"
的和谐方面来理解"美"的，认为美的事物必
定符合一种"数"的规范，而为什么符合一定
的"数"的规范的事物就是美的呢？那就只能

恩斯特：《被夜莺吓着了的
两个孩子》

从"上帝"那里得到解释了。柏拉图认为艺术是对理念的模仿。在柏拉图
那里，理念是人们所追求的一种至高、至善的社会理想，一种被哲学家称
为永恒的、终极的真理。理念作为世界的"范型"是不可能在现实世界中
存在的，而只属于灵魂观照的对象，是属于灵魂的东西，显然是十分神
秘的。而杜威从实用主义出发，提出"艺术即经验"的定义，这使艺术
的认识具体化了。

在杜威的著作中，经验实际上泛指人类的一切生活，如科学研究、艺
术创作、各种制作或各种社会交往。一切生活都能够有，也应该有同等的
价值。这是杜威对彻底解放人类的伟大事业所做的一种努力。西方哲学，
从柏拉图起，感兴趣的是对生活做各种性质的区分，如物质的、精神的、
理性的、感性的，等等。希腊人扬理性抑实践活动，把哲学视为最高尚的
活动，因为哲学可以观照实在。文艺复兴以来的思想家们接受了希腊人的
前提，并对希腊人的结论略做改动，即通过把艺术与哲学等同起来的方
法，为艺术争得了观照实在的圣职。然而，这并未真正解决人类生活的分
裂、对抗的问题，因为除了哲学与艺术之外，人类的许多经验活动是难以
与实在取得联系的。在杜威看来，"所有心灵与身体，灵魂与物质，精神

---

[1] 杜威.经验与自然[M].傅统先，译.南京：江苏教育出版社，2005：8.

与肉体的对立，从根本上讲，都源于对生活会产生怎样的恐惧"[1]。杜威把人生的价值从认识、静观到操作、控制以后，找到了统一人类生活的新途径。他认为，艺术活动有两个特性：一是关涉到生产、行动和制作，简言之，它是操作性的；二是这种活动具有能为人们直接享有的意义。这两个特性没有丝毫的神秘性，任何经验都可以有这些特性。只要操作过程遵循一定规律，经验就具有为人们直接享受的意义。

经验是生命体为了适应环境而与其互动的结果，但并非所有的经验都是完整的，许多时候我们所经验到的只是一些支离破碎的片断。由于外在的阻挠或内在能力不足，我们的目的在未达到之前就中途辍废了。只有当被经验的材料达到完全实现时，我们才可以说有了一个完整的经验；或者说，只有当所经验的材料经验一定的过程而有所成就时，它才能由内部统摄为一，并在总的经验之流中与其他经验划分清楚。总之，所谓完整的经验就是各部分都有机地结合在一起的整体或统一体。而"艺术"正是用来形容遍布或渗透一个完整经验的性质，"美"则指的是对此种完整经验所引起的情感反应。因此，艺术与审美的形式条件指的就是能满足一个完整经验的形式条件，它们在预期与满足、紧张与平衡等因素上是一致的。杜威甚至认为，每一件艺术品都仿效一个完整经验的计划与模式，使之更强烈更集中地被感觉到。可见，所谓审美的东西并不是从外面强加于经验的东西，而是每一个正常的完整的经验所具有的特征清楚而强烈的发展；既然审美经验是任何一个完整经验都具有的，那么，如果说它与任何其他经验有什么不同的话，也仅在于经验的完整性和强烈性的程度罢了；与审美经验敌对的，不是完整的理智经验、实用经验或道德经验，而是漫无目的的活动与机械化的活动两个极端。

夏加尔：《农民的生活》

基于这种认识，杜威在为艺术下定义时，完全根据经验过程的操作特性，而不是其他。只要具有某种操作特性，经验就是艺术。经验包括两种：做（do）的和制作（make）的。前者指不制造产品的活动，如一次谈

[1] 杜威.艺术即经验[M].高建平，译.北京：商务印书馆，2005：22-23.

话；后者指制造产品的活动，如艺术创作。做和制作都可能是艺术。在杜威的著作中，"艺术"（art）一词指经验过程的审美性质，而不指艺术作品（work of art）。杜威从不同角度为艺术下过定义，其中有一处是："艺术指一种做或制作的过程。这在美术与技术中都是如此……由于艺术的活动或做的成分如此明显，许多辞典常用艺术熟练的行动、制作的能力来解释艺术。牛津辞典用约翰·穆勒的话说，艺术是追求制作的完美的努力。"[1] 由此可见，杜威的艺术是具有可操作性的一个概念。对此，滕守尧先生将它概括为"生活如何向艺术靠拢"[2]。也就是说，生活如何艺术化，艺术如何生活化，生活如何与艺术结合起来。可见，杜威对艺术的定义，一开始就是建立在现实生活的基础上的，是实在的，而不是神秘的。这是理解杜威艺术本体论的第一步。

当然，生活的艺术化也是有条件的。杜威认为，日常经验转化为审美经验，必须有一定的条件。一种正常经验不管有多么好，要想成为审美经验，必须首先具有强烈性、完整性和清晰性这三个特征。杜威解释说，这种完美的经验，就是当人们认真、热切、激烈地做一件事情时的经验。不管人们做什么，不管是干一件工作，还是玩一个游戏，抑或是与朋友交谈或在某个饭馆中吃饭，只要事情做得完美无缺，绝对不带任何被动的或不得已而为之的因素，不带有"僵化性"，其经验就是完美的。与审美经验对立的非审美的经验，则是那种松弛无力、无精打采、混乱不整，所做的事情和所得到的东西不平衡的经验。因此，取得审美经验的关键在于"做和经验之间的平衡"。

毕加索：《拿烟斗的男孩》

米罗：《人投鸟一石子》

在这二者达到平衡的时候，即使是吹口哨和切菜这样一些简单的活动，其"做"的过程和形式也都变成了值得欣赏的对象。而在这种欣赏中，人们有可能会感知到：这些活动或过程是怎样与

[1] 杜威.艺术即经验[M].高建平，译.北京：商务印书馆，2005：47.

[2] 聂振斌，滕守尧，章建刚.艺术化生存[M].成都：四川人民出版社，1997：326.

周围环境相互作用的，是怎样克服阻力而取得机会的，是怎样通过抵抗紧张最后达到恢复和一致的，是怎样从动物的低级活动过渡到人的最高级的活动的，等等。

在杜威看来，这样的经验其实已经是艺术的了，因为艺术就是经验的完美，人们之所以看不到艺术是从生物的活动中演化出来的，那是因为人的真实的自然存在总是被阻碍而流产，因此压上了沉重的包袱，充满了恐怖。究竟怎样克服这种状态而使自己的经验成为艺术的呢？杜威的回答是：不要拒绝人的内在的自然，而是释放它；不要因为受到内在自然的操纵而感到不安和羞耻，而是十分高兴地拥有它和珍惜它，并让它达到对它自身的赞美。杜威认为，说"生活"需要"艺术"，这种说法本身就是片面的，因为这样说仍然是在把生活和艺术分裂开来。相反，当生活变得美好和强烈时，就已经是艺术的了。如果艺术被严重地孤立于生活之外，它就失去了自己最基本的原料：人的日常经验。杜威努力要做的，就是通过纠正这种错误的艺术观，维持艺术的独立地位。在他看来，艺术的独立恰恰就是艺术与生活的整合，真正的艺术绝不以取消人正常的趣味和活动为代价，而必须使这些趣味和活动得到非同寻常的满足。在杜威看来，所谓艺术，就是来自生活，是对生活的升华，如此而已。

在西方传统美学看来，杜威的经验转向（the experiential turn）无异于对艺术的亵渎。因为在传统美学看来，艺术是种非常珍贵、高不可攀的东西。尽管杜威本人也非常重视艺术的作用，特别是艺术的社会作用，但是，在杜威看来，无论艺术有多么大的作用，无论艺术有多么高雅，艺术的根源永远在人的经验。他举例说明："如果一个人看到耍球者紧张而优美的表演是怎样影响观众，看到家庭主妇照看室内植物时的兴奋，以及她的先生照看屋前的绿地的专注，炉边的人看着炉里木柴燃烧、火焰腾起和煤炭坍塌时的情趣，他就会了解到，艺术是怎样以人的经验为源泉的。"[1]也就是说，在杜威看来，艺术至多是人的经验的某种样式。

罗丹曾经说过：对于我们的眼睛，不是缺少美，而是缺少发现。杜威从经验的角度出发，对艺术进行了广泛的定义，使艺术突破了以前的思维模式，与生活紧密联系起来。这在20世纪初是有革命意义的。后来的新达达主义、波普艺术和超现实主义艺术等都从杜威那里找到自己的理论之

---

[1] 杜威.艺术即经验[M].高建平，译.北京：商务印书馆，2005：3.

源。一些行为艺术家也以杜威的理论为旗帜，因为根据杜威对艺术的定义，行为艺术的成立完全是可能的。杜威对艺术的定义，引导了西方乃至世界艺术发展方向的一次革命。

二、艺术是手段与目的的统一

杜威批判了一种传统观念：这种观念认为工具（手段）是不完备的、有缺陷的和暂时的，而结果（目的）是圆满的、完美的和永久的。这种传统观念，把工具（手段）与结果（目的）完全割裂开来，在哲学上是形而上学二元论的反映。就其社会历史原因，则是"社会之划分成为一个劳动阶段和一个有闲阶级"的结果，认为工具（手段）是卑贱的、仆从的、有依赖的和奴性的，而终结（目的）是高贵的、统治的、独立的和自由的，由此把工具（手段）贬低为强制的和外在的。在杜威的艺术概念中，手段和目的是同等重要的。杜威认为只有完整的经验才称得上艺术，而完整的经验中，手段与目的是统一的。

在杜威看来，手段与目的同样重要，而艺术作为一个完整的经验过程，应该是手段与目的的统一。杜威认为，任何时候，只要手段和目的是分裂的，就不可能得到真正的经验。真正的经验不单纯指人们怎样做和做了什么，而是产生于做什么和怎样做二者的统一之中。他举例说明：古希腊人轻视经验，重视理性，因为在那个时候，人们把生产活动当成手段，把产品当成目的。而当时的生产者都是奴隶，奴隶的劳动是不自由的，所以劳动者的劳动过程是不自由和痛苦的，谈不上艺术性。而那些享受劳动成果的人，由于没有参与劳动，没有劳动的体验，也就没有审美体验。因此，二者都不能获得经验。其原因就是手段与目的脱离。显然，按照杜威的观点，一个炒菜的主妇如果像奴仆一样仅负责操作过程，而过程的结果被迫"割"给主人，那么她的经验就不是完整的，当然也就不是美的了。而吃菜的主人不能体会到炒菜时的美感，因为他只是占有了结果，而没有占有那个过程，那么他的经验也是不完整的，当然也不是美的。杜威认为，只有完美的经验才是艺术。从日常经验向审美经验过渡并不是一种超越。在手段与目的相统一看不出区别的时候，日常经验就变成了审美经验。也就是说，当人正在做的事情与所做这件事的目的一致时，就进入了审美

米罗：《菜园》

经验。一言以蔽之，杜威的审美经验是"合目的的过程"。

由此出发，杜威十分重视"过程"。他认为过程是艺术审美活动中的重要环节。他说："艺术作品是手段，借助于它们，通过它们所唤起的情感与想象，我们进入我们自身以外的其他关系和参与形式之中。"[1]他反对把艺术品作为一种工作或者活动的结果来看待。他不同意一些美学家的看法：只有一件完成的作品才具有价值，而艺术家的工作，因为受制于各种各样的障碍和盲目的尝试，是工具性的，是非审美的。他说："艺术产品与艺术作品的区别——前者是物质性的和潜在的，后者是能动的和经验到的。后者是产品所做和所起的作用。……当对象的结构以其力量令人愉快地与从经验本身迸发出的能量相互作用之时，当它们间相互的结合与对抗共同起作用，产生一种累积性的，并肯定地朝向冲动与张力实现的发展时，就有了一件艺术品。"[2]杜威认为，艺术品是一种产品，这种产品，无论人们在什么条件下去接触它都能引起人们的注意，都能使他们感到满足。在杜威看来，艺术品不仅是尽善尽美的产品，而且是具有生产性的产品，也就是说能不断地产生新意，激发人们的新的经验的产品。他认为伟大艺术品的"永恒性"便来自它们的生产性，即不断更新自己，产生更完美的经验的能力。所谓生产性，就包含着手段与目的的统一。

于杜威而言，作品的价值并不等同于艺术活动的结果，而是充满在过程中。而且这个过程充满了情感和想象。他说："艺术家的作品……始于一个对于题材充满情感的刺激……在时间之中，并通过一个媒介来进行的自我的表现，构成了艺术作品，这本身就是某种从自我中流溢出来的东西与客观条件的延时性相互作用，这是一个它们双方都取得它们先前不具有的形式和秩序的过程。甚至全能的主也要用七天的时间来创造天地万物，并且，如果记录完整的话，我们会了解到，只是在那个阶段结束时，主才意识到他面对着混乱的原材料要做的是什么。"也就是说，在创造艺术作品的过程中，人的有意识的理智活动被唤起，以修整情境，恢复

安迪·沃霍尔：
《玛丽莲·梦露》

---

[1] 杜威.艺术即经验[M].高建平，译.北京：商务印书馆，2005：370.

[2] 杜威.艺术即经验[M].高建平，译.北京：商务印书馆，2005：179.

平衡与秩序，从而有意识地注意到因与果，先与后，并通过故意操纵一个而得到其他并将它们转化成"手段与后果的关系"[1]。

杜威认为，实用与否，不是区分是否是艺术的标志。"美的艺术的原因正是在于这些匿名的艺术家在生产过程中完美的生活与体验。"即他认为美的艺术在生产过程中"使整个生命具有活力"，使艺术家"在其中通过欣赏而拥有他的生活"[2]。从这些论述中可以看出，杜威赞赏的是"过程"的完美，而这种过程的完美的一个重要方面就是它同时是符合目的性的。

杜威关于艺术的手段与目的统一的论述，在理论上避免了两个极端。一是避免了艺术功利主义。艺术功利主义片面地强调艺术的结果，强调最后存在的形式，这主要指存在于博物馆中的艺术，它往往忽略了艺术的过程。二是避免了纯体验论。纯体验论认为艺术就是一种主观体验，我国古代的唯心主义艺术观强调灵感，讲究顿悟，就是一种纯体验论的艺术观。杜威的实用主义艺术论，既不是功利主义的，也不是纯体验论的，它较好地处理了手段与目的的关系，具有很强的实用性。

三、艺术是形式与体验的统一

杜威关于艺术定义的另一个重要方面就是他抛弃了形式主义，而注重于形式与体验的统一。杜威非常重视艺术的内容和形式问题。在杜威看来：内容和形式密不可分。形式不是所谓的艺术品的专利，每一种可以称为经验的经验，都拥有形式："形式可以被定义为负载着对事件、对象、景色与处境的经验的力量的运作达到其自身的完满实现。"[3]于杜威而言，形式内在于人的经验，也就是说，把形式从人的经验中割裂开来，孤立地讨论形式，是没有任何意义的。

形式是一个十分重要的艺术范畴。可以说，任何艺术都是以某种形式存在和体现出来的。形式主义者认为，审美经验是建立在事物的形式之上的，而且形式是独立的。这种静止的形式主义受到杜威的批评。杜威认为，把形式理想化、纯粹化，也就割裂了形式与内容的有机联系，是对形式的戕害。杜威认为，从西方哲学史来看，这种现象是非常普遍的。在古

[1] 杜威.艺术即经验[M].高建平，译.北京：商务印书馆，2005：69-70，25.

[2] 杜威.艺术即经验[M].高建平，译.北京：商务印书馆，2005：27.

[3] 杜威.艺术即经验[M].高建平，译.北京：商务印书馆，2005：151.

希腊，形式被认为是纯粹的、自足的。对形式进行反思，是有闲阶级的特权。对有闲阶级来说，艺术品是既定的，只需对它们进行玄想和沉思就是艺术。这些有闲阶级只是一些旁观者，然而，就是这些基于旁观者的立场而建立起来的艺术理论却一直主导着人们对于艺术的认识。这些理论对于抽象的形式有明显的偏爱，对人们的经验却有不同

马奈：《草地上的午餐》

程度的忽视、敌意或者蔑视。而对于那些从事生产劳动的手工业者来说，形式是陌生的，他们感知不到形式的存在，无从享受形式带给人的愉悦，他们所做的只是把已经被认可的形式体现在所生产的产品中。

　　杜威认为，形式与其说是事物的，不如说是行动的或是经验的。形式是一般动物奔跑、转弯、静守的节奏，是它们赖以生存的步速、躲闪和攻击等活动的有规律的变化，形式是执行、克服障碍、给予、接受、等待、需求、继续等活动的结构，形式是能量的组织，是"做"与"经验"的融合，是"总结"后的继续执行，并伴随着惊奇、错位和补偿等表现。总之，形式是对全部生涯或经历的感觉。形式是客观的："没有一个对象，就没有审美经验，而要使一个对象成为审美欣赏的质料，它就必须满足那些客观的条件，没有那些条件，积累、保存、加强，并过渡到某种更为完善的状况，就是不可能的。……审美形式的一般条件是客体性，意思是，它属于物理的物质与能量的世界：尽管这不是审美经验的充分条件，却也是它的必要条件。……艺术家应迷恋地观察他周围的世界，热忱地关爱他用以工作的物质媒介。"杜威认为审美形式存在于完善的关系中。"审美的形式是根据在选定的媒介中关系的完善性来确定的。……关系在其习惯用法中表示某种直接而积极的，某种动态而充满活力的东西。它将注意力固定在事物的相互影响，它们的冲突与联合、实现与受挫折、推动与被阻碍、相互刺激与抑制的方式之上。"[1]

　　与贝尔不同的是，杜威认为艺术不是有意味的形式。他认为"形式"

---

[1]　杜威.艺术即经验[M].高建平，译.北京：商务印书馆，2005：163，148.

不是"艺术的"和"审美的"因素所特有的属性，它们是任何事物使人们产生认识的符号。艺术并不创造形式，它只是对形式的选择和组合。"出现在美的艺术中的形式，是将发展着的生活经验的每一个过程中所预示的与空间和时间的组织有关的东西表达清楚的技巧。"[1]所以，从形式到艺术，还有很长的一段路要走。形式是有用的，但从有用转变为审美体验，是有条件的。

首先，审美形式的存在要有一定的条件。杜威认为"连续性、累积性、守恒性、张力与预见性是审美形式的形式上的条件。……抵抗的存在决定了智力在美的艺术品生产中的位置"[2]。这说明，并不是说所有的有形式的东西都是审美的，审美形式必须符合以上条件。如，一块石头、一棵树，无论什么东西，如果不具有以上特征，就不是审美的。他强调："每一个结构完善的对象与机器都具有形式，但只有在该对象使客体外在的形式适合于一个更大的经验时，审美形式才存在。"这就是说，杜威取消了形式独立地成为"审美经验"的可能性。形式要成为"审美形式"，必须"适合于一个更大的经验"，也就是说，要与主观体验结合在一起。他说：当形式"从一个具体目的的限制中解放出来，也服务于一个直接而具有生命力的经验的目的之时，形式就是审美的，而不再仅仅是有用的了"[3]。换句话说，当形式服务于经验时，当形式与体验结合在一起时，形式就具有审美的特征了。"我们在阅读时，并不对字母和单词的视觉形式有什么特别的意识。它们是我们以从自身抽取的情感、想象和理智的价值来回应的刺激，通过与语词媒介而提供的刺激相互作用而得到安排。在一幅画中所看到的颜色源于对象，而不是源于眼睛。"的确，当字母和单词的视觉形式离开了我们的情感、想象、理智时，它是没有任何意义的，它的形式也是不可能形成审美经验的。其次，杜威认为，在审美活动中，体验应该先于形式："感觉具有天然的扩张倾向，要与它自身以外的其他事物形成亲密的关系，从而由于它自身的运动而获得形式——而不是被动地等待形式强加到自身之上。任何感官方面的性质，由于其有机的联系，

[1] 杜威.艺术即经验[M].高建平，译.北京：商务印书馆，2005：24.

[2] 杜威.艺术即经验[M].高建平，译.北京：商务印书馆，2005：152.

[3] 杜威.艺术即经验[M].高建平，译.北京：商务印书馆，2005：379，128.

倾向于扩散与整合。"[1]显然，杜威认为体验在审美形式之前。这有点类似于"移情"说。只有当主观体验投射到形式上，形式才可能成为审美的。

杜威对感性和审美经验的阐释完全不同于传统哲学中对美或审美的规定。杜威并没有从生活经验中去抽象出关于美的观念，或如传统哲学通常所做的那样，同时把这样的观念看作是固定的形式，或一个抽象的理念，并赋予以永恒的价值。杜威对于审美经验的理解是广义上的，它并不仅仅局限在我们通常所说的对于艺术作品的感受和欣赏。对于杜威来说，审美活动首先不是脱离日常生活的有闲阶层的消遣或享受，审美既是一种独特的生命活动和生存经验，同时它也无所不在。哪怕一朵普通的小花、天空中的一颗星、一个儿童的微笑、一次雨中的散步，当它们作为生活意义的表达方式时，我们对它的领悟就是审美。并且，由于审美是感官的直接性的经验，因而表达审美体验的艺术品就其在传达生活之深层意义这一角度上而言，是一种最为迅捷的方式。他说："在美的艺术与实用或技术的艺术之间，在习惯上，或从某种观点看必须做出区分。但是，这种必须做出区分的观点是外在于作品本身的。习惯上的区分是简单地依照对某种现存社会状况的接受而做出的。……美的艺术……在于这些匿名的艺术家们在生产过程中完美的生活与体验……正是这种在制作或感知时所体验到的生活的完满程度，形成了是否是美的艺术的区分。"[2]按照杜威的观点，王献之的画是艺术，而王献之刻苦作画、洗墨成池、扔笔成冢的过程更是艺术。庖丁解牛，虽然最后只剩下一堆没有任何美感的牛肉和骨头，但其过程和体验"手之所触，肩之所倚，足之所履，膝之所踦，砉然向然，奏刀騞然，莫不中音。

德加：《舞蹈课》

---

[1] 杜威.艺术即经验[M].高建平，译.北京：商务印书馆，2005：136.

[2] 杜威.艺术即经验[M].高建平，译.北京：商务印书馆，2005：26–27.

合于桑林之舞，乃中经首之会"[1]却是艺术化的，或者就是艺术。

既重体验又重形式的艺术观，使得杜威的艺术观充满了生命力，更具有实用性。正由于是从如此独特的视角去理解艺术和艺术作品，杜威才会认为，只有艺术才能被称作是真正意义上的"新闻"（news）。这样，即便是对于传统意义上的艺术作品，我们也会拥有一个全新的理解，我们不会再继续把艺术品仅仅看作是博物馆中的陈列或象牙塔中的奇思，艺术品就在我们每时每刻的生活经验之中。这正如美国最伟大的浪漫主义诗人瓦尔特·惠特曼（Walt Whitman，1819—1892）在其作品中所咏唱的那样，无论是乡间的小道、滚动的牛车，还是夕阳中孩子的欢笑声，它们都以活生生的感性形式表达了生活意义的生长和扩充。

四、艺术是经验与自然的统一

杜威美学的一个最为根本的特征是身体自然主义。《艺术与经验》第一章的标题即为"活的生物"。杜威试图把美学放置在人这个有机体的自然需求、体魄和行动上。他认为，在思考美学问题时不应忘记，艺术和审美的根源在于人和鸟兽共同具有的"基本机能"和"生物常见属性"。所谓艺术就是经验的完美，就是手段与目的的融合，因而所有的艺术来源于活的有机体与其环境之间的互动。尽管美的艺术日渐远离人间烟火，"有机的潜质"仍然是艺术充满活力的、深

汉密尔顿：《我们今天的生活为什么如此不同，如此富有魅力》

层次的基础，不竭的源泉。杜威这个观点与法国著名身体现象学哲学大师梅洛-庞帝（Maurice Merleau-Ponty，1908—1961）的观点极为一致。梅洛-庞帝认为身体是一种对世界的开放并与世界相关联的结构，是我们在世界上的"支撑点"与"中介"，身体的表现活动开始于我们最简单的知觉，渐次丰富，最终融入绘画和艺术。

杜威试图从经验与自然关系中来看待经验与自然的制约性，从主体与客体的关系中来理解人与环境的互动性，从心与物的关系中来认识人与世界的不可分离性。这为我们如何探索与认识人与世界的关系问题，提供了

---

[1] 《庄子·养生主》。

一种有益的思维方法。杜威认为，艺术是自然的一部分。

　　杜威虽在1934年才发表《艺术即经验》，但他作为美国艺术鉴赏家、收藏家巴恩斯所建立的"巴恩斯基金会"（Barnes Foundation）的教育理事，在该基金会的杂志上发表过一系列文章。在这些文章中杜威指出：艺术不应该脱离劳动、脱离自然，尤其是，不能脱离人们正常的经验。"艺术不是某种孤立存在的东西，不是某种供少数人享用的东西，而是应该赋予一切生活活动以终极意义，使其完善的东西。"[1]因此，杜威坚决反对将艺术与日常生活隔离而置于博物馆、音乐厅及剧院中，杜威旨在"恢复审美经验同生活的正常过程之间的连续性"的审美自然主义。

　　杜威认为经验既是被动的又是主动的，经验是动态的而非静态的。经验既非纯粹主观的，也非纯粹客观的，它是人与环境相遇时出现的。他说："经验是有机体与环境相互作用的结果、符号与回报，当这种相互作用达到极致时，就转化为参与和交流。"在经验形成的过程中，"冲动是任何完满经验的最初的一步。……冲动成为完整经验的开始，是因为它们来源于需要；来源于一种属于作为整体的有机体的饥饿和需求，并且只有通过建立与环境的确定的关系才能满足这种饥饿和需要"。"有机体与周围环境的相互作用，是所有经验的直接或间接的源泉。"[2]人与环境的相遇，意味着人从单方面来讲，并不是审美经验产生的唯一要素，审美经验产生的另一个重要要素是自然。只有当人与自然互动、交流、结合时，才产生艺术。而人与自然的互动交流，是通过"做"与"受"来实现的。"做"是人对自然的行为，"受"是自然对人的作用。这种思想与我国传统的"天人合一"思想有点类似，都强调人与自然的统一。与我国传统"天人合一"思想不同的是，"天人合一"思想主张通过修身来达到一种人与自然的高度和谐的"静观"的境界，而杜威的"做"与"受"强调的是人与自然的实践与互动。因此，如果说，我国的艺术家把修炼到一种"人与天齐"的境界作为一种艺术上的成功的话，在杜威看来，修炼本身，包括修炼之苦才是一种真正的艺术。

---

[1]　Dedication Address of the Barnes Foundation[M]. BOYDSTON　J　A. John Dewey：The Later Works：1925–1953，vol. 2：1925–1927. Carbondale：Southern Illinois University Press，1984：382–385.

[2]　杜威.艺术即经验[M].高建平，译.北京：商务印书馆，2005：22，62，163.

杜威认为在艺术中自然与社会结合，自然力量、自然运行与社会现象、社会行为结合，体现了完整的统一性。艺术的社会作用表现在其工具作用和沟通作用上。艺术有助于创造新的经验，从而推动文明的发展；艺术有助于化解人们之间的隔膜和壁垒，充当交流的中介。

杜威在《经验与自然》中提出经验是广大的艺术，艺术即在人的意识指导下发展成为完整而能怡情悦性的意义的自然的过程和材料。他认为思维、理智和科学是将自然转变为人们可以直接占有、利用的有意识的指导活动，这种指导也就是一种操纵自然的艺术。在杜威看来，有意识的经验的特点是其工具性和终极性，亦即"作为记号和暗示的意义和直接被占有

毕沙罗：《冬日村庄》

被遭受和被享受的意义，都结合而成为一体了"[1]，这样的经验本身就是艺术。

在杜威看来，艺术过程是一种自然状态。杜威反对将艺术划分为实用艺术与纯粹艺术，而倡导艺术的自然状态。他说："把经验当作艺术，而把艺术当作是不断地导向所完成和所享受的意义的自然的过程和自然的材料。"[2]所谓艺术的自然状态，就是适应自然规律。他反对不自然的方法与技巧，以及形式主义。杜威认为，实用艺术不是艺术，是"陈规陋习"；绝对纯粹的艺术也不是艺术，而是"被动的娱乐和消遣"，本质上是放浪形骸的"自我表现"。基于这种观点，他批评了所谓的绝对艺术，他把这类艺术概括为"自我表现"与"形式主义"。他认为"自我表现"脱离了现实，是人们所难于理解的、独断的、乖张的艺术，而形式主义则体现在西方艺术中对新的技巧的过分的追求。这两种艺术都把艺术的独特性、偶然性和差异性发挥到了"不自然"的地步。另一方面，杜威对艺术的商业化也表示了不满，认为商业化的艺术仅是资产阶级的附庸。在杜威看来，艺术的最高境界是自然状态的艺术。

在艺术中，我们发现了：自然的力量和自然的运动在经验里面达到了

---

[1]　杜威.经验与自然[M].傅统先，译.南京：江苏教育出版社，2005：22.

[2]　杜威.经验与自然[M].傅统先，译.南京：江苏教育出版社，2005：228.

最完备因而是最高度的结合。艺术是一个生产过程，这个过程把原来在自然界较低层次上在一种不很规则的方式下所发生的一系列事情加以调整，在一种企图求得圆满成就的计划中使自然的材料得以重新配合。当自然过程的结局，它的最后终点，愈占有主导的地位和愈显著地被享受着的时候，艺术的美的程度就愈高。艺术代表经验的最高峰，也代表自然界的顶点[1]。

卢梭：《老虎与牛的格斗》

他甚至认为动物自在的状态就是艺术，杜威就此写道：

当工作就是劳动，而思想引领我们从世界中退隐时，狐狸、狗、画眉的活动也许至少可以成为被我们这样分为几部分的经验整体的提示与象征。活的动物完全是当下性的，以其全部的行动呈现出来：表现为它警惕的目光、锐利的嗅觉、突然竖起的耳朵。所有的感官都同样保持着警觉。你看，行动融入感觉，而感觉融入行动——构成了动物的优雅，这是人很难做到的。活的生物从过去所保留的，与它所期望于未来的，都作为现在的方向而起作用。[2]

当然，动物与人有很大的不同。人与动物的不同，主要不在于感受系统与反应系统，而在于人独具一套以语言为基础的符号系统。借助于符号系统，人对所感受的刺激，不但做出生理的反应，而且会做出理性的反应。在有些学派看来，如在道家和禅宗看来，正是这种符号系统或人的符号能力，造成人与自然的隔离。所以庄子说："筌者所以在鱼，得鱼而忘筌；蹄者所以在兔，得兔而忘蹄。言者所以在意，得意而忘言；吾安得夫忘言之人而与之言哉。"杜威表达了和庄子一样的意思：对自然之为美的向往。

由此出发，杜威强调符合自然规律的美育：既然人只有在使他的行为适应自然的秩序时才能成功，他在抵抗和奋斗后所取得的成就与胜利，也就成为所有审美题材的源泉；从某种意义上讲，这些成就与胜利构成了艺

---

[1] 杜威.经验与自然[M].傅统先，译.南京：江苏教育出版社，2005：序言，5.

[2] 杜威.艺术即经验[M].高建平，译.北京：商务印书馆，2005：19.

术的共同模式、形式的最终条件[1]。从批判传统的学校教育出发，杜威提出了"从做中学"这一个基本原则。他认为，在传统学校的教室里，一切都是有利于"静听"的，儿童很少有活动的机会和地方，这样必然会阻碍儿童的自然发展。因此，在学校里，教学过程应该就  是"做"的过程，教学应该从儿童的现在生活经验出发，儿童应该从自身的活动中进行学习。杜威强调说："人们最初的知识和最牢固地保持的知识，是关于怎样做的知识……应该认识到，自然的发展进程总是从包含着从做中学的那些情境开始。"[2]在杜威那里，"从做中学"实际上也就是"从活动中学"和"从经验中学"。杜威认为，儿童生来就有一个自然的愿望，要做事，要工作，对作业活动具有强烈的兴趣。他说：儿童"身体上的许多器官，特别是双手，可以看作是一种通过尝试和思维来学得其用法的工具。各种工具不妨看作身体器官的一种延长。不过工具使用的不断增长，开辟了一条新的发展路线，它的结果是那么重要，因而值得给予特别的重视"[3]。在杜威看来，如果能使儿童从那些真正有教育意义和兴趣的活动中进行学习，也许是有益于儿童一生的一个转折点。

五、艺术是欣赏与创作的统一

在杜威看来，每种经验的产生都具有"做"与"受"两种基本元素，"做"意指有机体积极产生改造、表现的冲动与欲望而进一步寻求实现目的的行为，而"受"意味着消极承受力量的一方，交互作用则意指有机体与环境产生关系的一种作用，也就是"做"与"受"双方彼此影响、参与其生长的连续过程。这种"做"与"受"的交互作用随时随地在有机体生活的环境中上演着。杜威以个人搬运石头作为例子：一个人要移动一块石头时，其不但是积极主动地作用以达到其目的，另一方也在承受着石头所带来的压力，就在此种做与受的力的交互作用中，达成其目的[4]。审美经验的发生以经验为基础，而在经验发展到审美经验的过程中，是有机体

[1] 杜威.艺术即经验[M].高建平，译.北京：商务印书馆，2005：166.

[2] 杜威.民主主义与教育[M].王承绪，译.北京：人民教育出版社，2005：184.

[3] 赵祥麟，王承绪.杜威教育论著选[G].上海：华东师范大学出版社，1981：123.

[4] 杜威.艺术即经验[M].高建平，译.北京：商务印书馆，2005：46.

与周围环境的交互作用，也是一连串能量累积、保存与释放的过程。杜威认为，每一艺术品都是仿效一个完整经验的计划与模式，使之更强烈与集中地被感受到。"当对象的结构以其力量令人愉快地与从经验本身迸发出的能量相互作用之时，当它们间相互的结合与对抗共同起作用，产生一种累积性的，并肯定地朝向冲动与张力实现的发展时，就有了一件艺术品。"[1]一个经验正是杜威用来说明此种能量组织之完善与实现的概念，它不但具有审美特质，同时也是审美经验产生的必要条件，而审美经验与一个经验只是程度上的区别而已。杜威用戏剧表演作为例子以说明一个经验之完整性。在一场戏剧表演中，演出者与观赏者必定同时在参与一场艺术的演出，他们既同时身为艺术的创造者，也同时身为欣赏者，演员在舞台上的主动创造性会伴随着对观众反应的知觉而调整其意义，而观众在台下的观赏活动，则会因为将戏剧演出联结到自身的过去经验而产生知觉作用，在这种知觉作用中，就已经伴随着对过去经验的改造与重新组织。而在这场"做"与"受"的交互作用的戏剧演出中，不但包含各种空间场景内各能量分配的作用，如舞台、演员肢体动作、欣赏者视觉观赏等，而在戏剧生产的时间之流中，"做"与"受"正共同历经一场包含艺术创作与审美知觉交互作用之意义的生长过程。

　　按照杜威的理解，艺术创造与艺术欣赏是相互作用的，如果我们视"艺术"为做的过程，视"审美"为欣赏，这必将导致艺术创造与艺术欣赏分离。在杜威看来，艺术家知道自己正在做什么及自己将做什么，那种认为艺术家不需要反思、不知觉每一个笔触的观念是荒谬的。杜威明确指出，艺术家在创造过程中需要有知觉的技能，艺术家独立工作时他本人亦充当观众的角色：艺术家在工作时将接受者的态度体现在自身之中[2]。同时，杜威强调，欣赏不是被动的，欣赏者与创作者的活动有着类似之处，也是一个创造的过程。他说："桑塔耶纳说得好，'知觉并不像陈腐的印章或蜡模比喻一样停留在心中，被动而不变化，……知觉落入脑子里，更像种子落入耕过的地里，甚至像火光落入一桶火药中一样。每一个图像繁殖出一百个图像'。"[3]当面对一个对象时，感受者可以用学究式的方式去感知，去寻找与他自己所熟悉的东西的相同之处，或者学者式地寻找他

[1]　杜威.艺术即经验[M].高建平，译.北京：商务印书馆，2005：179.

[2]　杜威.艺术即经验[M].高建平，译.北京：商务印书馆，2005：51.

[3]　杜威.艺术即经验[M].高建平，译.北京：商务印书馆，2005：173.

想要写的文章的材料；但是，他如果用审美的方式去知觉，他将创造一个具有全新内在的题材。这是因为艺术品是作家对生活素材进行创作而形成的艺术形象。在审美知觉活动中，每个人都带着自己原先的经验来欣赏艺术，把作品中提供的许多表象连成一个整体。以读诗为例，任何两个以上读者按其对一首诗的反应来说绝不可能有完全相同的经验。任何人只要试着阅读一首诗，那么一首新诗便被创造出来，用杜威的话说：一首新诗是由诗意地阅读的人创造的。这种创造的实质是读者把作品中的艺术形象再创造成自己头脑中的艺术形象，正如作品的创造者有意识地经验得到的组织作用一般，必须具有一种改造的行动，即必须按照自己的观点和兴趣，经过如同艺术家依照他的兴趣从事选择、简化、澄清化、省略和浓缩等手法，即经过提炼、加工、理解、综合等思维活动，将实质上散漫无序的细节和特点综合成为一种经验的整体，否则就会把审美同茫然无解的情绪激愤相混淆。杜威赞同英国批评家A.C.布拉德利的观点："一首首的诗组成了作为总称的诗歌，我们会照它实际存在的样子来考虑一首诗；而一首实际上的诗是当我们在读诗时，所经历的一连串的经验——声音、意象、思想……一首诗便是在数不清的程度上存在着的。"杜威认为，即使一位艺术家也不能清楚地说明他自己的作品的真正意义是什么，因为"他自己会在不同的日子和一天的不同时间里，在他自身发展的不同阶段，从作品中发现不同的意义"[1]。因此，杜威进一步指出：每一次对对象的审美知觉都是一种再创造。"没有一种再创造的动作，对象就不被知觉为艺术品。"艺术的产生正是依赖于这种"做"与"受"之交互作用，艺术创作与审美的欣赏同时发生在个人的审美经验之中。此时，不单单只有情感表现的动作，同时在表现动作发生之时，也必然伴随着对周遭事物的欣赏与知觉。杜威曾以画家作画的例子说明艺术创作中所同时具有的抽出（drawing out）与引入（drawing in）的动作，来表示艺术家同时身为其经验意义的抽出者与赋予经验绘画形式的引入者，进一步说明艺术中的创作与欣赏的交互作用。

因此，对杜威来说，艺术在于使人从其与周围环境交互作用之关系中获得意义的澄清，其不单只是通过感觉或思考的任何一边，而是在同时身为创作者与欣赏者且拥有情感–理智思维的艺术家巧手下，以其和外在对

---

[1] 杜威.艺术即经验[M].高建平，译.北京：商务印书馆，2005：117–118.

象的联系，完成其艺术的实现。而在艺术实现过程中，创作与欣赏两种作用始终相生相伴，艺术家正是在创作中欣赏、在欣赏中创作才有可能成功创作出艺术品。如王国维先生正是在欣赏唐诗、宋词的过程中创作出不朽的艺术作品《人间词话》；王荆公作 "春风又绿江南岸"一句诗时，原来"绿"字是"到"字，后来由"到"字改为"过"字，由"过"字改为"入"字，由"入"字改为"满"字，改了十几次之后才定为"绿"字，可见王荆公是在创作中不断欣赏、在欣赏中不断创作才有此绝句。

以上是对杜威艺术观的理解。虽然杜威明确指出"艺术即经验"，但杜威并没有在艺术与经验之间画上等号。杜威认为，艺术不具备实在性（physical qualities），而只是经验的一种特征。杜威曾明确指出"艺术是一种经验的张力而不是实体（entity）本身"，并强调："艺术是一种做与所做之物的特征。因此，名词性的词语只能对它做表面上的说明。由于坚持做的方式和内容，因此它具有形容词的性质。当我们说打网球、唱歌、演出，以及许许多多的其他活动是艺术时，我们是在用一种省略的方式说在这些活动的实施之中存在着艺术，并且这种艺术赋予所做和所制成的物以这样的性质，从而导致那些感知它们的活动中也存在着艺术。"[1]通过上面的分析，可以看到杜威艺术观的一些基本特征：强调艺术的实在，反对神秘主义艺术观，认为艺术是生活的一部分；强调艺术是合目的的手段——合目的，就是有用，但又不单单是有用，除了有用，艺术还要有一定的形式，又包含体验；同时，艺术与自然是不可分的。正是这些特征，构成了杜威艺术观的基本面貌。

第二节 艺术生成论[2]

艺术如何生成？这是一个古老的话题。综观中外美学史，有灵感说、顿悟说、移情说、情感说，等等。艺术的生成，既是一个艺术产品的形成，也指审美经验的形成。在杜威的理论中，主要是指审美经验的形成。

在杜威看来，艺术不是普通的经验，而是一种臻于完美的经验。尽管任何普通经验都有成为审美经验即艺术的可能，但并非全部普通经验都能

---

[1] 杜威.艺术即经验[M].高建平，译.北京：商务印书馆，2005：367，237.

[2] 肖晓玛.约翰•杜威论艺术的生成[J].美与时代：下，2012（8）.

在事实上成为艺术，普通经验仅包含可以
成长为艺术的种子，经验与艺术的关系是
整体与部分的关系。在杜威看来，由于经
验是人与环境之间的互动，因此，只要人
活着，经验就持续不断地发生。然而，由
于受到各种因素的影响，经验一般很难达
到预定的目的。但是，当经验的内容臻于
完善（fulfillment）时，我们就拥有了可以

马蒂斯：《生活的欢乐》

真正称之为经验的经验。只有这时，经验才达到了内在的整合，并与经验
之流中的其他经验区别开来。

杜威认为，与普通经验相比，真正的经验具有与众不同的特征。杜威
认为，这种独特的经验或者说审美经验具有强烈性、清晰性和完整性。尽
管要把普通经验转化为审美经验难度很大，但并非完全没有可能。因为审
美经验与普通经验的差别只是程度的、量的差别，而不是种类的、质的差
别。杜威说："审美的敌人既不是实践，也不是理智。它们是单调，目的
不明而导致的懈怠，屈从于实践和理智行为中的惯例。一方面是严格禁
欲、强迫服从、严守纪律，另一方面是放荡、无条理、漫无目的地放纵自
己。"审美经验的强烈性、清晰性、完整性是在动态中得以实现的，因
此，审美经验的实现不是一件一劳永逸的事情，而只是意味着在充满冲突
的环境中实现了暂时的均衡。用杜威的话说："圆满的实现总是相比较而
言的；它不只是在一个特定的点上一蹴而就，而是不断地出现。最终结果
为节奏性的间隙所预示，而那种结果仅仅是外在的。当我们读完一首诗、
一部小说，或者看完一幅画以后，其效果，即使仅仅是无意识的，对未来
经验也产生着影响。"[1]

一、杜威关于艺术生成的辩证思维方法

杜威对艺术之生成的论述，受到黑格尔的辩证法思维方法的影响。杜
威不把艺术的生成看成是一个简单的过程，而看成是一个辩证的过程。杜
威在他的著作中从心理学、社会学等方面论述了审美经验的生成。这些论
述都运用了杜威的连续性、动态性、统一性辩证思维方法。在杜威之前，
很少有人具有这样全面开阔的理论方法。

---

[1] 杜威.艺术即经验[M].高建平，译.北京：商务印书馆，2005：143，52.

在杜威的艺术生成理论中，有一套比较完整的辩证思维方法。首先，杜威认为，艺术的生成是一个统一的、连续的过程。杜威将很多范畴联结起来，不止艺术与生活；他还坚决主张一大群传统二分的观念在根本上的连续性。杜威认为人的经验的诸种样式之间的隔阂和障碍往往是人为地设置的，艺术和审美的作用就在于恢复经验的诸种样式之间的连续性。杜威认为这些隔阂和障碍产生的最直接的原因是我们思想中存在的种种二元论。他反对这些二

马蒂斯：《音乐》

分的观念：美的艺术对应用的或实践的艺术、高级的艺术对通俗的艺术、时间艺术对空间艺术、审美的对认识的和实践的、艺术家对组成其受众的"普通"人。杜威在他的著作中将他对二分思想的攻击扩展到去破坏那种支持和巩固我们艺术经验的隔离和碎裂的更基本的二元论。这些二元论中最重要的有：身体与心灵、物质与观念、思想与情感、形式与质料、人与自然、自我与世界、主体与客体、手段与目的之间的二分。杜威强调，艺术是一个"完美"的经验，不完整的经验不可能构成艺术。这里的完整或者完美，包含着连续、统一的意思。因此，在杜威看来，艺术之所以成为艺术，是因为艺术统一了各种事物，融合了多种事物，是多种事物的交流、互动产生了艺术。杜威认为："在一个充满着鸿沟和围墙，限制经验的共享的世界中，艺术作品成为仅有的、完全而无障碍地在人与人之间进行交流的媒介。"[1]可见，杜威在对艺术之生成问题上，是经过"深谋远虑"的。

其次，艺术是一个动态的经验过程，是动态的统一。对杜威来说，"有两种类型的可能世界在它们之中不可能发生审美经验"：一方面，在"一个纯粹变动的世界中"，统一、稳定或顶峰经验，都将是不可能的。另一方面，"一个已经完成的、终结的世界，就不会有悬念和危机的特征，不会给问题解决提供机会。虽然每一个事物都已经是完成的，但没有完满。我们愉快地面对涅槃和统一的上天极乐，只是因为它们被投射在我们压迫的和冲突的现存世界的背景上"。它们的实际经验，像永久持续的

---

[1] 杜威.艺术即经验[M].高建平，译.北京：商务印书馆，2005：114.

经验的审美统一一样，会是死一般地令人厌烦的。审美需要骚动和杂乱，因为"骚动通向和谐的片刻，是那种最热烈的生活"和最令人满足的经验。我们也不能逗留在这种和谐之中；审美经验只不过是一种暂时品味到的顶点，是一种有节奏的休息间隔，它分享生活对变化的要求，不会对秩序感到满足，从而"将我们推进未知之中"。它跟旧世界的一个已经实现的秩序一样，是一个朝向新世界的有刺激性的骚动。在这一点上，杜威是非常明确的。"在生命过程中，达到一个均衡期同时也就是与环境新关系的开始，这种关系带有通过斗争来实现新的调节的潜在力量。达到顶点之时就是重新开始之时。任何将完满与和谐的时刻延长到超过它的期限的企图，都构成了一种从世界的退隐。因此，这表明一种活动的降低与丧失。"[1]

杜威认为，艺术是动荡的、新奇的、不规则的东西跟安定的、确切的和一致的东西所形成的一种联合。在艺术中，总是呈现出比例、经验、秩序、对称、组成等形式特征。"但是意料之外的结合和过去未曾实现过的可能性后来的显现也同样是必要的。'在激动中的宁静'乃是艺术的特征。"[2]由于自然作为经验就是自发性和必然性、有规则的东西和新颖的东西、已完成的东西和刚开始的东西的相互交融，因而作为自然主义经验论之巅峰的艺术，就合乎逻辑地被称为自然中一般的、重复的、有秩序的、业已建立的方面和它的不完备的、正在继续进行着的因而还是不定的、偶然的、新奇的、特殊的方面所构成的一个高层次的联合。我们知道，机械呆板表示了自然界的一致性和重复，动荡不安则表示其混乱的开端和偏差，而这恰恰是将艺术试图加以融合的两个方面强行割裂的结果——既然前者仅颂扬有规律的和完成的东西，而单纯完成的东西并不是美好的，只是终结了，做完了；既然后者仅颂扬特殊的和新奇的东西，而单纯"新鲜"的东西，正如这个词的美国俚语用法

凡·高：《绿色的麦田和柏树》

---

[1] 杜威.艺术即经验[M].高建平，译.北京：商务印书馆，2005：14–17.

[2] 杜威.经验与自然[M].傅统先，译.南京：江苏教育出版社，2005：229.

所指出的，就是鲁莽无礼，那么，我们就可以洞悉将自然界中的机械与混乱融合为所谓完整的艺术之真谛了：艺术乃是自然事情的自然倾向借助于理智的选择和安排而具有的一种继续状态，是我们为了把自然事物自发地供给我们的满足状态予以强化、精炼、持久和加深而对待自然事物的一种技巧和理智的结晶，这种摆脱了各自的片面性的艺术既具有运动过程和创造性，又具有秩序和最后的结果。杜威这些论述告诉我们：艺术的生成是复杂的，在很大程度上，艺术的生成依赖于综合式的体验，依赖于体验的多样性。

杜威还试图从生理学与心理学角度为他的艺术之生成理论找到依据。

事实上，神经系统只是使一切身体的活动协同工作的特殊机制。神经系统不是孤立于身体活动，作为一个从运动反应器官认知的器官，而是使一切身体活动相互起反应作用的器官。大脑本质上是从环境接受的刺激和对环境做出的反应之间相互进行调节的器官。请注意，这种调节是有来有往的；大脑不仅使有机体的活动对环境中的任何事物施加影响，对感觉刺激做出反应而且这个反应决定下一个将是什么样的刺激。让我们来看一下一个木工在制作木板或蚀刻者刻画杯盘或者任何连续性的运动时所发生的事情。虽然每一个运动反应适应通过感觉器官所表明的情况，但是运动反应决定下一个感觉刺激。从这个例子可以引出一个一般化的结论，这就是，大脑乃是经常改组活动以保持连续性的机制。换言之，就是在未来的行动中做出过去活动结果所要求的变动。木工工作的连续性不同于同一动作的例行反复，也不同于毫无积累作用的胡乱活动。一种活动之所以是连续的、相继的或集中的，是因为每一个前面的动作都为后来的动作准备道路，而后来的动作又考虑已经达到的结果——这是一切责任的基础。一个人如果懂得认识与神经系统的联系，懂得神经系统与不断调整活动以应付新情况的联系，懂得这些事实的全部力量，他就不会怀疑认识和改组中的活动有密切的关系，认识不是脱离所有活动、自身完全的东西[1]。

杜威认为审美经验是"朝向一个包容一切而又臻于完善的结局的运动"，而"整体的形式存在于每一个成分之中"[2]。在一个完整的教育经验中也一样，例如，杜威反复提到审美形式"在一个稳定的甚至移动的平

---

[1] 杜威.民主主义与教育[M]》.王承绪，译.北京：人民教育出版社，2005：355.

[2] 杜威.艺术即经验[M].高建平，译.北京：商务印书馆，2005：60–61.

衡的任何时候达到"。杜威的有机体统一的理念是灵活的、开放的。杜威认为对象的意义与变化的经验情境一样是不断变化的。一个艺术对象可能相对地稳定，但它仅"生活在一些个性化的经验中"并使经验的话题相对不稳定，"它每一次被审美地经验时"等于是"再创造一次"[1]。因此，不同的个体知觉者选择性地强调整体与部分的关系，在经验中诱使有意义的变化对一件艺术品做出反应。杜威的这个观念说明：当审美经验吸收它周围所有的张力与混乱、所有的延期意义的能量时，它须耗尽自己以再构动力。对杜威来说，审美经验不是在一个垂直的运动中达到顶峰，通过一个牢固的、包罗万象的整体超越一个高级水平。审美经验是有特色的水平线，一次朝向意义和价值永远扩展的地平线的运动。这个经验的圆满统一也不认为是一个最后休息点。如同自我与世界不可避免会在岁月中衰老与变化一样，他们之间的平衡只是暂时地获得。杜威说：在生活过程中，一段时间的平衡的获得，同时是与环境新的联系的开始。

凡·高：《夜晚的咖啡馆》

夏尔丹：《买物归来的女佣》

杜威还认为作为艺术的经验必须是完整的。完整经验包括当事人对具体物的感受。艺术家在联结感觉与物体时必须掌握其完整性，否则只是浮光掠影的回忆，谈不上是经验。完整经验的形成，必须经过起始、过程、结束的阶段，而一般日常经验则不具有这些特征，它们只是例行工作的重复，使当事者失去兴趣。杜威说，在零散的经验中，当事人往往先尝试而后半途而废，并不是由于经验到达了终点，而是由于外部因素的干扰或者由于自己的懈怠。所以，艺术家欲就某一主题进行创作时，必须选择具有起、承、转、合等完整过程的经验，才得以清楚地将内容传递给读者。完整经验的另一个重要条件是"审美性质"（aesthetic quality），如果缺乏这个重要条件就

---

[1] 杜威.艺术即经验[M].高建平，译.北京：商务印书馆，2005：118.

不能算是完整经验。杜威曾经称赞亚里士多德倡导的"均衡比例"（mean proportional）。杜威认为审美性质包括连续、累积、维持、紧张与期望等特征，这些特征使经验保持一种内外均衡。庄子曾经用庖丁解牛的故事点出审美特质。常人有一种错觉，以为审美性质只可意会不可言传，更不可能存在于日常生活当中，然而庄子以庖丁解牛为例，描述行家的技巧一旦达到炉火纯青的地步，就可以游刃有余地展现手上的功夫，达到得心应手的境界，此时的操刀人和旁观者，都会得到审美的享受。

二、艺术生成的心理机制

杜威视经验本身为艺术，经验在有机体与环境之间的相互作用中产生。在杜威那里，艺术生成所依赖的不是刷子、油漆、帆布或大理石等物质性的材料，更多的是依赖感官认识到的、心理上的材料。在艺术生成的这些材料中，杜威主要对习惯、知觉、想象、情感等范畴进行了论述。

（一）习惯

在很多情形下，我们不必思考即可完成某件事，这是因为习惯在我们的生活中准确地履行着一种特定的、机械化的作用。"如果每个行动必须在那时有意识地去寻找，有意图地去完成，那么执行是痛苦的，产品是笨拙的、踌躇的。"[1]也就是说，习惯是在无意识中不知不觉地起作用的，不需要理智地审视。而且，习惯形成我们所从事的情形的背景，理所当然地提供意义。"充当的不是某种外在的认识方法，而是进入每种情境的组织结构中产生某种气氛的媒介，这种媒介提供某种不清晰但意味深长的、影响人们各种行为的综合因素，这是在中心意识之前产生的特别现象。"[2]杜威在《背景与思维》（Context and Thought）一文中以一幅画为例做了说明，在画中"空间背景包括所有同时代的布景，有了这些布景，思维过程就出现了"。

有意识地仔细研究、审视绘画，有前景、中心及背景——正如在有些绘画中一样，背景进入无限的空间之内便黯然失色……这种情境的布景是模糊的，但它不只是边缘。它有中心思维材料中不曾发现的强度和稳定性。背景意味着道路上的聚光灯被丢掉。空间背景是基础，通过它马路畅通，为了它

[1] DEWEY J. Human Nature and Conduct[M] // The Middle Works of John Dewey：1899－1924，vol. 14. 1922. Carbondale：Southern Illinois University Press，1988：51.

[2] KAUFMAN-OSBORN. Politics/Sense/Experience[M]. New York：Cornell University Press，1991：190.

马路存在。[1]

习惯构成背景、颜色并遍布于前景中，在潜意识里为理解当前的中心意识提供了帮助。用杜威的术语说，这是情境（situation）的非认知的无所不在的性质（non-cognitive pervasive quality）[2]。在日常的、毫无困难的条件下这些习惯使我们平静地前进，我们没必要"知道"它，因为习惯"完全地隐含在它的媒介中"[3]。可以说，习惯提供的是一种定位时空（spatio temporal）方向的力量，这种力量充当前认知，指导日常经验。奥斯本（Kaufman-Osborn）也提出这个观点，他声称：

除了提供日常生活中习惯性现象的认知原因外，习惯即使不是直接地从事，也是充满活力的动力潜能。由于典型的行为倾向，过去的习惯贯穿于未来的每一个时刻，对毫无联系的情形做出反应，确保行为的开展，而不是将孤立的反应并置。习惯构成我们有效的欲望，为我们提供实际的能量。正因为如此，在作品中"习惯"这个术语通常比"意志"这个术语起的作用更大[4]。

在稳定的情形中，习惯的平静流动（flow）是很有用的，正是通过习惯我们逐渐习惯了我们的世界。它们是我们生活中不变的举止及意义的有效背景与机制。如果生活经验永远不变，那么所有的情形是毫无困难的，习惯将是一种永恒的经久不变的状态。经久不变的习惯是连续的：要么是绝对惯性要么是完全自动，人类将达到生长的高峰，换句话说，人类将处于睡眠或死亡状态，由于不再需要去思考任何东西，就没有必要去唤醒这种睡眠或死亡状态。在杜威看来，只有通过紧张，经验才可能向

拉斐尔：《花园中的圣母》

[1] DEWEY J. Context and Thought[M] // BERNSTEIN. John Dewey on Experience, Nature, and Freedom, 100 - 101.

[2] 在杜威看来，无所不在的性质是任何经验、圆满终结的经验或一个经验的主要特征。一个经验的无所不在的性质在于它将我们集中注意的对象结合在一起，使它们成为一个整体。

[3] KAUFMAN-OSBORN. Politics/Sense/Experience[M]. New York：Cornell University Press，1991：192.

[4] KAUFMAN-OSBORN. Politics/Sense/Experience[M]. New York：Cornell University Press，1991：191.

前推进，生活才会正常运行起来。在睡眠或死亡状态下，由于紧张的绝对缺失，经验本身及其审美是不可能存在的。

尽管许多习惯在日常生活中的诸多平静情形中是不变的，但习惯不可能经久不变。那些可以称为"一种有效且经久不变的"（a working constancy）习惯有一种实用的意味。如果我们愿意去利用这些习惯，它们能提供足够的惯性使我们从事高级的思维。我们需要去认识倾向于思维的习惯，这些习惯可能是日常工作或是艺术性的。在任何毫无困难的情形中，习惯性的意义本身就是一个结果，这是非常重要的。正是过去思维时刻、过去紧张情形的累积性效果确立了目前稳定的举止。如果习惯是理智地形成的，它是有机体适应环境较大调整的表现。如果该调整被理智地改变与采纳，这种习惯可以看作是审美的。优秀的音乐家在他们的表演中通常表现出流畅的精湛技巧，其中机械的习惯已经与他们的思想和感觉融合在一起。如果习惯是在有机体对世界的持续调整中理智地形成的，它们就是敏感的、灵活的。当习惯作为调整方法具体体现思维和感觉时，习惯就是艺术。因此习惯的对立面不是思维，而是毫无感觉的日常工作。

只有在那些不稳定的时刻，当我们的习惯世界受到分离的威胁时，才会刺激我们去求生长、去谋发展。这时我们必须思考、估量并意识到我们与环境的动态关系。正是这个紧张片刻，诱发着我们潜在的艺术行为，这时我们可能成为一种新的稳定性的艺人。在这个紧张时刻，有一种新的释放性冲动，主张旧习惯的一些再定位及再思考。的确，习惯易受突发性的运动的影响，这是先前没有明确地意识到的，我们可能把某事称为一种旧习惯，只是因为我们的运动已经及时显示了一种分裂或紧张的停顿，这种停顿需要一种新的调整。到达有意义情形的一个新点，体现有机体与环境相互作用的关键性阶段，在这方面有意义的过程可能审美地承担责任，有意识的经验本身更艺术化。

（二）知觉 [1]

杜威认为艺术源于知觉。在杜威那里，知觉是主体性的投入，"知觉是一种消耗能量以求接受的动作，而不是对能量的保存。要想使自己沉浸在一个题材之中，我们就必须首先投身进去"。而审美"指一种鉴别、知觉、欣赏的经验。它代表一种消费者而不是生产者的立场。它是嗜好、趣味"。杜威指出：为了审美地去知觉，"一个人必须再造他过去的经验，

---

[1] 肖晓玛.约翰•杜威论审美知觉[J].钦州学院学报，2009（4）.

以使能够整体地进入一个新的模式之中。他
不能去除过去的经验，也不能像过去那样徘
徊于其中"，并乐观地认为：如果接受者审
美地知觉，"他将创造一个具有全新内在的
题材和实质的经验"[1]。

修拉：《大碗岛的星期日下午》

杜威认为知觉中包含其他心理因素，被
知觉的物体或景观渗透了情感。当一种情感
被激起但又没有弥漫在被知觉或被思考的
物质之中时，它或者是初步的，或者是病态的。在所有审美知觉中，都具
有一种激情的因素。杜威认为知觉中有创造性思维：为了进行知觉，观看
者必须创造他自己的经验。并且，他的创造必须包括与那种原初的创造者
所经受的相类似的关系。知觉者像艺术家一样，必须做出一种整体的调整
（不是在细节上，而是在形式上），以便与作品的原创者在意识中所体验
的组织过程相同。没有一种再创造的动作，对象就不会被知觉为艺术品。
艺术家按照自己的兴趣来进行选择、简化、清晰化、省略与浓缩；观看者
也必须按照自己的观点和兴趣来完成这些活动。在两种情况下都出现了一
种抽象动作，一种从有意义的东西中抽取的动作。

杜威认为知觉与先前的经验有关。在审美知觉中，存在着两种平行而
相互协作的反应方式，这些方式与直接的发泄转变成表现的动作有关。使
一部作品对于感知者来说成为表现的，所需要的第一个因素是动态协调，
即将过去的经验与当前的情况协调。这种动态协调立刻将他对当时情况的
知觉变得更为敏锐、更为强烈，并将深度的意义结合进去，同时，它们也
使所见之物落入一种合适的节奏之中。从知觉者的方面看，对于那些真正
看绘画、真正听音乐的人来说，必须事先就准备有间接与附属的反应途
径。这种运动准备是任何特殊艺术门类的审美教育的主要部分。知道看什
么和怎么看，从运动配备方面讲是需要做准备的。存在着运动反应的确定
的途径，部分是由于天生的构造，部分是由于通过经验得到的教育。情感
的激发也许与知觉行动无关，说情感缺乏合适的运动操作程序，就会失去
方向，混乱而扭曲知觉，这是不过分的。使一部作品对于感知者来说成为
表现的，所需要的另一个因素是从先前的经验抽取出来的意义与价值和艺

---

[1] 杜威.艺术即经验[M].高建平，译.北京：商务印书馆，2005：57，153，50，117.

术作品直接呈现出来的性质融为一体。如果过去经验的相关材料没有与诗或画的性质直接混合，它们就只是外在的提示，而不是对象本身的表现性的一部分。

杜威又认为审美经验在总体上高于知觉。认为个体经验与艺术密不可分：生活经验是潜在的艺术；艺术是升华了的生活经验，是精练的、强化的经验形式；日常活动是萌芽状态的艺术；艺术是包括人的日常活动、情感体验在内的经验和自然的典型化；日常经验中包含"审美质素"，审美经验要从日常经验的内在价值中去挖掘，日常经验的全部内涵在审美经验中充分展现。同时，杜威也指出了审美经验独特的审美性质：完整性、精练性、强化性及个性化。审美经验是一般经验被提升到超越知觉的水准之上的经验，能带给人审美特征的享受，产生审美主体与环境的平衡、和谐关系的重建。审美经验是一种超越知觉的知觉经验，具有先验的超时空性、超功利性。在审美经验中欲望和知觉经验整合为一。

（三）想象

杜威认为想象在艺术的生成中起了重要作用。他说"审美经验是想象性的"[1]，"想象的经验比起其他任何种类的经验来，都更加完满地显示出经验的运动与结构本身"[2]。通过想象性的综合而获得的整体是一个复杂的有机体。像植物一样，想象产生并形成自己的形式，为了自己的目的吸取然后改变它周围环境中各种元素。像植物通过土壤、水、空气、光线获得营养一样，想象通过感官材料获得营养。像一株花的开放一样，想象使思维的种子发芽、开花。

杜威相信想象是创造性表现不可或缺的。杜威认为想象使"所依附的此时此地特殊事物更广、更深的意义与价值通过表现来实现"。换句话说，在一种充满情感的感觉中想象有助于新的意义和价值的体现。然而，想象并不只局限于创造性表现。因为只有来自先前经验的意义的介入，经验才成为知觉的事情，"所有有意识的经验都必然在某种程度上具有想象性……想象是仅有的大门，通过它这些意义能够进入当下的相互作用之中"[3]。

---

[1]　杜威.艺术即经验[M].高建平，译.北京：商务印书馆，2005：302.

[2]　杜威.艺术即经验[M].高建平，译.北京：商务印书馆，2005：312.

[3]　杜威.艺术即经验[M].高建平，译.北京：商务印书馆，2005：302–303.

杜威比较了幻想与想象。幻想如同爱空想一样，充当某种从世界中退却的、任意的、变幻莫测的角色，它从创造新的意义的工作中退缩，留下的只是相当少或没有持久价值的短暂的刺激。正如杜威解释的"心灵的绝大部分都保持超然的状态，它玩弄材料，而不是大胆地把握它"[1]——这是经常发生的。他说，当教师尝试通过外在的方式使题材有趣时，只是给皇帝穿上异乎寻常的袍子。

莫奈：《散步，撑洋伞的女人》

杜威并不是把想象看作心灵或我们心智的一部分，而是将想象置于自我与世界相互作用的整个范围内。由于事物构成一种综合的整体方式，想象是定位它们的一种方式，观看并感受它们。想象是自我与环境集合在一起的兴趣的广泛融合。"不是说想象是一种做某些事的力量，而是说，一种想象的经验在各种各样的感觉材料、情感与意义集合在一起时，成为一个世界新生的联合时的标志。"或者，如果你希望，"新与旧在意识中的调适就是想象"[2]。在此被描绘的不是个体的拥有物，而是一个对意义来说从没有被实现的存在状况的可能中抽取的自然事件的阶段。对杜威来说，想象不是自动的功能或力量，它是能动的，重构计划本身。杜威认为，有欣赏力的现实感必须和用符号表述的经验区别开来。它们与智慧或了解的工作是相同的。即使是纯粹的"事实"，只有包含想象力的个人反应才可能真正有价值。杜威是这样论述的：

想象力是在每一个知识领域中能够欣赏的媒介。任何活动都必须运用想象力，才不致流于机械的性质。不幸的是，通常习惯于把想象和虚构等同起来，而不是把想象看作对全部情境的热情和亲切的认识。这就导致过高地估计童话、神话故事、想象的符号、诗歌和"美术"，把它们作为发展想象和欣赏的工具；同时，由于忽视其他事物的想象力，在方法上使很多教学变为没有想象力的获取专门技能和堆积知识负荷的工作。理论已经前进到足以认识游戏活动是一桩富于想象的事情的地步，在某种程度上，实践也已经前进到这个地步。但是通常仍旧把游戏活动看作儿童发展的一

---

[1] 杜威.艺术即经验[M].高建平，译.北京：商务印书馆，2005：298.

[2] 杜威.艺术即经验[M].高建平，译.北京：商务印书馆，2005：298，302.

个特殊阶段，而忽视这样的事实，即游戏和严肃的工作之间的区别应该不是有无想象力的不同，而是从事想象的材料的不同。结果，一方面过分地夸大儿童游戏的幻想的和"不真实"的方面，另一方面使严肃的作业死一般地降为仅仅因为表面上有形的结果而受到重视的呆板的效率。于是，所谓成功就是指精心设计的机器比人所能做得更好，而教育的主要效果，即过一种有丰富意义的生活，却弃置不顾。同时，学生精神恍惚，胡思乱想，不过是无法压制的想象没有用在所做的事情上而误入歧途[1]。

（四）情感

杜威认为情感在一般的意义上是客体唤起的一种东西，是对客观条件的一种反应，但杜威认为艺术不是情感的表现，情感仅是艺术活动的动力，类似于冲动。他与苏珊·朗格的"艺术是情感符号"观完全相反。

杜威认为，表现需要两个条件：内在的冲动和外在的阻力。它是被压出的，因此，依赖于被压的东西和压力的存在。不存在一种先在的情感，然后用符号将它记录下来。情感的表现过程，同时也是产生过程。这是一种情感形成的"柠檬汁"理论。艺术家在艺术创作活动中产生情感，而不是传达已经产生的情感。

在情感的发展过程中，情感因为受到阻碍而产生了审美体验。他认为艺术首先产生于表现的冲动。这种表现的冲动是主体发自内心的一种需要。杜威说："冲动成为完整经验的开始，是因为它们来源于需要，来源于一种属于作为整体的有机体的饥饿和需要。"而很多时候环境会压抑"这种向外发展途中的冲动"，正是这种压抑，有可能成为学生兴趣的来源。因为有压抑就有抵抗，而抵抗是自我意识、情感和兴趣的最终来源。压抑带来情感上的发泄。杜威说："发泄就是消除、排解。"[2]

杜威认为，所有的表现都有情感，它被暂时阻碍，屈从于控制，因而它能够通过诸如凿大理石等动作而得到发泄。当在媒介上工作之时，质料得到了变化，情感也得到了变化，最终的情感与最初的情感不是一回事。最初的情感，尽管对启动这个过程是必要的，并且可起"磁铁"的作用将原材料吸附过去，却与所表现的情感完全不同。它不是艺术产品的"有意味的内容"。例如，一个人被激怒，于是去整理他的房间，以消耗掉这

---

[1] 杜威.民主主义与教育[M].王承绪，译.北京：人民教育出版社.2005：254.

[2] 杜威.艺术即经验[M].高建平，译.北京：商务印书馆，2005：62-66.

种情感。"如果他原先的怒气由于他所做的事
得到了整理和平息，所整理的房间反过来映出
他内心发生的变化……像这样的一种'被客观
化'的情感就是审美的。"[1]

库尔贝：《筛麦的农妇》

杜威认为，当情感经过想象的过滤，就形成
审美经验。"一开始，一种情感相对而言是粗
疏而不确定的。……只有在它通过一系列可以
想象材料来进行的自我改变，它才成形。要想
成为艺术家，我们中绝大多数人所缺乏的，不是最初的情感，也不仅仅是
处理技巧。它是将一种模糊的思想和情感进行改造，使之符合某种确定媒
介的条件的能力。""表现是混杂的情感的澄清；我们的爱好在通过艺术
之镜中反映出来时认识到自身，正如它们在被美化时认识到自身一样。这
时，独特的审美情感就产生了。它不是一种从一开始就独立存在的感情形
式。它是由表现性的材料所引发的，并且，由于它是由该材料所激发，并
依附于该材料，因此它由变化了的自然情感所构成。"[2]

杜威认为，情感对审美对象具有选择作用。"在表现性动作的发展之
中，情感就像磁铁一样将适合的材料吸向自身。所谓的适合，是指它对于
已经受感动的心灵状态具有一种所经验到的情感上的共鸣。对材料的选
择和组织，既是所经验到的情感的性质的一个功能，也是对它的一个检
验。……情感必须起作用……对于材料，它是选择性，对于秩序和安排，
它是指导性的。但是，它不是被表现出来的东西。"杜威认为，情感是具
有强烈的主体性的东西，情感是运动和黏合的力量。它选择适合的东西，
再将所选来的东西涂上自己的色彩，因而赋予外表上完全不同的材料一个
质的统一。"使一个经验变得完满和整一的审美性质是情感性的。……情
感是一个运动和变化中的复杂经验的性质。……经验是情感性的，但是，
在经验之中，并不存在一个独立的，称之为情感的东西。"[3]

虽然克罗齐和杜威的美学都强调情感对艺术的作用，但二者的侧重面
也相当不同。按照克罗齐的观点，世界上没有"物质"存在，只有"材

[1] 杜威.艺术即经验[M].高建平，译.北京：商务印书馆，2005：84.

[2] 杜威.艺术即经验[M].高建平，译.北京：商务印书馆，2005：81，83.

[3] 杜威.艺术即经验[M].高建平，译.北京：商务印书馆，2005：74-75，44.

料"（即情感、欲念、快感、痛感等）
的存在。这些"材料"是心灵的产物，
通过心灵的综合作用，混沌模糊情感就
具有形式，成为清晰的意象，与此同
时，情感也就得到了表现，艺术也就形
成。换句话说，直觉与情感的表现，直觉
与艺术活动，是一而二、二而一的事情，
一切直觉既来源于情感又表现情感，只要
心里有了直觉品（直觉到的形象）就等

库尔贝：《雷雨后的峭壁》

于"表现"了艺术，直觉即艺术，情感的表现即艺术。同时，克罗齐又指
出：尽管得到表现的情感是人类普遍的情感，其表现却是个别的，独一无
二的；虽然是个别的，但又不是日常生活中的直接情感。因此，这种直觉
活动不同于哲学思维，不同于逻辑，不同于自然科学的分类性认识，不是
带功利性质的想象力的游戏，不是日常经验，不是教育的工具，不是伦理
的附庸。这种直觉有一种特殊性质，而且从
不复演。然而在杜威看来，情感只是艺术的
一个必要条件或一种动力，而不是它所要表
现的东西。这样他就与克罗齐的观点发生了
深刻的对立。

　　在杜威看来，艺术的生成不是某种单一
的感知反应，而是多种心理功能相综合的协
同运动的结果，其中包括习惯、知觉、想
象、情感等多种因素的交错融合。也就是
说，艺术之所以产生，是由于各种心理功
能相互作用、交错融合的结果。杜威关于艺
术生成的心理机制，至今仍然是深刻和准确
的。但艺术生成的心理机制是极其复杂的、
丰富的，用李泽厚先生的话说，艺术的生成
是"多种心理功能（理解、感知、想象、情
感，等等）的总和结构，是复杂的、变项很

苏丁：《房子》

塞尚：《田园》

多的数学方程式"[1]。显然，杜威并没囊括或全面描述艺术生成的各种心理机制，如艺术生成中最初的审美态度、审美注意、审美理解等因素。我国当代学者对艺术生成的心理机制做了更为深入的研究，其中滕守尧先生所著的《审美心理描述》一书较具代表性。滕先生的《审美心理描述》一书主要吸收了格式塔学派的"结构同形"说，并用社会实践理论对"结构同形"说进行了改造，为艺术生成的心理机制提供了一个新的理论支点。滕先生对审美经验中的四种心理要素——感知、想象、情感、理解分别进行了具体分析，认为这四种要素以一定的比例结合起来并达到自由协调的状态时，愉快的审美经验就产生了。同时，滕先生还将审美经验的过程分为初始阶段、高潮阶段和效果延续阶段，并分别做了描述，进一步深化了人们对审美心理活动特点和规律的认识。

三、艺术产生于实践

杜威的美学思想，也被人称为"实践美学"——"它是一种实践美学，认为所有的概念、准则、体系都应通过实践效果来检验。这两个特征实际上是合一的，因为实用主义的经验是实践中的经验，是人在实践中的遭遇……认为一个不可分析的整体中包括着它们两个方面。"[2]

杜威强调行动，强调人应当在行动中学会应对世界变化的本领，增大获得成功经验的机会，使自己的经验趋向圆满，接近于艺术。杜威认为人应当是探索者、制作者和创造者，也就是说，人应当集科学家、劳动者和艺术家三种身份于一身。这对人提出了一个很高的要求：要求人具备科学家精于观察、善于思考的精神，劳动者坚忍不拔、吃苦耐劳的精神，艺术家精益求精、不肯浅尝辄止的气度。可以看出，杜威的哲学具有非常强烈的进取精神。

杜威认为，艺术与实践是分不开的，所以在一些有学问的人看来是低俗的行为，如浇花、修剪草坪、观看紧张而有吸引力的比赛、做饭，甚至吹口哨等，在杜威看来，都可以成为艺术。不用说，按照杜威的看法，庄子笔下解牛的庖丁，肯定是一位了不起的艺术家。不但庄子对他很赞赏，文惠君也从庖丁的"臣之所好者，道也，进乎技矣"中悟出养生的道理："善哉！吾闻庖丁之言，得养生焉。"庞朴认为："他这个道貌岸然的逻

---

[1] 李泽厚.美学四讲[M].天津：天津社会科学院出版社，2001：181.

[2] 王晓华.西方生命美学局限研究[M].哈尔滨：黑龙江人民出版社，2005：115-116.

各斯，显然不属于言谈一类，而只能是行动的准则，属于实践一类。因为空谈解牛之理，是解不了牛，也进不了技的。文惠君闻庖丁之言而得养生焉，也显然是得了如何行动的启示……'道'建基于实践，唯行之而后成。"[1]

杜威批评传统美学中的观照说。所谓观照，就是运用主观情思去体验客观事物，从而产生美感。他认为，观照使人脱离从生活和实践中得来的真情实感，所以不能成为审美经验的特征。杜威在《民主主义与教育》中谈道："经验包含着一个主动的因素和一个被动的因素，这两个因素以特有形式结合着，只有注意到这一点，才能了解经验的性质。在主动方面，经验就是尝试，这个意义用'实验'这个术语来表达就更清楚了。在被动方面，经验就是承受结果。我们对事物有所作为，然后它回过来对我们产生影响，这就是一种特殊的结合。经验的这两个方面的联结，可以测定经验的效果和价值。"[2]可见，单纯的活动并不构成经验，因为这样的活动只是分散的、零碎的、消耗性的活动，只有包含了主动的尝试并被动地承受实践的结果的活动，才能算得上审美活动。

杜威认为艺术远离生活、在生活之上的观点使艺术家深受其害。隔离在生活的主流之外，远离了能够成为他们的观众的大众，艺术家的天地就变得渐渐局促，从而失去了进行艺术创造的质料和源泉。他们也被迫养成了一种越来越严重的个人主义，而这种个人主义使得他们的作品更加难以捉摸。

杜威强调艺术与劳动的关系。他认为，甚至可以把艺术定义为技巧纯熟的实践活动。为了增加说服力，他引用约翰·斯图亚特·穆勒和马修·阿诺德（Matthew Arnold，1822—1888，英国维多利亚时代诗人）的观点。前者认为，艺术是操作过程中追求完美的不懈努力，后者认为，艺术是纯粹的、无懈可击的手艺。

杜威反对经院式的艺术。虽然艺术作为神圣化的对象，可以封存在博物馆里，从生活的依托中隔离出来，但是，这样的艺术不能被称为艺术经验，聪明的匠人在劳作时也是艺术家，尽管他的作品比起名家大作来可能显得粗糙。审美体验是生存体验的一种，日常艺术与所谓的高等艺术都是

---

[1] 庞朴.一分为三——中国传统思想考释[M].深圳：海天出版社，1995：197–198.

[2] 杜威.民主主义与教育[M].王承绪，译.北京：人民教育出版社，2005：153.

服务于生命的，因此，艺术与生活的二分法是必须被废除的，同时应该废除的是由此二分法生发出的次一级的二分法，如美的艺术与实践的艺术、高级的艺术与通俗的艺术、时间艺术与空间艺术、艺术家与普通人，等等。进而言之，身体与心灵、物质与观念、思想与情感、形式与质料、人与自然、自我与世界、主体与客体、目的与手段等诸二分法，由于割裂了生命经验，也应扬弃。

　　既然实践在艺术的生成中具有如此重要的地位，那么，艺术与生活也就无法分割。艺术即经验，经验即生活，生活是艺术之母。"舞蹈和哑剧这些戏剧艺术的源泉作为宗教仪式庆典的一部分而繁荣起来。弹奏拉紧的弦，敲打绷起的皮，吹动芦笛，就有了音乐艺术。甚至在洞穴中，人的住所装饰着彩色图画，这些画活生生地保存着与人的生活紧密相连的、对于动物的感觉经验。"[1]战争、祭祀、狩猎、原始庆典中都包含着原始的艺术，原始艺术呈现的是人们生活的经验，直接是实践的一部分。胡适曾指出：在杜威看来，经验就是生活，生活就是应付环境，思想是应付环境的工具，这是杜威哲学中最根本的观念。用胡适的话说："经验就是生活，生活不是在虚空里面的，乃是在一个环境里面的，乃是由于这个环境的。"简单说来，"'经验不光是知识，经验乃是我对付物、物对付我的法子。'知识自然是重要的，因为知识乃是应付将来的工具。……要知道知识所以重要，正因为它是一种应用的工具，是用来推测将来的经验的。人类的经验全是一种'应付的行为'"[2]。胡克在《杜威在现代思想界的地位》一文中指出："根据杜威对生物学和心理学的理解，去生存就意味着去做一个进行反抗、反应、斗争的生物，它对环

雷诺阿：《煎饼磨坊的舞会》

境的反应总是有选择的。精神的生活行为是对环境中作为另一些事物的标记的事物的有选择的反应。"经验"是一个生物和一个环境之间交互作用的关系。他有时候把它称为主动和被动的过程，或者更简单地称它为一种

[1]　杜威.艺术即经验[M].高建平，译.北京：商务印书馆，2005：5.

[2]　葛懋春，李兴芝.胡适哲学思想资料选：上[G].上海：华东师范大学出版社，1981：69-70.

'交互作用'"[1]。

杜威把艺术经验和艺术放到生活经验以及人与环境的相互作用的大背景中，认为艺术经验不过是完美的生活经验，认为人取得自身解放能力的关键，就是通过人与环境的遭遇，通过人的行动的力量，将环境塑造成人所需要的样子。与此同时，他又强调生活和经验的艺术性质，认为生活不过是一种紧张和紧张消除的辩证过程，这是生活过程积极的一面，只要保持这种积极的东西，生活就成了艺术的。在杜威的哲学中，不仅艺术和生活不分离，思想和行动同样不分离。因为思想也是一种界于有机体和环境之间的积极的

雷诺阿：《钢琴前的年轻姑娘》

和不断前进与发展的过程。有时候，杜威干脆把认识或知识看作是一种"做"，而不是"看"。这样他就彻底抛弃了一切旁观认识论的观念，把审美知觉的问题推向一个更深的层次。如果说杜威强调的是艺术与生活的融合，克罗齐就站在另一个极端，极力强调艺术的非科学、非认识、非生活、非经验性质。他不止一次地与杜威笔战，为美学和艺术的特殊性辩护，为与艺术密切相关的特殊认识能力——直觉——辩护。克罗齐认为，直觉乃是一切认识的起点，但不同于普通的认识；直觉可以离开科学和哲学独立存在，而哲学和科学却离不开直觉，哲学和科学不外是一种脱离实际和生活的观照和沉思。在杜威看来，克罗齐的"直觉即艺术"观只能造就一种贫血的艺术，这种艺术总是处于一个同人的真实生活环境分离的不可能的位置上。为克服这种贫血性，杜威极力强调"行动"，他告诉人们，生活就是一种行动，审美也是一种感性的、类似食欲或比食欲更强的积极行动，"有机体通过眼睛来满足的渴望并不低于它对食物的紧迫的冲动。确实，许多农民对花圃的耕作比对用作食物的蔬菜的生产给予更多的关照"[2]，而观照或深思仅仅是这一大过程的小要素。这样一来，他的美学就用行动的人代替了观照的人或旁观的人。

职业作为一种最直接的实践形式，也引起了杜威的重视。杜威曾经谈

[1] 王守昌，苏玉昆.现代美国哲学[M].北京：人民出版社，1990：238–239.

[2] 杜威.艺术即经验[M].高建平，译.北京：商务印书馆，2005：380.

论过教育与职业的话题。在他看来，一个艺术家之所以成为艺术家，应该是一个全面的实践者，而不是哪一个方面的"技术家"。他说：

保罗·高更的油画

没有人只是一个艺术家，此外一无所能。要是他接近这个地步，他就是一个没有很好发展的人；他是一个怪物。在他一生的某一时期，他必定是家庭的一员；他必定有朋友和伴侣；他必定要么自己供养自己，要么受人供养，这样，他就得有个事业。他是某一组织的政治团体的成员，等等。我们自然不会把他和别人所共同的许多职务称为他的职业，而是把他突出的一项职务称为他的职业。他是，当我们考虑教育的职业方面时，不应受名称字面的牵制，以致忽略并实际否认他的其他许多职务。艺术家作为一个人的职业，只是他许多职业活动中特别专门的一个方面，所以，他在艺术活动中的效率，从人文的效率意义上讲，决定于它和其他许多职务的联系。一个艺术家的艺术才能，如果不只是技术上的成就，他就必须有经验，他必须生活。他不可能在他的艺术中找到艺术活动的题材；这种题材必须是他在别的关系中所受痛苦和所享快乐的反映——这要靠他对各种兴趣提高警觉，富于同情。对于一个艺术家是这样，对于任何其他专门职业也是这样。按一般习惯原理，无疑是一种倾向，即所有特异的职业都会变得过分强调它的专门化的一面，过于排斥一切，而全神贯注于它的一个方面。这就是说，注重技能或技术方法，而牺牲所包含的意义。因此，教育的任务不是要助长这种倾向，而是要预防这种倾向，使科学研究工作者不仅是科学家，教师不仅是教书匠，牧师不仅是穿着牧师服装的人，等等[1]。

因此，尽管某一方面的职业能手几乎就是艺术家，但艺术必须超越职业，不能拘泥于职业本身的狭隘的意义。杜威认为艺术教育，就是要预防这种倾向，使科学研究工作者不仅是科学家，教师不仅是教书匠，牧师不仅是穿着牧师服装的人，等等。

在我国，人们倾向于将艺术与实践联系起来。这里有几个原因：第一

---

[1] 杜威.民主主义与教育[M].王承绪，译.北京：人民教育出版社，2005：326-327.

个原因是哲学传统。我国宋明时代的儒家哲学强调知行合一。第二个原因是由于马克思主义实践观点的影响。第三个原因是，我国从20世纪50年代起，由于李泽厚先生等人的努力，形成了一种"实践美学"。如果把杜威的美学思想与我国传统美学比较，在重体验方面与道家相似，在重社会实践方面，又与儒家相似。如前所述，杜威在艺术生成问题上，十分注重体验与过程。而我国道家是十分注重"静观"的，如"恍恍惚惚，其中有道"，"天地有大美而不言"。而道家同时也倡导相反相成的辩证思维，这与杜威的辩证思维方法也是相似的。杜威在艺术之生成上，重视实践。而我国儒家所倡导的最高的美学境界是"和"，要达到"和"，不是依赖于静观和无为，而是依赖于主体参与其中，克己复礼、尽心知性，经世致用。具体来说就是要通过"修齐治平"来实现"海晏河清"的社会理想，对个人而言，也就达到了"中庸无我、天人合一"的最高美的境界。这与杜威的艺术依赖于实践而生成的思想是相似的。这样的比较也许有助于对杜威美学思想的解读与理解。杜威的美学思想与"实践美学"也有很多的共同点。如，二者都强调实践在审美活动中的重要性，但它们的区别是很大的。首先，"实践美学"是从实践出发来解释人的审美活动的美学，而杜威的"艺术产生于实践"与"实践美学"所说的"审美实践"是有区别的。对于审美实践，马克思在《1844年经济学哲学手稿》中说："诚然，动物也生产，它也为自己营造巢穴或住所，如蜜蜂、海狸、蚂蚁等。但是动物只生产它自己或它的幼仔所直接需要的东西。动物的生产是片面的，而人的生产是全面的。动物只是在直接的肉体需要的支配下生产，而人甚至不受肉体需要的支配也进行生产，并且只有不受这种需要的支配时才真正进行生产。动物只生产自身，而人在生产整个自然界，动物的产品直接和它的肉体相联系，而人则自由地对待自己的产品……因此，人也按照美的规律来建造。"[1]这就是说，审美实践是人的独特的"不受肉体需要支配""按照美的规律"来进行的生产活动。但杜威并不强调受不受肉体支配和按不按照美的规律来进行的美学观，杜威强调的是经验，当经验达到圆满时，就是美的。其次，杜威也不强调通过实践的双向对象化的活动，实现李泽厚先生所说的"自然的人化"和"人的自然化"，杜威并不从对象化的角度去理解人与自然的关系，而是从体验、共生的角度去看待

---

[1]　马克思恩格斯全集四十二卷[M].北京：人民出版社，1979：96–97.

人与自然的关系。按照杜威的观点，美就是一种圆满的活动形式与活动体验的结合，从这个角度来说，杜威将艺术定义为经验的价值在于，它解释了实践服务于什么，实践的目的是什么，它引导人们去看某种新的东西。至于艺术是实践，它使人们局限于将艺术看成是某种已经实践了的东西。因此，那些还没有被实践了的，或者那些其中的部分还没有被实践了的，就会被人们说成不是艺术。可以说，杜威与"实践美学"最根本的区别在于，杜威的美学思想更形式化，更不具有普遍性。最后，"实践美学"更强调主动的行动、活动，强调的是实用理性合规律性与合目的性的普遍必然的生产实践。而杜威所说的艺术即经验更强调接受了某种东西。经验既包括做什么，也包括接受什么，强调的是实践的"做"与"受"的统一。在杜威看来，当我们经验到什么时，不仅仅是某种事情对于我们来说发生了，我们在这件事中是主动的。我们在读一本书，例如读一首诗时，我们处于积极状态。如果只是处于被动状态，不去读和想，就什么也不会发生。如果我们看一座雕像，我们也是处于积极状态。我们必须用眼睛的肌肉去聚集，我们必须转动头去看雕像整体，我们必须思考我们在看什么。杜威喜欢用"经验"这个词来为艺术下定义，正是由于它具有两个方面的意义，即你做了什么，什么对于你而发生了。经验中有着阳与阴这两面，我们不能只看到它的阴的一面。相反，"实践美学"这个词的问题恰恰在于，它太多地指阳的一面。它强调做、做、做，而艺术是某种对于你发生的东西。经验具有两面：一面是做，一面是接受；一面是感受，一面是感受对象；存在着经验，也存在着经验到了什么，可能是艺术品，也可能是花或树，也存在着经验的方式，即感受。"经验"这个术语结合了客观的与主观的观点，结合了经验到了什么与怎样去经验的，在审美经验中，这两种观点的结合是非常重要的。

第三节　艺术功能论[1]

作为实用主义教育家的杜威在关于美育的所有论述中，都牵涉了艺术的功能——艺术作用于人和社会这个主题。杜威曾经将艺术与知识、真理进行比较。杜威认为，知识和真理只具有工具的价值，知识不是被动地接

---

[1] 肖晓玛.论杜威的艺术审美教育功能观[J]. 常熟理工学院学报，2011（12）.

受某种给定的东西，而是通过进行探究而获得的
有助于解决问题的某种手段，真理也不过是探究
过程中所获得的继续前进的权力。相比较之下，
艺术则是一个丰富的概念，艺术的功能更为复
杂，更为重要，与人的关系更为密切。人在寻找
与社会、自然界之间的一种更为圆满、默契的关
系的过程中，与艺术有着密切的关系。艺术在促
进有机统一方面有着巨大的作用，艺术是"最普
遍的语言形式……因而它是最普遍而最自由的交
流形式"[1]。杜威认为，在一定程度上，我们都是

费拉戈纳：《秋千》

失去活力、缺少朝气、故步自封的人。我们都在寻求"伟大的共同体"，
却迷失了方向。若要摧毁那些把我们囚禁起来的壁垒，没有什么工具比艺
术更好的了。"艺术的功能始终是打破成为惯例的、程序化的意识所造成
的桎梏。"[2]艺术是具有能动性的，在很多方面对人和社会有改造和熏陶
的作用。

一、艺术对改造社会的作用

杜威一向认为，教育和艺术都应该以社会进步为旨归。他说：

为了提醒社会认识到学校奋斗的目标，并唤起社会认识到给予教育者
充分设备来进行其事业的必要性，坚持学校是社会进步和改革的最基本的
和最有效的工具，是每个对教育感兴趣的人的任务。作这样设想的教育是
标志着人类经验中所能想象得到的科学和艺术最完善、最密切的结合。

这样形成人类的各种能力并使他们适应社会事业的艺术是最崇高的艺
术；能够完成这种艺术的人，便是最好的艺术家；对于这种事业，不论具
有任何见识、同情、机智和行政的能力都不会是多余的[3]。

在对艺术意义的论述中，他反对那种艺术不表达任何意义的说法，他
以船上的旗帜为例，指出"艺术作品的确没有那种船上的旗帜用来向另一
条船发信号时所具有的意义。但是，它确实有为跳舞旗帜被用来装饰船上
的甲板时所具有的意义"。也就是说，杜威不像一些艺术理论家那样，认

---

[1] 杜威.艺术即经验[M].高建平，译.北京：商务印书馆，2005：301.

[2] John Dewey. the public and its problems ，183.

[3] 赵祥麟，王承绪.杜威教育论著选 [G].上海：华东师范大学出版社，1981：12.

为艺术没有意义，只有情感或形式。他指出，艺术的意义与词的意义不同，词是再现对象与行动的符号，代表着这些对象与行动。艺术的意义则是"在拥有所经验到的对象时直接呈现自身"，"就像花园的意义一样，这是直接经验所固有的"[1]。因此，他认为，艺术是工具，但这个工具不是用于外在的目的。艺术的功能在于加强生活的经验，而不是提供某种指向外在事物的认识。

在杜威看来，艺术是"最有效的交流方式"，是"最普遍的最自由的交流形式，通过艺术，人们知道与其他人的相同点与不同点，打破理解与意识的障碍，从而形成社会的共同体"。"在一个充满着鸿沟和围墙，限制经验的共享的世界中，艺术作品成为仅有的、完全而无障碍地在人与人之间进行交流的媒介。"[2]杜威视艺术为一种有效的交流形式，有坚定的社会心理学基础。由于艺术是由"生活过程本身所预示的"，杜威把艺术看成是人与他们身体的、社会环境间的一种持续的相互作用。杜威强调，人与社会世界之间有意义的相互作用形成人类的特征，同时人类也在改变着他们的世界。因此，艺术家的个性与其社会历史经验紧密相连，那些将艺术表达归功于一些无实质的灵感的观点显然是错误的，个体的艺术表达实际上根基于他先前的经验并以记忆与意义的形式具体呈现出来，这些记忆与经验是创造性表现的"营养物"。正如杜威所说的，如果人类的特征与特定社会情境联系，那么在艺术作品中表现的经验与记忆就不是分离的个体。由于艺术家与特定人群有联系，由于艺术家与其他人有许多相同的经验，艺术可能表达许多人的经验。在强调艺术的共同性与社会决定方面，杜威为建立艺术交流能力的理论留了足够的空间。如果艺术表现共同的记忆与意义，它至少部分地与公众及客观的社会环境联系，或在一种客观的社会与物理环境中与人们的共同经验联系。根据杜威的观点，"艺术家所具有的印象，并不是由印象构成的；它是由通过想象性的视觉所显示出来的客观材料构成。题材充实着来自与一个共同世界的交流而产生的意义。艺术家在最自由地表现他自身的反应时，也是处于客观强迫的重压之下"。因此，艺术所表达的信息不只是与艺术家主观的、个人的世界联系。正是艺术具有公共的、共同的特征，艺术具有交流能力。根据杜威的观点，艺

---

[1] 杜威.艺术即经验[M].高建平，译.北京：商务印书馆，2005：89-90.

[2] 杜威.艺术即经验[M].高建平，译.北京：商务印书馆，2005：114.

术通过创造一种新的经验，从而表达词语不能表达的意义。尽管科学的、理性的语言能指示经验的特征，但艺术直接创造或再创造经验的特征。这方面音乐比其他艺术形式更清晰，因为音乐更是身体的而不是理智的或其他形式。听众用他们的身体经历音乐。"声音直接引起激动"且具有"直接的情感表现力量"[1]。根据杜威的观点，"乐器所发出的声音，搅动了气氛或场所。它们无须面对改变外在的材料时所遇到的阻抗力"。杜威说："音乐向我们提供的正是事物下落与扬升、涨与退、加快与减慢、紧与松、迅速挺进与迂回渐进的本质。"[2]音乐的这种身体性使音乐家将他们的心情与情感转换成听众能轻易、直接分享的声音。表演者与听众之间不必依赖语言来分享意义。当然，电影中一种强有力的想象或文学作品中一则感人的信息同样能产生直接的经验特征。

杜威认为，艺术和科学一样，都是人类对世界的一种认识，都具有独创性，也都能起到改变社会的作用。他说："一种共同的对节奏的兴趣仍使科学与艺术构成血肉联系。由于这种联系，将来也许会有一天，那种今天仍处在艰苦的反思之中的，那种原来只对经过阐释训练的人才有吸引力的，只以象形文字的方式出现在感觉中的题材，会成为诗的材料，并因而成为令人愉悦的知觉对象。"[3]艺术和科学都属于人的经验，只是使用的手段不同。科学工作者使用的是符号、词语和数学公式，他达到改造社会的目的手段相对来说比较远。艺术家用一种具有特质的媒介思考，他的手段与目的如此接近，几乎直接变成目的。也就是说，科学要通过改变环境来改造人和社会，而艺术是直接改变人和社会。杜威认为，科学是革命性的，科学使得人类的自然观以及人与自然的关系不断发生变化，不断产生新的观念。但是，这些新的观念和我们得自过去的观念经常发生脱节的现象，久之，必将影响社会的有机统一与和谐。而艺术在促进社会的和谐统一方面有着巨大的作用。在杜威看来，艺术的作用甚至是大于科学的。

杜威认为艺术在某些方面可以代替宗教。宗教能够为人指引方向，但是，杜威指出：一方面，历史上的宗教为了迫使人们敬畏它们，使尽了种

---

[1] 杜威.艺术即经验[M].高建平，译.北京：商务印书馆，2005：340，264.

[2] 杜威.艺术即经验[M].高建平，译.北京：商务印书馆，2005：158，230.

[3] 杜威.艺术即经验[M].高建平，译.北京：商务印书馆，2005：166.

种手段，如动物崇拜、鬼魂崇拜、生殖崇拜，等等，这些手段不但荒谬，而且漏洞百出，要不就提倡纵欲主义或者禁欲主义。另一方面，对异教徒进行迫害，甚至不惜发动战争。而在现实生活当中，一些从没有相信任何宗教、没有去过教堂的人，也会产生类似宗教的经验。杜威认为这些人的经验是更有价值的东西，那就是艺术。罗素曾说过：每个人的身上都有神性的火花。杜威也认为：

康斯特布尔：《麦田》

　　一件艺术品引发并强调这种作为一个整体，又从属于一个更大的、包罗万象的、作为我们生活于其中的宇宙整体的性质。我想，这一事实可以解释我们在面对一个被带着审美的强烈性而经验到的对象时所具有的精妙的清晰透明感。这也可以解释那伴随着强烈的审美知觉的宗教感。我们仿佛是被领进了一个现实世界以外的世界，这个世界不过是我们以日常经验生活于其中的现实世界的更深的现实。我们被带到自我以外去发现自我。除了艺术品以某种方式深化，并使伴随着所有正常经验的包罗万象而未限定的整体的感觉变得高度明晰外，我看不出这样一个经验的特性有什么其他心理学的基础。那么，这一整体就被感到是自我的扩展[1]。

　　在杜威看来，艺术支配着我们的日常生活，我们被艺术环绕，相对于制度化的政治场域而言，艺术能为民主参与提供许多机会。艺术是民主的催化剂，艺术为恢复公众生活生气、为扩展民主的意义和实践提供机会，艺术促进多样化的表达与阐释。艺术家，像传道者一样，对社会的责任感发表演说，为更有意义的生活揭示视觉宣言，并把它转换成艺术。艺术家是编织者，把洞察力和观察力编进花毯里："通过艺术，那些否则的话就会是沉默的、未发展成熟的、受限制的对象的意义得到了澄清与浓缩。"[2]艺术家用艺术表达自己的生活经验，使他人知道难过、恐怖的情形、悲惨的事件。不管是采用夸张的噩梦情景还是视贫民为贵族，艺术家恳求人们去关心、去响应，去参与、去行动，激起观众去思考引起市民贫

---

[1]　杜威.艺术即经验[M].高建平，译.北京：商务印书馆，2005：215.

[2]　杜威.艺术即经验[M].高建平，译.北京：商务印书馆，2005：146.

穷、边缘化、死亡的历史原因，刺激观众去想象、反应。观众的经验是理解"认识价值之内"更多经验的大门。对艺术的讨论使观众意识到权力的废除并反思情绪反应如何被政客运用。艺术渗透不同的文化，为公众提供详尽的研究并逐渐扩展传统的理解模式。通过艺术，受众觉察并仿效艺术家强烈的敏感性，"开辟新的经验领域，揭示熟悉的情景与对象的新的方面与性质"[1]。于杜威而言，艺术无处不在：街道中，风景点，自己过去和现在的想象中。杜威希望平民百姓能真正地停下来看，当然这并不是仅指眼睛遍及艺术的表面，而是能仿效艺术家且在普通情形和材料中深入地观看。这种方法不是把人分成各种等级，而是认为每个人都是平等的，参与并过一种被实现的生活。

杜威认为艺术可以起到改造社会的作用，这与他的社会哲学相关。杜威认为，社会是一个有机统一体，是动态的统一，不是定于一尊的统一。只有动态的有机的统一，才能使这个社会保持旺盛的生机。社会成员个人的行为，社会的各项制度、各项活动，都应该以维护社会的这种动态的统一为目标。因此，杜威注重从"关系"的角度看待社会和个人的作用：

格瑞兹：《乡村里的订婚》

社会由个人组成，这个明显的和基本的事实，是无论怎样自命新颖的哲学家也不能疑惑和变更的。从此就产生了三种见解：社会必须为个人而存在，或个人必须尊奉社会为他所设定的各种目的和生活方法，或社会和个人是相关的、有机的，社会需要个人的效用和从属，而同时亦要为服务于个人而存在。这三种见解之外，在论理上似乎再也想不出其他见解。……离开了强而有为的个人，构成社会的绳索组结就没有东西可以牵缠得住。离开了相互间的共同关系，个人就彼此隔离而凋残零落，或相互敌对而损害个人的发展。法律、国家、教会、家族、朋友、实业联合及其他制度组织都是个人生长和获得特殊能力与职业所必需的[2]。

杜威所设想的民主也不是制度层面上的民主，而是作为普通人的一种生活方式，是人与人之间的一种深刻而丰富的"交流"

[1] 杜威.艺术即经验[M].高建平，译.北京：商务印书馆，2005：159-160.

[2] 杜威.哲学的改造[M].许崇清，译.北京：商务印书馆，1958：100.

（communication）。而艺术正是一种交流的工具。他说："正是通过交流，艺术变成了无可比拟的指导工具"，"当自然的与培养而成的因素混合在一起时，社会交流的行动就是艺术作品"[1]。在杜威看来，艺术正是一种社会的"润滑剂"。艺术作为经验，不但是个人在社会中的实践中产生的，而且包含了对社会的认识，和对人与人的关系的协调。"艺术反映了与社会生活的主要制度联系在一起的情感与思想。""文化从一个文明到另一个文明，以及在该文化中传递的连续性，更是由艺术而不是由其他事物所决定的"，正是在这样一个意义上，艺术才获得了等同于文化的意义，所以杜威说："艺术的繁荣是文化性质的最后尺度。"[2]

二、艺术与人类文明的传承

杜威在《艺术即经验》第十四章"艺术与文明"中集中论述了艺术对人类文明的传承作用。在杜威看来，艺术对于历史的最显而易见的作用是赋予这些"过往的事件"以意义："这些事件被组织成意义，形成心灵。艺术是实现这种结合的伟大力量。"在这里，杜威认为艺术实际上是文明得以传承的一个"决定性"的媒介。他举例说：

特洛伊对我们来说，只是在诗歌中，在从废墟中恢复的艺术物品中活着。米洛斯文明在今天就是它的艺术产品。异教的神与异教的形式一去不复返了，但却存在于今日的熏香、灯光、长袍与节日之中。假如字母只是为了方便商业活动而设计的，没有发展为文学，它们就仍是技术性设施，而我们自己就可能生活在比我们的野蛮祖先好不了多少的文化之中。如果没有仪式庆典，没有哑剧和舞蹈，以及由此发展起来的戏剧，没有舞蹈、歌曲，以及伴随着的器乐，没有社群生活提供图样，打上印记的日常生活的器皿与物件，远古的事件在今天就会湮灭无闻了[3]。

杜威用人类学研究的方法考察了人类从原始社会至今的各种艺术形式。他认为，在原始社会，人类把他们最强烈的、最容易把握和最长久记忆的经验（它们通常与服丧仪式、战争和收获的舞蹈、魔法、饥饿有关）记录在武器、垫子、篮子等的图案之中。这些东西中的每一个都将实践、社会与教育等因素结合为一个具有审美形式的综合整体。杜威认为，在原

---

[1] 杜威.艺术即经验[M].高建平，译.北京：商务印书馆，2005：385，67.

[2] 杜威.艺术即经验[M].高建平，译.北京：商务印书馆，2005：6，363，383.

[3] 杜威.艺术即经验[M].高建平，译.北京：商务印书馆，2005：363.

始社会，尽管审美的线索是到处存在的，它们却不仅仅是艺术。而只有这些强烈、持久的经验，反映和传承了文明。到了雅典时代，艺术对文明的影响更加大了。杜威认为柏拉图要求对诗歌和音乐进行检查，是这些艺术所施加的社会的甚至政治的影响的证明。而到了亚历山大时期，艺术被纯粹化，脱离了生活。随着教会的发展，艺术再次与人的生活联系起来。杜威肯定教会仪式对于文明的传承所起的作用："由于这种审美的线索，宗教教导就更容易传达，也更持久。通过艺术，它们就从教义转化成了活的经验。"杜威赞扬文艺复兴时期创新的艺术形式出现了实质性的扩展。在对这些艺术史做出梳理的基础上，杜威认为："文化从一个文明到另一个文明，以及在该文化之中的传递的连续性，更是由艺术而不是由其他事物所决定的。"[1]

杜威还指出，艺术反映了文化的集体个性："正像制作出的艺术作品的个人有个性一样，这种集体的个性在所生产出的艺术上留下了无法抹去的痕迹。"杜威进而提出一个问题：艺术作为一种集体经验，而我们实际上不能再造在时间上遥远、在文化上陌生的民族的经验，我们能不能对

柯罗：《河边的女孩》

他们生产的艺术有真正的欣赏？对此，杜威承认古代人的总体经验与我们有很大的不同，他们的文化特征也是转瞬即逝的。但是，他认为："没有理由说，为了成为审美的，这些经验就必须相同。只要在各自的情况下存在着一种有秩序的经验内容的运动达到一种满足，就存在着一种占主导地位的审美状态。从根本上讲，这种审美性质对希腊人、中国人和美国人来说是相同的。"在杜威看来，通过"同情地进入遥远而陌生文明的经验中"，艺术家表现不同的文化，扩大、深化正确观察事物的能力，从而使所表现的文化"更少地方性与局部性"[2]，因此，艺术充满意义。艺术能为观众提供独特的东西，并在观众的原有经验结构之内同化与整合。

[1]　杜威.艺术即经验[M].高建平，译.北京：商务印书馆，2005：365，363.

[2]　杜威.艺术即经验[M].高建平，译.北京：商务印书馆，2005：368-369.

用杰克逊（Jackson）的话说，杜威强调"被知觉的意义本身引起共鸣"[1]。艺术文本激发观众的谈话，他们沉浸在艺术遗产、态度和社会习俗中，讨论艺术的意义并重新组合先前的知识，在注意到艺术方面的差异中消除对异文化的恐惧。

杜威这里的论述无疑是从学理上说明，艺术打破了时间和空间的限制，具有传承文明的可能性。

杜威回到他的关于艺术是经验的起点，认为艺术对文明的传承，是通过经验而成为可能的。他认为拜占庭艺术是几何性的，他批评拜占庭艺术"来自于一种没有对自然感到喜悦，没有对生命力追求的经验"。但是，大部分艺术作品体现了经验，"它在我们之中，我们在它之中……这些方式不仅以同一个人的经验为特征，而且包括属于文明的集体性"。他认为"原始的、东方的与中世纪早期的艺术对象就是这种经验的表现"。所以，杜威认为艺术语言是普遍性的。他说："艺术的语言必须通过习得才能具有，但是语言的艺术并不受区分不同样式的人的言语的历史偶然性影响。特别是音乐的力量，将不同的人融合在一个共同的沉湎、忠诚与灵感之中，一种既可用于宗教，也可用于战争的力量，证明了艺术语言的相对普遍性。英语、法语与德语之间的言语差别造成了障碍，当艺术家来说话时，这种障碍就被淹没了。"[2]

有没有文化冲突存在？杜威是这样论述的：

当一个文化的艺术进入决定我们经验的态度之中时，真正的连续性就产生了。我们自身的经验并不因此失去其个性，但是，它将那些扩大其意义的因素吸收进自身，并与之结合。……只有吸收了来自于与我们自己的人文环境不同的生活态度而经验到的价值，从而使经验得到了扩展[3]。

在做了艺术与社群生活及艺术对文明的弥合作用的微观上的论述之后，杜威呼吁恢复艺术在文明中的位置。杜威之所以认为有这个必要，是因为他看到了艺术在当代被科学和机器工业所孤立和异化的现状。他说：

[1] JACKSON P W. John Dewey and the lessons of art[M]. New Haven：Yale University Press, 1998：5.

[2] 杜威.艺术即经验[M].高建平，译.北京：商务印书馆，2005：368-373.

[3] 杜威.艺术即经验[M].高建平，译.北京：商务印书馆，2005：373.

"科学带来了一种全新的关于物质的自然以及我们与它的关系的观念。这种新的观点与那种来自于过去遗产的，特别是那种典型的欧洲人的社会想象力所赖以形成的基督教传统中关于世界和人的观念比肩而立。物质世界与道德王国的事物被分离开来了，而在希腊传统与中世纪传统中，它们保持着亲密的结合关系——尽管在不同的时期，是通过不同的手段来完成的。"他认为："恢复艺术在文明中的有机位置问题，与将我们的来自过去的遗产和关于现在知识的洞察力重新组合进一个连贯而综合的想象性结合之中的问题是相似的。"杜威认为要解决这个问题，就要回到经验，当艺术回到经验时，科学的进步也会促进艺术的进步："然而，某些考虑将阻碍人们得出这样的结论，工业状况使得一种艺术在文明中的综合变得不可能。我不能同意这样的一种意见。"杜威甚至认为"一架具有适合于其作用的逻辑结构的机器存在着某种审美意义上的干净，并且对于良好地起作用至关重要的钢与铜的光洁，在知觉上也内在地使人愉悦"[1]。

总之，用杜威的话来说，艺术不是"文明的美容院"，艺术是能动的，它独立于文明又促进文明的传承与发展。

三、艺术促进人性的完善

杜威还从人生的角度给予艺术审美以独到的解释。在杜威看来，人在生活中与环境相互作用时所达到的平衡与和谐状态，这种状态即艺术，可给人以存在的幸福、喜悦或审美的快乐。然而，平衡与和谐的状态是不能一劳永逸的，环境的变迁要求人重新做新的适应。从这个意义上看，所谓人生，正是平衡与和谐不断失去与重建的过程。因此，对一个真正把握现在的人来说，过去不是现在的包袱，因而不会使他懊悔；现在不是未来的阶梯，因而未来不会使他忧虑。他能在目前通过奋斗得到当下的满足，而无须活在对过去的困扰甚至追忆和对未来的不安甚至憧憬中。因为在真正的生活中，过去、现在与未来都是在连续的互动中重叠出现和糅合在一起的，正所谓"过去加强了现在，而未来则激活了当下"[2]。这样，人才有可能与周围环境真正达到水乳交融的境界，而这种境界是审美的境界。所谓艺术创作及其灵感，不正是过去的经验被现在的情境引起新的情感扰动

---

[1] 杜威.艺术即经验[M].高建平，译.北京：商务印书馆，2005：375，379.

[2] 杜威.艺术即经验[M].高建平，译.北京：商务印书馆，2005：18.

并预示了未来无限可能性的表现吗？于是，杜威对艺术、经验与人生做了如下的结论：

　　将艺术和审美知觉与经验的联系说成是降低它们的重要性与高贵性的说法，只是无知而已。经验在处于它是经验的程度之时，生命力得到了提高。不是表示封闭在个人自己的感受到感觉之中，而是表示积极而活跃的与世界的交流；其极致是表示自我与客体和事件的世界的完全相互渗透。不是表示服从于任意而无序的变化，而是向我们提供一种唯一的稳定性，它不是停滞，而是有节奏的、发展着的。由于经验是有机体在一个物的世界中斗争与成就的实现，它是艺术的萌芽[1]。

　　既然经验是提升了的生命力，那么，人在追求经验的过程中，就会与环境融合，达到完善自己的目的，同时，使自己的生活变得丰富多彩。

　　杜威还认为，艺术具有教育的作用。达到圆满状态的经验即艺术，审美经验是其他经验学习的榜样。他在1926年所写的《教育中的艺术——艺术中的教育》一文中指出："艺术内在地是教育（art is intrinsically an

米勒：《牧羊女》

education），教育也可以成为艺术……为使艺术的教育功能得以实现，必须实施相应的教育。"在这段话中，"艺术内在地是教育"可以理解为，艺术本身具有教育作用。在杜威的论述中，艺术实施它的教育作用，主要通过两个方面。一是陶冶作用。所谓内在地是教育，即指潜移默化的教育作用。"在做中学"就包含着在实践中不但形成圆满的经验，而且在做中亦学习到经验的意思。杜威说："人们对于事物的价值的掌握是生动的、稍纵即逝的，只有借助于艺术的注意，人们才能获得心灵所渴望的那种愉快和新鲜的经验。这些愉快和新鲜的经验，虽然本身也是稍纵即逝的，却

[1]　杜威.艺术即经验[M].高建平，译.北京：商务印书馆，2005：19.

对人的心灵的最深处起到了范导的作用。"[1]二是激发人的想象。杜威认为，想象力是通过以前的经验所获得的，是参与当下有机体与环境之间互动的唯一通道。因而艺术可以激发想象力：普通经验中的各种因素，不论其有多么不同，当结合成一个新的、完全统一的经验时，我们知道，这是艺术中的想象力在起作用。艺术激发的想象是一种重要的交流方式，它可以帮助人确立价值观念。"用生活的艺术作指导，与传达关于这种艺术的信息是不同的。这与通过想象来交流和参与生活的价值有关，而艺术作品是最为恰当与有力地帮助个人分享生活的艺术的手段。"[2]

杜威甚至把教育行为本身看成是艺术。

教学是一门艺术，真正的教师是一个艺术家，这是一个妇孺皆知的说法。现在，教师自己要求被当作艺术家，主要是看他能否在那儿与他一起学习的人培养一种艺术家的态度，不论他们是青年人还是儿童。有些教师成功地激发学生们的热情，交流伟大的思想，唤起巨大的能量。这很好。但是，最终的检验标准是这些对于更广泛标准的刺激能否成功地把自身转化为力量。也就是说，转变成对于细节的注意，从而确保掌握事实的手段。如果不能的话，则热情消退、兴趣消失，理想成了隐约的记忆。其他教师成功地培养出学生的动手能力、技巧，这也不错，但是，除非心灵视野的拓展，即提高了的鉴别终极价值的能力，对于观念、原则的判断能力始终伴随着这个培养的过程，否则，结果可能是把同样的方法运用到不同的目的。设定令人鼓舞的目标和实施的手段，并使两者达到和谐，是教师面临的一个难题，也是对教师的奖赏[3]。

因此，杜威十分重视通过艺术去让学生了解事实、形成观念，明确原则和问题的重要意义，而反对通过一些强制性的教育方式来达到目的。他说：

欣赏看作好像只限于诸如文学、绘画和音乐这一类东西，那是严重的

---

[1] DEWEY J. Art in Education — and Education in Art[M] // BOYDSTON. John Dewey：The Later Works：1925–1953，vol. 2. Carbondale：Southern Illinois University Press，1984：112.

[2] 杜威.艺术即经验[M].高建平，译.北京：商务印书馆，2005：297，374.

[3] DEWEY J. How to Think[M] // Gateway to the Great Books（Encyclopedia Britannica，inc）. 1963：210.

错误。欣赏的范围和教育事业本身同样广泛。我们养成的习惯，除非这种习惯也就是一种爱好，成为有这种习惯的人所喜欢和尊敬的行为模式，有一种有效的优秀的感觉，否则，这样的习惯就纯粹是一种机械的东西。有人断言，现在学校总是重视表面的"纪律"，重视分数和奖赏，重视升级和留级，就是不注意生活的情境，这是有足够根据的。在生活的情境中，学生能够深切地感到了解事实、观念、原则和问题的重要意义[1]。

对杜威而言，艺术与审美通过教育使他们自己与社会再整合，然后艺术教导我们如何使混乱恢复有序：将学生独特的兴趣或特殊的需要与学校团体及理解秩序结合，这使一些分离的因素形成一个前后一贯的整体。艺术中的意义被证明对危险的学生是有效的。

杜威认为艺术是为人性服务的，表达人们应该得到的权利。杜威艺术观中一种强烈的信念是：道德特权是把艺术确定为什么是好的，什么是正确的。因此，杜威期望达达主义去修正并改造社会，免除暴力。杜威相信独裁的方法不能成为民主的教育，他指出艺术对道德具有促进和建设作用。在他看来，艺术不是一种娱乐，而是承载着"价值"的一种载体。当艺术被普遍运用和共享时，它在人与人之间起到一种传播道德力量的作用："如果艺术是一种公认的人与人之间联系的力量，而不被当作空闲时的娱乐，或者一种卖弄的表演的手段，并且道德被理解为等同于在经验中所共享的每一个方面的价值，那么，艺术与道德间的关系'问题'就不会存在。"[2]艺术不是通过说教作用于社会，而是通过"去除偏见，消除阻挡视线的污垢，撕开风俗习惯的面纱，使感觉的力量得以完善"。因此，它具有最高的道德价值，并由于一个更为深刻的能力，即它能"引发并强调这种作为一个整体，又从属于一个更大的、包罗万象的、作为我们生活于其中的宇宙整体的性质"，"艺术比道德更具道德性"[3]。用亚历山大的话："于杜威而言，高尚的道德能从艺术中学到，当理想不是从局限于我们日常的、实践的经验中分离的王国时，它们能成为坚强的力量，教

---

[1] 杜威.民主主义与教育[M].王承绪，译.北京：人民教育出版社，2005：253.

[2] 杜威.艺术即经验[M].高建平，译.北京：商务印书馆，2005：386.

[3] 杜威.艺术即经验[M].高建平，译.北京：商务印书馆，2005：360，215，386.

导我们，使我们的生活材料充满意义。"[1]在关注道德生活方面，杜威把艺术看作是一种方法：艺术家使每个人可接近艺术，基于个人和社会的经验，建立具有改革意义的人生模式。正是通过艺术的道德感，激发想象，去构思并改善生活，形成有价值、有尊严、引领我们如何生活的丰富经验。如果我们相信我们种类的存在，我们必须保护、保存、庆祝，我们应该把艺术看作一种文献，一种催化剂，一种引起我们在道德上带有关怀和仁慈心去行动的有改革作用的进程。

---

[1]　ALEXANDER. The Art of Life[M] // HICKMAN. Reading Dewey，5‑6.

第四章 杜威美育思想的实践

杜威是个行动家，生前他既与一群热心美育活动的成员齐心协力为美国播种艺术禾苗，又在自己一手规划的实验学校实施自己的美育理论，这成为日后国内外许多学校美育实践的蓝本。此外，美国当时的博物馆也在不同程度上受到杜威美育思想的影响。

第一节 美育推广活动

在1897年的全美教育学会上，杜威以及一群与会代表曾针对各州当时艺术教育的现状提出简报，琼斯（L. H. Jones）等人针对杜威所撰写的《教育中的审美因素》（Aesthetic Element in Education）一文进行讨论，纽约州立大学（the University of the State of New York）与密苏里州圣路易市（St. Louis, MO）的三个俱乐部艺术委员会都参与过类似的美育实验。大致的过程是：先将艺术巨匠的代表作拍照，再把大约160张照片按重要的年代分成十组，然后轮流到各学校巡回展示，教师与助理人员到现场为学生解释时代背景、创作动机及艺术的重大意义等[1]，希望通过对作品的欣赏唤起学生的美感经验。

在讨论会中，来自新泽西州的吉伯特（C.B.Gilbert）并不满意将美育活动简化为图片的展示，他希望杜威谈谈美育对文化贡献的积极意义。杜威回答说，绘画应该为教育的目标尽力，艺术教育的首要目标是让儿童学会

---

[1] JONES L H. Discussion of The Aesthetic Element in Education. [M] // BOYDSTON J A. John Dewey：The Early Works：1882–1898, vol.5：1895–1898. Carbondale：Southern Illinois Press, x：94–96.

自由地自我表达（free self-expression）[1]。在杜威看来，展览的内容并不重要，通过作品的展示促进学生对艺术家与作品的了解，才是美育的积极意义所在。

此次教育学会另一项争论的焦点是艺术与科学孰轻孰重的问题。美国联邦教育委员哈里斯教授认为，艺术所承担的是理性的显示而不是理性的实现（a manifestation of reason instead of a realization），艺术家的巧思是让大众欣赏自然的多元性，因此，他认为一流艺术品的照片远远比三流的原作安全。来自康乃尔大学（Cornell University）的威廉斯（S.G.Williams）对此表示质疑，他说："难道不需要科学知识作为发展艺术的工具吗？"对此杜威本着折中的想法，以马萨诸塞州普瑞特研究所（Pratt Institute）和布鲁克莱恩（Brookline）的实验结果为例予以回应，他说：历史证明，美育欣赏与国力发展二者之间是可以相辅相成并行不悖的[2]。

从杜威积极推广美育的活动中，我们可以发现杜威把美育活动当作是应用其哲学理想的大型实验，所秉持的是联系而不是分离的理念，美育与政治或其他社会运动一样是为团体与个人的交流尽力。当时与他并肩为美育拓荒的人士，都是促使今日美国艺术蓬勃发展的先锋。

第二节　杜威学校：杜威美育理论的实验基地[3]

一、杜威学校的办学始末

杜威于1896年1月在芝加哥金巴克大街5714号创办了实验学校（Laboratory School），该校最早叫"大学初等学校"（University Elementary School），于1902年更名为"芝加哥大学实验学校"（University of Chicago

[1] JONES L H. Discussion of The Aesthetic Element in Education. [M] // BOYDSTON J A. John Dewey: The Early Works: 1882-1898, vol.5: 1895-1898. Carbondale: Southern Illinois Press, x: 94-96.

[2] JONES L H. Discussion of The Aesthetic Element in Education. [M] // BOYDSTON J A. John Dewey: The Early Works: 1882-1898, vol.5: 1895-1898. Carbondale: Southern Illinois Press, x: 94-96.

[3] 肖晓玛.杜威学校的美育理念与实践[J].中国艺术教育，2010（3）.

Alice Dewey with son Gordon in Chicago in 1902. Gordon died on a European trip in 1904 at age 8.

这是杜威夫人艾丽丝·奇普曼与他们的儿子戈登·奇普曼于1902年在芝加哥拍的照片。1904年，8岁的戈登在去欧洲的旅行中因患伤寒去世

Laboratory School）。因是杜威创办，通常称为"杜威学校"（Dewey School）。杜威学校最初校舍是一所私人住宅，刚开办时，只有16名学生2位负责人。同年10月，学生增至32名，除3位正式教师外（其中一位负责科学和家政，一位负责文学和历史，一位负责手工训练），还有1位音乐兼课教师和3位大学研究生协助学校工作的开展。到1897年12月，教师已发展为16人，儿童增至60人。1898年，又增设幼儿部，招收四五岁的儿童，注册儿童达82名，专职教师12位，兼职教师7位。到1902年，学校已有140名学生、23位教师和讲师、10位助教（大学研究生）。学生的年龄范围从4岁到14岁。杜威是学校的董事，杜威夫人艾丽丝·奇普曼担任校长，杜威的孩子也曾入校就读。随着学生人数的增多，学校曾几易校舍：1896年10月学校迁至金巴克路5718号；1897年1月又迁至坐落在罗莎莉娅大院与第57大街交界处的旧南方公园俱乐部；1898年10月又改在爱丽丝大街5412号一所老住宅；直到1903年秋，实验学校迁至刚竣工的芝加哥大学教育学院大楼[1]。

杜威学校是一所真正的实验学校，是杜威名言"哲学是教育的指导原理，教育则是哲学的实验室"的具体实现，致力于对其哲学、心理学、教育学思想的一些假设进行检验。用杜威的话说，杜威学校的任务是"按照现代心理学所阐明的智力活动和生长过程的原理来观察儿童教育的问题"[2]。杜威本人在教育学俱乐部的一次演讲中也明确指出："构成这所学校基础的观念是实验室的观念……它有两个主要目的：（1）展示、检验、证实和批判理论上的阐述和原理；（2）在它的专门范围内的事实和理

杜威与孩子们在一起

---

[1] 梅休.杜威学校[M].王承绪，赵祥麟，译.上海：华东师范大学出版社，1991：5—10.

[2] 杜威.学校与社会·明日之学校[M].赵祥麟，译.北京：人民教育出版社，2006：74.

论要点中增加新的内容。"[1]在杜威看来，实验学校"与教育学研究的关系就像是科学实验室与生物学、物理学或化学的关系一样"。而"如果没有实验学校，那么教育理论工作就会成为笑话和欺诈——就像教授一门自然科学而忽视给学生和教授们提供实验室一样"[2]。杜威始终参与实验学校的经营，尤其是在学校开办的第一年，他每天都到校做调查研究，和教职员及家长对教育方面的诸多问题进行讨论，

一班的孩子边听音乐边将玉米脱粒、磨粉（1904）

杜威"从来不唯我独尊。他甚至尊重最年轻和最缺乏经验的教师的意见，这使他们在工作中能够发挥创造性"[3]。杜威不仅概略地叙述了关于学校教育目的的观点，而且深思熟虑地提出了可应用于各个年级的教学计划和教学方法。教师们在实验过程中详细记录实验情况，并由教学监督将这些教师报告编辑成册，以供研究之用。当时，杜威学校在美国教育界已成为最引人注目的教育实验园地。确实有一些人坚决认为，后来没有任何学校能在影响、质量和贡献上比得过它。美国哲学家和教育家胡克曾指出：杜威芝加哥大学初等学校的实验是"美国整个教育史上最重要的大胆的实验"[4]。一位当代观察家也说："现在人们对芝加哥大学附属小学比对全国也许全世界的其他任何小学都更关注。"[5]

实验学校不分年级，而是按照儿童的生理年龄、兴趣和适应社会的需要分为三个阶段，每个阶段又分为若干组（班），整个学校共分为11个组。第一阶段（4—8岁）共分为五个组：一组（4岁），二组（5岁），三组（6岁），四组（7岁），五组（8岁）。第二阶段（9—12岁）共分为四个组：六组（9岁），七组（10岁），八组（11岁），九组（12岁）。第三阶段（13—15岁）分为两个组：十组（13岁），十一组（14—15岁）。杜威指出，儿童的发展有阶段性，但这些阶段绝不是截然划分的，而是各个

[1] 单中惠.现代教育的探索[M].北京：人民教育出版社，2003：130.

[2] 拉格曼.一门捉摸不定的科学：困扰不断的教育研究的历史[M].花海燕，梁小燕，许笛，等译.北京：教育科学出版社，2006：48-49.

[3] 梅休.杜威学校[M].王承绪，赵祥麟，译.上海：华东师范大学出版社，1991：序言.

[4] 梅休.杜威学校[M].王承绪，赵祥麟，译.上海：华东师范大学出版社，1991：前言.

[5] 转引自狄克挥曾.约翰·杜威：在芝加哥的年代[J].哲学史杂志：英文版，1964（10）：252.

阶段相互结合、重叠，逐渐过渡的。第一阶段主要以儿童直接的社会兴趣以及个人兴趣、印象、观念和行动之间直接的、即时的关系为特征，其目标是解决学校生活与家庭邻里生活的密切联系，因此组织开展手工训练、缝纫、自然研究等活动。第二阶段的目标是认识儿童身上所发生的变化，并对它做出反应，教育的重点是让儿童获得读、写、操作、算的能力，教育的真正目的不是为了这些能力本身，而是为了获得规律性的知识和掌握使用工具的技巧。第三阶段是中等教育的开始，在儿童掌握每门学科所使用的工具的范围内，一门一门地进行学习，开设的各门课程按照严密的逻辑进行，并在一定程度上进行专门化的练习，如：数学课既有代数又有几何，代数包括乘方、开方、幂的理论，几何课除独立地完成20—30个定理的学习及练习外，还要做好证明。杜威学校所有阶段的课程都是由互相联系的各种活动计划组成，各组都安排一些学科的教学专家和科学专家，目的是对孩子起权威性的咨询作用。由于学校始终有足够的教职员工，并从芝加哥大学各学科吸收了许多兼职的专家，因此每个班的学生人数都不多，这样有可能关注学校全体儿童的发展。

实验学校始终把教育的社会性放在第一位，用杜威的话说它的办学宗旨是"为这样一种愿望所激励，即希望发展一所学校在行政管理、教材选择，以及学习、教学和训练的方法方面能够在发展每一个人自己的能力和满足他们自己的需要的同时，又成为一个合作的社会"[1]。也就是说，这所学校实验的一个重要理念是把学校建成社会生活的形式，一个雏形的小社会，学校要以社会为中心，使"个人因素和社会因素"互相协调平衡，培养儿童能和别人共同生活、合作共事的能力。"芝加哥大学实验小学组织计划"明确提出：在社会原则方面应该以家庭的活动为核心引导学生，避免灌输脱离生活的知识，以生活中的衣、食、住、行为最佳题材。在心理原则方面，心理总是从一个整体开始（the mind always begins with a whole），再逐步分化为细部活动，智力的发展需要依赖感觉和观察，因此对颜色、声音、味道的尝试是不可或缺的，感觉观察（sense-observation）选择自我表现的材

四至八班的学生在法式俱乐部准备午餐
并摆设桌椅（1901）

---

[1] 梅休.杜威学校[M].王承绪，赵祥麟，译.上海：华东师范大学出版社，1991：前言.

料，而推理过程（reasoning process）则决定表现的方式。因此，美育活动是唤起学生的感知能力，学习理性知识的良好媒介[1]。

二、杜威学校美育的目标、内容与形式

透视杜威学校的美育实践，可以清晰地感受到其呈现出：自我表达的目标取向、综合式的教学内容、主动作业的教学形式。

（一）自我表达的目标取向

阿瑟·艾夫兰（Arthur D. Elfand）在其《艺术教育史》一书中对杜威实验学校的解释是：对杜威而言，艺术教育是形成"一流的经验使学生用多种多样的艺术形式表达自己"[2]。的确，在杜威看来，儿童行动的冲动，即他对周围环境的刺激做出反应并寻找具体表达方式的愿望，是所有教育关系的出发点，因此，杜威学校的美育强调的并不是艺术技能的学习，而是鼓励孩子们用各种艺术的方式自由表达。

首先，让孩子从自己所熟悉的事情开始，把日常生活中所看到的、听到的或想象的用各种艺术形式进行表达，对年幼儿童更是如此。如：鼓励孩子们把一个箱子、一把椅子的表面，一面玩具室的墙壁或几张纸涂上自己喜欢的颜色；指导孩子们用铅笔、彩色粉笔、木炭、水彩和彩色蜡笔表达自己对青草、天空、一只狗或一个人的观念；鼓励孩子们用黏土仿制犁、耙等工具；用纸剪自己喜爱的动物或水果；让孩子们扮演邮递员、食品商店员等各种职业活动的角色；教孩子们唱一些简单的歌曲，如"鸟绕圆圈飞""雪花温柔飘下来""我的小船随风去"等，鼓励孩子们去发现所给定歌词的旋律并建议他们自己创作歌词，

三班和四班的孩子们正在用黏土造型（1904）

[1]　DEWEY J. Plan of Organization of the University Primary School[M] // BOYDSTON J A. John Dewey: The Early Works: 1882–1898, vol.5: 1895–1898. Carbondale: Southern Illinois Press, 1972: 193–201.

[2]　ELFAND A D. A History of Art Education: Intellectual and Social Currents in Teaching Visual Arts[M]. New York: Teachers College Press, 1990: 169.

如"鱼儿，鱼儿，咬我的钩"[1]；鼓励孩子们用图解法描述从洞穴到希腊庙宇住房的演进等。所有这些表达并不强调技能：也许孩子们的画几乎不能称为画，一个有直线相连接的圆圈同样作为马、牛、狗或者人；黏土造型的成品有时有比较明确的形状，有时和它们的名字并不相符；孩子们的表演不需要什么舞台布置、道具或服装的支持和辅助，任何一张折叠的纸足以代替邮递员的信件、帽子、邮袋、邮筒或马拉的双轮邮车。这些都是孩子们在日常生活中所形成的有关印象及表现技能的偶然尝试。也许孩子们没有意识到自己正在学习什么，但他们用线条、颜色、黏土、木材或比较柔软的织物等各种材料表现了自己的思想，不管成果多么粗糙，在活动过程中他尝到了伴随一切创造性努力的深刻满足。在老师看来，主要的兴趣在于表现的过程中，当孩子涂抹乱画，按照自己想要表达的思想进行塑造，在表达的过程中感受到艺术表现和创造的乐趣时，他就在学习艺术了。如果情况不是这样，艺术教育的许多含义便消失了。当然，孩子们通过这些艺术表达方式所得到的情感上的满足又激励着他们考虑和试验更好的表达方法，从而不断提高他们的表达能力。这完全体现了杜威的理念："艺术不是外部的产品，也不是外部的行为。它是精神和心理、要求得到满足，并使事物实现新的和更有意义的形式。一个人感觉到所做的工作的意义，并以此为乐，把内在的生活的展现同物质情况有次序的发展这两者在一个同时发生的事实中联合起来，这就是艺术。"[2]

其次，周会以及不同季节的特殊节日，也为孩子们艺术才华的自我表达搭好有效平台。孩子们表演的内容一般没有任何约束，可以是自己曾经在英语课上学过的歌曲、刚刚学会的乐器表演等，很多时候学校鼓励孩子们表演集体创作的歌曲、舞蹈或戏剧等，因为创作过程本身是孩子们自我表达的有效途径。如：歌曲的创作。最初，孩子们提出某一主题，有时决定一个主题之前得考虑几个选项。选定主题后孩子们开始写歌词，孩子们对歌曲表现的内容、模式及选择非音乐或非俚语的词语自由地批判，直到他们觉得满意为止。写好歌词后便开始谱曲，如果孩子们不知道怎样谱曲可在老师的帮助、指导下完成。在创作的过程中，孩子们也将自己的创作

---

[1] Russell, Dee, Cultivating the imagination in music education: John Dewey's theory of imagination and its relation to the Chicago laboratory school. educational theory, 2004, spring98, vol. 48, issue 2.

[2] 梅休.杜威学校[M].王承绪，赵祥麟，译.上海：华东师范大学出版社，1991：303.

与其他熟悉的歌曲进行比较，如：一个男孩如果想使《罗宾汉历险记》听起来更像史密斯所谱的《在绿荫树下》，教师便解释并范唱史密斯用小调所谱的《在绿荫树下》，孩子们听后要求用这种小调演唱，这时孩子们的热情高涨，因为达到了他们预期的效果[1]。孩子们在周会或节日上表演自己创作的作品，表演的反馈信息又促使他们重新反思自己的创作，就是在这

低年级的孩子们通过歌舞庆祝五朔节（1904）

种创作、表演、再创作中，孩子们的创作热情得到了激发，创作能力与表演能力也有了较大的进步。如，一个7岁儿童小组完成了有三个节拍韵律的《雪人歌》，并在学校大会上演唱，通过演唱，他们感觉到流畅的韵律不符合文字的要求，又去寻找一个更有劲道的四个节拍，从而达到了要求；一个12岁组的儿童完成了他们欢乐的《七月四日之歌》之后，感觉没有表达出他们所期待的音乐意识，想尽他们的最大努力继续创作，《七月四日之歌》最后受到了学校的热烈赞赏[2]。有时，在某个特殊的日子，学校要求孩子们围绕某一给定的主题编排节目。如，为了庆祝华盛顿的生日，学校决定在一个周会上让孩子们表演有关华盛顿的故事，孩子们认真查找华盛顿的大量资料，积极讨论并编排好相关节目，最后九班的同学做好了充分准备，表演了班上每个儿童都参与的节目[3]：一个扮演华盛顿的童年，另一个扮演他的学生时代，另一个扮演他在法兰西和印第安战争中的角色、在革命中的华盛顿、作为总统的华盛顿、华盛顿在家庭中。其中一个女孩通过广泛的阅读还知道几个不包括在这些标题之下的华盛顿的故事，因此，她写好并读了一篇《华盛顿一生的几件小事情》的文章。在这个周会里，他们作为一个班级一起活动比以往都好。

　　杜威学校美育实施中倡导自我表达的教学目标，不仅有利于培养孩子

[1] Russell，Dee，Cultivating the imagination in music education：John Dewey's theory of imagination and its relation to the Chicago laboratory school[J]. educational theory，2004，spring98，vol. 48，issue 2.

[2] 梅休.杜威学校[M].王承绪，赵祥麟，译.上海：华东师范大学出版社，1991：313–314.

[3] 梅休.杜威学校[M].王承绪，赵祥麟，译.上海：华东师范大学出版社，1991：211.

们的创造性与责任感，而且有利于发展孩子们的思维，促进他们不断追求较高艺术价值文娱表演的愿望。

（二）综合式的教学内容

在杜威看来，教育内容应来自儿童的生活和经验。儿童的生活和经验尽管由各个方面组成，如地理方面的、艺术和文学方面的、科学和历史方面的，等等，但儿童生活的各方面及经验的各方面都是紧密联结在一起的，它们是一个

六班的孩子正在建造一个城镇模型（1904）

整体。因此，杜威反对将学校多种多样的学科加以割裂和肢解，如地理是从某个个别观点选择、摘录和分析成套的材料，算术是另一个部门，艺术教育是另一个科目等，而是倡导各门学科之间及每门学科的各个部分之间的相互联系。杜威曾强调指出："当儿童生活属于这个共同世界的各种各样的而又具体和生动的联系之中，他的各门学科就自然地是统一的，使各种学校互相联系起来就不再成为一个问题。……使学校与生活联系起来，那么一切学科就必然相互联系起来。此外，如果学校作为一个整体和生活作为一个整体结合起来，那么它的各种目的和理想——文化修养、训练、知识、实用——就不再是各不相同的东西，就不再需要为其中的一个目标挑选某一门学科，为另一个目标挑选另一门学科。"[1]杜威倡导各门学科之间及每门学科的各个部分之间相互联系，在具体的教学中即采用综合的形式组织教学内容，这在杜威学校的美育实施中得到了充分的体现。

杜威曾在《教育中的审美因素》一文中明确提出："我所说的审美泛指所有的教育，而不只限于特定学科。"虽然杜威学校每星期的课程计划中都安排了音乐和绘画，但杜威学校没有音乐与绘画教材，在与杜威学校相关的资料中我们也没有发

孩子们在美化望远镜附近的环境

（1901年秋）

---

[1]　杜威.学校与社会·明日之学校[M].赵祥麟，译.北京：人民教育出版社，2006：66.

现具体的音乐或美术课例，杜威学校美育的实施不是使用分科化的科目或现成的事实资料引导学生，而是采用综合式的内容进行组织的，杜威学校美育实施的内容已涵盖我们今天所倡导的综合式艺术教育的全部内容，即音乐、美术、戏剧表演、舞蹈等，而且每一门课的内容都是综合的。

就音乐学习的内容而言，不仅有视唱、旋律、和声、乐器、作词、作曲的练习，又包括经典乐曲的欣赏，如弗兰茨、舒曼、瓦格纳、赖内克、洪佩尔丁克等人的作品和一些优秀的英国歌曲，还有关于大音乐家的生平、代表作及创作背景等艺术史的学习。此外，学校每周让孩子们有一次机会听由学校的朋友、教师或由通过在课外做好准备的学生来演奏的最好的作曲家的短的音乐节目。对于音乐的教学，绝不是仅通过音乐课的单音独鸣来实现，而是渗透在各门课的教学中，完全打破了学科间的藩篱。如，孩子们在拉丁文课上学唱拉丁文歌和圣诞赞歌，在法文课上学唱民歌及法文歌，在文学课上学表演，在诗歌朗读课上学习音阶、音色和节奏，为文学课最近学习的《撒克逊劫后英雄略》创作歌曲，等等。

就美术学习的内容来看，不仅学习素描、油画、名作欣赏、美术史等，而且学习装潢、着色、图案设计、编织、图解、造型艺术、装饰艺术等。绘画的教学不仅与校内其他学科的教学紧密结合起来（如，历史课上刚学过的内容可以作为绘画的主题：六班的孩子在学习完法国人探险时期的故事后，班里每个儿童从马尔凯特的生平中选一个题材用黏土塑形，用石膏铸像，挂在艺术室墙上[1]；七班的孩子学习美洲殖民地化后，认真研究了当时的服装和华盛顿本人的面貌，制作了华盛顿指挥部队的浮雕像；生物课上通过仔细观察与解剖青蛙及阅读有关蟾蜍习性的材料，学会诸多绘画技术；在绘制图画的过程中，用法语进行对话等），而且强调儿童所画的图画、所装饰的东西，都必须出于他们自己的有意义的经验[2]，因此，绘画教学特别重视丰富孩子们的感知和体验：经常组织孩子们到公园去观察，到沙丘考察，到湖边或山岩远足，参观当地工厂、美术博物馆和名胜古迹等。在孩子们感知和体验的基础上，鼓励他们回到图画中去寻找知识，画出自己的所看和所想。杜威学校一些最好的美术作品就是六班儿童参观迪尔本堡大屠杀纪念碑后所创作的。

---

[1]　梅休.杜威学校[M].王承绪，赵祥麟，译.上海：华东师范大学出版社，1991：129.

[2]　梅休.杜威学校[M].王承绪，赵祥麟，译.上海：华东师范大学出版社，1991：314.

在杜威学校，孩子们形成的观念几
乎都是通过戏剧表演获得的，因此，戏
剧表演紧密结合在每一种活动和每一
门课程的学习中。如，在初冬的日子
里，孩子们意识到母亲必须为家庭准备
寒衣，于是孩子们设计演出，决定角
色。有几个儿童扮演母亲去针织店买东
西，另一些儿童扮演安排陈列橱窗并布
置各种材料的售货员。他们还认为母

幼儿园的小朋友们在沙堆中游戏（1904）

亲去较远的针织店买材料得乘电车，便用椅子排成电车，一个孩子扮售票
员，在车票上打孔，还准备了一个三角铁当车铃。或者，两个孩子扮马和
马车，送货，另一个孩子扮打包人，孩子们非常喜欢这样的表演。又如，
五班的孩子在哥伦布发现美洲大陆的研究中，创作并排演了哥伦布生平的
剧本。在创作与排演中，不仅对儿童回顾和评价哥伦布一生以及这一时期
历史上的重大事件有很大的帮助，而且孩子们要全面考虑表演时所用的布
景、服装的设计、道具的制作、剧本的创作、表演的姿势、人物的形象
等，在这个过程中孩子的艺术技能自然得到了相应的提高。六班的孩子在
学习完法国人探险时期的故事后，三个儿童扮成赫尔姆夫人、印第安人袭
击者和营救者布莱克·帕特里奇的形象等。杜威学校对不同年龄阶段儿童表
演的内容和要求也不一样：年龄较小的儿童表演他们学唱的歌和故事时能
获得较清楚的概念，并对其中的人物有较大的同情即可；三四岁的儿童进
行各种职业活动的演戏，像针织商店，只要满足于有买与卖的角色就行，
没必要指明他们要买或卖什么；五岁儿童是更为具体的角色表演，如有出
纳员、收款员、售货员、办事员，有包装员，有马和送货车等，并学会用
较丰富的词进行表达或用独特的戏剧形式来表达；七岁儿童表演的戏剧可
以是他们在其他课程中所学的内容，如历史课上有关原始生活的研究；建
议较大的孩子表演经典戏剧，如孩子们阅读莎士比亚的剧本后，指导他们
写出每一幕的提要，并做好整个剧本的提纲然后进行表演。总之，戏剧表
演在杜威学校的所有活动中占了一大部分，正如一名在杜威学校学习过的
学生回忆说："对于不了解我们在做什么的局外人来说，每天的课程好像

是盛大的节日。儿童显然在历史和英语课上演出。"[1]通过表演，孩子们鉴赏自己所学的知识及各方面的经验，找到它最好的和最高的艺术表现。

（三）主动作业的教学形式

在杜威看来，"学习必然是从事于某些连绵不断的作业活动的结果"，因此，杜威学校活动的核心，就是"到作业中去寻求，而不是到传统的所谓学科中间去寻求"[2]。"作业"是使用各种材料和工具以获得效果和技巧的一切活动，包括任何形式的表现活动和建造性活动、任何形式的艺术活动和手工活动等。杜威之所以强调作业活动，首先，儿童生来就有一种要做事、要工作的自然愿望，对作业活动具有强烈的兴趣。他说："身体上的许多器官，特别是双手，可以看作一种通过尝试和思维来学得其用法的

高年级的孩子在锻工车间（1904）

工具。各种工具不妨看作身体器官的一种延长。不过工具使用的不断增长，开辟了一条新的发展路线，它的结果是那么重要，因而值得给予特别的重视。"[3]按照杜威的观点，如果让儿童在那些真正有教育意义和兴趣的作业中进行学习，有助于儿童的有意义生长。其次，杜威认为，知识和技能不是通过读书或听人解释而来的，而是"从做中学"。杜威认为通过运用直接经验的"做中学"的作业，对学生来说，培养和发展了他们的观察力，想象力，独立思考分析、解决问题的能力以及发明、创造能力等。于学校而言，可使学校整个精神得到新生，使学校有可能与生活联系，学校有可能成为一个小型的社会、一个雏形的社会。他说："所以采用这些活动，正是由于这样的事实……它们符合行动（包括情感的、想象的和运动的因素）乃是个人发展中起统一作用的实际这一心理学的假设。"[4]按照杜威的理解，作业的重要意义是使儿童在社会和个人两方面保持一种协

[1] 梅休.杜威学校[M].王承绪，赵祥麟，译.上海：华东师范大学出版社，1991：303.

[2] 梅休.杜威学校[M].王承绪，赵祥麟，译.上海：华东师范大学出版社，1991：3.

[3] 赵祥麟，王承绪.杜威教育论著选[G].上海：华东师范大学出版社，1981：123.

[4] 赵祥麟，王承绪.杜威教育论著选[G].上海：华东师范大学出版社，1981：328.

调。但杜威强调指出，教师为防止儿童淘气而要他们做的作业或练习，并不具有这种作业的含义。此外，杜威也指出，儿童参与的作业活动亦不同于职业教育。职业是使个人特异的才能和他的社会服务取得平衡，所谓适当的职业就是使个人的能力能适当运用，而作业是有目的的、持续不断的活动。通过作业进行的教育，与运用任何其他方法进行的教育相比，能够把更多有利的学习因素结合进去。总之，"作业"是杜威学校的一个中心概念，儿童的各种教育是围绕既对儿童具有吸引力又适合于达到教育目的的各种形式的活动、游戏和工作的"主动作业"而开展的，杜威学校美育的实施亦如此。

对于作业的选择，杜威明确提出："作业的选择必须把从事作业的人和发展着的生活的基本需要联系起来。"[1]杜威学校的艺术作业与孩子们的生活需要息息相关，如：设计和装饰正在制作的东西，为美术工作室的地毯、孩子们自己纺织的印第安地席、图书封面或各种活动记录的插画构思图案。此外，一些看似与美育无关的作业，如倒水、种菜、做饭、烧菜、缝纫、木工、建筑剧院等，也完全涵盖了美育的相关理念。如木工活动需要先锯下树木，欣赏树木与自然景观的搭配就是最佳的审美题材，而画出树木的枝叶与临摹作品相比不仅更生动且学生的兴趣更高。

杜威学校最大规模的艺术作业是杜威俱乐部的制作。孩子们感到学校缺乏活动场所，便提议建造一个他们自己可以召开会议的、不受干扰的、在自己控制之下的俱乐部。出于儿童们真正的、迫切的和自觉的需要，建设一个俱乐部会所的打算产生了，这个俱乐部是由孩子们自己计划、自己建筑和自己装潢的。从计划到竣工的整个过程中

正在建筑的杜威俱乐部（1901）

贯穿着艺术的动机——一个真正被渴望的俱乐部以及一切布置在里面的东西，应当是美好的和合适的。全校所有班的学生都被吸引到杜威俱乐部这个共同感兴趣的活动中来。孩子们对建筑的式样、门窗的式样及地毯、家具、窗帘的设计和选择进行讨论和相关的研究。如在考虑建筑的式样时，他们既研究古代建筑的素描、造型和照片，又到学校附近的菲尔德博物馆去参观，还去野外画素描为研究透视打基础。在选择俱乐部门的式样时，

---

[1] 赵祥麟，王承绪.杜威教育论著选[G].上海：华东师范大学出版社，1981：3.

既对希腊和埃及的安过梁的门窗进行研究，又对罗马的圆形拱门、欧洲的哥特式的尖形拱门和回教建筑进行研究后，才最后选定"和我们所能造出的殖民地时期的式样正好一样"的式样。对俱乐部内部的装饰，尽管身边有熟练的指导，但孩子们在给墙壁装饰时，不顾指挥该工作的人的意见而选择了当时很流行的一种浅黑色木材，结果导致颜色过于阴暗而受到多方面的强烈批评。当然，类似于这样的错误都是允许孩子们犯的，当孩子们意识到自己的不足后在选择与墙壁搭配的帘子和椅垫的颜色时特别认真，经过多次讨论直到搭配的效果富于光彩和使人愉快。孩子们既从美观的角度又从实用的角度考虑俱乐部的所有制作。"关于质量问题，从实用的必要性的判断，是材料的强度、耐用和坚固，从美观的必要性的判断，是形式、颜色、材料的质地和协调的式样。"[1]总之，在整个过程中，孩子们不仅逐步形成了自己的审美判断，提高了自己的审美水平，而且这种设计、美化、装饰正在制作的东西能使孩子们的艺术表现技能日益熟练，这与杜威学校的理想"儿童们的……艺术表达，无论是设计、编织、图解或造型艺术，都应当达到所进行的所有作业的顶点、理想化、最最优美"[2]是相当吻合的。

杜威学校完全体现了杜威"学校即社会""教育即生活""教育即生长"等著名教育理念，这是对传统教育的一种彻底改造。杜威学校所实施的美育，其教学内容所呈现出的全面性、深刻性，教学目标所体现的鲜明性、旗帜性，教学形式所具有的新颖性、开放性，不仅对美国当时的艺术教育是一次全新的挑战，而且对我们当代美育的开展仍具有多方面的启迪意义。在大力倡导综合式艺术教育的今天，我们有必要不断学习和借鉴杜威学校美育实施的相关策略，吸收其精华，从而更好地推进综合式艺术教育的有效开展！

---

[1] 梅休.杜威学校[M].王承绪，赵祥麟，译.上海：华东师范大学出版社，1991：196.

[2] 梅休.杜威学校[M].王承绪，赵祥麟，译.上海：华东师范大学出版社，1991：317

第三节 杜威美育理论：巴恩斯基金会的践行宗旨[1]

一、杜威对博物馆的批判与期望

19世纪，美国工业界的许多巨富愿意出资建筑像古希腊和罗马时期神圣寺庙一样的博物馆，以陈列自己的艺术收藏品，显示他们的社会地位与财富。当然，这些博物馆也是市民自豪的象征，是美国人才智、审美和文化的典范。

杜威对美国20世纪初存在的大多数博物馆显然不满并进行了严厉的批判。早在1926年发表的《教育中的艺术——艺术中的教育》一文中，杜威批评使艺术与日常经验分离的博物馆是一种"智力上的禁锢"，他谴责道：

通过控制我们目前的文化趋势颠覆了审美欣赏……艺术家或至少是"鉴赏家"把艺术当作偶像崇拜，使艺术成为神秘的东西，在事物的完整结合中从内在于所有事物经验的价值中分离，从每个人持续的需要中分离。这种态度通过制度化的博物馆的习俗及专业化的批评而得到了培养。智力的禁锢已经在画廊、艺术史、有关画家及绘画的书中自然形成。……审美的实现不但没有给绘画爱好者直接的帮助，而且实际上是在混淆和误导他们[2]。

在《艺术即经验》一书中，杜威把博物馆描绘为"大教堂"（cathedrals）或美国企业家财富象征的神圣陈列室，认为那些特别热衷于用美的艺术品布置自己周围的新贵是"为了证明自己在高等文化领域的良好地位而收集绘画、雕像，以及艺术的小摆饰，正如他的股票和债券证明他在经济界的地位一样"[3]。

杜威对大众只有去博物馆才能欣赏艺术品、视博物馆的艺术为"美的艺术"的看法表示担忧，他认为这种看法使博物馆成为增强"普通经验

---

[1] 肖晓玛.杜威、巴恩斯与巴恩斯基金会[J].中国艺术教育，2009（3）.

[2] DEWEY J. Art in Education — and Education in Art [M] // BOYDSTON J A. John Dewey: The Later Works: 1925–1953, vol. 2. Carbondale: Southern Illinois University Press, 1984: 113–114.

[3] 杜威.艺术即经验[M].高建平，译.北京：商务印书馆，2005：7.

与审美经验之间的一个裂痕"[1]。1938年杜威给舞蹈协会的一次演讲中指出："不幸的是，有一种趋势是，当我们考虑艺术作品时，主要地把它们与艺术博物馆、艺术画廊或音乐厅或歌剧院联系在一起，我们去那儿看或听那些被认为是艺术品的对象。"[2]1940年在《联邦艺术计划》的一次广播演讲中，杜威继续批判作为艺术陈列室的博物馆：如果艺术从已经退化的博物馆中涌现……主要应归咎于政府在属于普通人及他们日常集合的建筑方面提供的刺激[3]。正如亚历山大所言，当我们视博物馆为"美的艺术"时通常易犯两种常见的错误：

首先我们笼统地尝试将博物馆的经验从日常生活中的其他经验中分离。因此，我们不能明白我们在博物馆遇到的作品实际上是如何普遍存在于日常生活中，这是普通人与制作那些艺术作品的艺术家都享有的。已经有了这个错误我们可能犯第二个错误——相信审美经验属于独立的王国，我们不能明白艺术家如何将生活的原材料应用于人类存在的整个范围，从而成功地表达意义深长、内在地实现的对象[4]。

的确，大多数博物馆最初的使命是收集并保存艺术品。但这些建筑物建立不久，教育也被视为博物馆的重要使命，尤其是19世纪后期审美运动对博物馆教育使命的影响。1880年美国学者詹金斯在其《博物馆之功能》一书中明确指出：博物馆应成为普通人的教育场所。1906年美国博物馆协会成立时就宣言"博物馆应成为民众的大学"。大都会艺术博物馆（Metropolitan Museum of Art）的负责人1880年也表达了他们的

在美国，"教育"也是博物馆的职能之一。小学生们在博物馆这样的现场学习效果，远远优于坐在教室里看课本的效果

[1] 杜威.艺术即经验[M].高建平，译.北京：商务印书馆，2005：10.

[2] DEWEY J. The Philosophy of the Arts [M] // BOYDSTON J A. John Dewey：The Later Works：1925–1953，vol. 14. Carbondale：Southern Illinois University Press，1988.

[3] DEWEY J. Art as Our Heritage [M] // BOYDSTON J A. John Dewey：The Later Works：1925–1953，vol. 14. Carbondale：Southern Illinois University Press，1988：257.

[4] ALEXANDER. The Art of Life[M] // HICKMAN. Reading Dewey，5 - 6.

希望："在较高级的美的形式中，艺术知识的融合有助于使人变得仁慈博爱，有助于教育并使一个注重实践的、从事体力劳动的人变得文雅。"[1]波士顿美术博物馆（Boston Museum of Fine Arts）的秘书及倡导这种哲学观最主要的一位发言人吉尔曼（Benjamin Ives Gilman）认为：博物馆的主要功能是收集、保存并展览一些示范性的艺术作品；其次是教育的功能，关注的是个性的形成、艺术史的教学、专门技能的发展及审美知觉的训练[2]。这一时期美国博物馆的一些"世界之最"都与教育有关。如布鲁克林儿童博物馆是世界上第一家专门面向儿童的博物馆（1899年），宾夕法尼亚博物馆是世界上最早开办博物馆培训课程的博物馆（1908年），波士顿美术博物馆是世界上第一家设立讲解员的博物馆，伊利诺伊大学的克兰勒特艺术馆（the Krannert Art Gallery）是世界上第一家在国际互联网上建立网站的博物馆，号称"世界最大的博物馆系统"的史密森尼研究院国立博物馆群在国际互联网上统一以"edu"（教育）为后缀。此外，许多博物馆的"建馆宗旨"基本上包含教育这一项内容，如大都会艺术博物馆的宗旨是：收藏、保存、研究、展示共同代表人类最广泛及最高水平成就的艺术品，鼓励人们鉴赏艺术品和提高人们对艺术品的认识水平，并在各方面以最高的专业标准服务于公众。拥有十几家博物馆的史密森尼研究院的宗旨为：增加和传播知识。无畏号海—空—天博物馆的宗旨为：致敬英雄，教育公众，激励青年。博物馆在美国甚至被誉为社会的"道德储存库"。

杜威早就认识到博物馆具有教育的潜能，并极力促进博物馆和学校教育之间的合作。他认为理想的学校应是"一座齐全的工艺博物馆"。首先，在它里面，陈列着制造业发展的各个阶段的各种原料的样品和用来处理这些材料的从最简单到最复杂的工具；其次，汇集着许多风景和风光的照片和图片，以说明原料的来源、产地，这种汇集"将成为艺术、科学和工业综合起来的生动的和延续的课业"[3]。此外，还要有来自不同国家，如意大利的、法国的、日本的和东方其他国家的完美的纺织品的样品及说

[1] NEWSOM, SUVER A S. The Art Museum as Educator. Berkeley: University of California Press, 1978: 13.

[2] Benjamin Ives Gilman, Museum Ideals of Purpose and Method, Camhridge: Riverside Press, 1918: 1, 96–97.

[3] 杜威.学校与社会·明日之学校[M].赵祥麟，译.北京：人民教育出版社，2006：65.

明已投产的设计和装饰的花纹颜色的样品。总之，杜威认为，理想的学校是赏心悦目的"绘画博物馆"，在这个博物馆里，不仅仅有着各种素材如漂亮的木料和图案，而且从它的各种图画和图片之中，可以看到建筑发展史的概况。就音乐方面来看，理想的学校里从苏格兰的《纺车曲》到马格丽特的《纺纱曲》或瓦格纳的《撒旦》，都发挥着它们无可比拟的作用。在杜威看来，艺术品不是在与世隔绝的环境中产生的，文艺复兴时期的作品之所以伟大是因为艺术强调在日常生活的各种过程中进行。学校应当注意到这种关系，使博物馆位居于学校的中心，使博物馆的收藏品提供统一思维和行动，综合科学的、工业的、艺术的、历史的范例，从而使博物馆起到教育的中心作用。

　　杜威指出："只有艺术进入大众的家用建筑、家具、墙壁、悬挂物、地板覆盖物、桌子和椅子，他们吃饭及烹调用的碟子中，艺术才能渗透在人们的生活中。每一件日常用品都有形式和颜色，形式和颜色在哪存在就有艺术存在的可能。不但有存在的可能，而且我们需要艺术丰富生活。"[1]因此，杜威反对将艺术从日常生活中移走而对艺术大加赞扬的博物馆的建立，但杜威对那些担任教育机构的博物馆持肯定和赞扬的态度。在库柏联盟博物馆（the Cooper Union Museum）周年纪念的演讲中，杜威对20世纪美国博物馆的发展情况做了如下评论：最近美国文化一个最引人注目的特征是，艺术的、商业的、工业的博物馆的快速增长，自然历史、人类学、考古学的快速增长。正如公共图书馆一样，通常认为这些博物馆在教育中占重要的地位。它们的教育功能已与它们的物质扩展并驾齐驱。指向教育目标的博物馆与那些仅仅为了收藏一些奇怪的、有趣的漂亮物体或为收藏历史纪念物而存在的博物馆不同[2]。

　　这些评论说明杜威对博物馆的使命从强调收集与保存到提供教育性的机会而高兴。巴恩斯基金会正是实现杜威所设想的、具有博物馆综合教育

---

[1]　DEWEY J. The Educational Function of a Museum of Decorative Arts[M] // BDYDSTON　J　A. John Dewey： The Later Works： 1925–1953，vol. 11. Carbondale： Southern illinois University Press，1987：521.

[2]　DEWEY J. The Educational Function of a Museum of Decorative Arts[M] // BDYDSTON　J　A. John Dewey： The Later Works： 1925–1953，vol. 11. Carbondale： Southern illinois University Press，1987：520.

功能的一个成功典范。

二、巴恩斯基金会的美育实践

（一）巴恩斯与巴恩斯基金会

巴恩斯（Albert C. Barnes）1872年1月2日出生于美国宾夕法尼亚州费城的一个贫穷家庭，他的父亲是一个屠夫，母亲是一个虔诚的基督教徒。小时候，巴恩斯经常和母亲一起参加基督教活动，正是在那些宗教性的场所，他产生了对非洲后裔美国文化、精神的复兴和创造性表达的欣赏以及对艺术的热爱。巴恩斯从小智力超人，13岁时母亲鼓励他到费城"高级中心学校"上学，这所学校只招收具有较高潜能的学生。四年后，巴恩斯从这所学校顺利毕业，并获得学士学

艾伯特·C.巴恩斯（1926）

位。巴恩斯17岁时在宾夕法尼亚州大学学习医学专业，于1892年获医学博士学位后从事医学实践。但不久后他发现自己对医学实践并没有浓厚的兴趣。接下来的几年，巴恩斯从事化学与哲学的研究，这一兴趣促使他于1896年去化学研究方面居于世界领先地位的德国深造。在德国，巴恩斯边选修化学课程边通过做英语家教维持自己的生活，由于经济上的窘迫，18个月后他不得不放弃德国的学习机会回到自己的国家。回国后巴恩斯很快被费城一个药学制造商招聘。由于他在药学、化学及哲学方面的才华，巴恩斯很快就成为该制造商广告及销售部经理。为了公司药学方面的新发展，1900年，巴恩斯说服他的老板派他去德国为公司招募一名化学家。在这次旅途中，巴恩斯在德国海德堡大学选修化学及哲学课程。当然，他没有忘记自己的使命，他努力说服了刚从海德堡大学获得博士学位的一名名叫Hermann Hille的学生移居美国受聘于巴恩斯所在的公司。尽管Hille工作业绩不少，但他对公司提供给他的较小的实验空间、仪器的缺乏及收入的低廉没有任何抱怨。很快，Hille与巴恩斯形成合作伙伴关系：巴恩斯提出一些课题建议，Hille执行研究并开发有关销售项目。1901年，巴恩斯提出一种理念：开发一种与银硝酸盐有关的、没有腐蚀性效果的银化合物用于杀菌。尽管这已不是一种新的理念：银硝酸盐过去一直用于消毒中，尤其在婴儿的眼药中广泛运用。但银硝酸盐通常有腐蚀性效果——破坏活的组织。Hille根据巴恩斯的建议于1902年发明了一种被命名为弱蛋白银

（Argyrol）的无害专利眼药替代了银硝酸盐。弱蛋白银很快便在美国市场上销售，几年后，已在全球销售。这使巴恩斯很快致富，35岁时他已成为一名百万富翁。

事业发迹后，巴恩斯在1910年左右开始将精力集中于追求小时候所产生的艺术爱好。最初，巴恩斯对艺术并没有较高的鉴赏力，经常请教自己"高级中心学校"毕业的同班同学、当时已是纽约著名画家的William Glackens。Glackens邀请巴恩斯参观自己的收藏品并告诉巴恩斯自己的收藏是微不足道的，法国才是现代艺术正在形成和发展之地。巴恩斯曾多次资助Glackens出国。Glackens在法国待了很长时间并结识了许多艺术家与经销商。1912年，巴恩斯资助2万美元派Glackens去德国购买绘画。通过两个多星期的不懈努力，Glackens买回了雷诺阿、凡·高、马奈、Gauguin、塞尚等人的作品。巴恩斯开始对这些绘画并不是特别喜欢，但Glackens对他说将这些作品保存一段

阿吉乐

时间，如果仍然不喜欢的话Glackens将自己购买这些作品。巴恩斯开始研究这些作品并逐渐形成在现代艺术领域令人兴奋的理解力。从此以后，巴恩斯再也不依赖别人为他购买作品而是根据自己的判断做出决定。巴恩斯全力以赴学习艺术，不断思考是哪些因素使伟大创造物与世俗物之间有了一定的区别。巴恩斯去欧洲国家参观博物馆时，手握艺术权威著作矗立在作品之前，努力获取艺术知识。他发现专家提供的解释对他来说没有任何帮助，因为专家表达的是主观性的结论且通常讨论的是与绘画有关的历史事件而不是绘画本身使它们成为杰作的内容。他认为当他研究作品时，他开始评价与它的线、颜色、构思有关的内容，因此能获得一种分析一幅作品的科学方法。通过他的朋友Glackens，巴恩斯认识了巴黎许多艺术家及艺术收藏家，他经常认真倾听他们的交谈并与他们进行讨论，这大大地拓展了他对艺术的理解。这次欧洲之旅，他购买了许多绘画作为自己的收藏品。在巴黎停留期间，他碰到Gertrude Stein与她的弟弟 Leo Stein，这两个人都是热心的艺术收藏者，他们邀请巴恩斯去自己的家中参观自己的收藏品，Gertrude还将她收藏品中马蒂斯的一些作品卖给巴恩斯。Leo与巴恩斯从此也形成了亲密的友谊关系。Leo早期赏识毕加索的作品并偏爱雷诺阿及塞尚

的作品，对马蒂斯的作品不太感兴趣，这与巴恩斯的爱好相同。1913年，巴恩斯给Leo写信，告诉他自己已收藏25幅雷阿诺、12幅塞尚以及12幅毕加索的作品。1920年Leo急需一笔钱，因此请求巴恩斯帮助他出售自己的收藏品。巴恩斯为Leo的收藏筹款3万美元，其中包括巴恩斯以Leo可以接受的价格购买了雷阿诺的一些作品及塞尚的一幅作品。到那时，巴恩斯已有100多幅雷诺阿的作品。他家里的每个房间以及他公司的大部分房间的墙壁上都悬挂着自己的收藏品。随着收藏品的不断增多，巴恩斯决定投资600万美元建立一个教育基金会以传播他的收藏品。1922年，巴恩斯在费城郊外梅里恩市购买了12英亩地建立巴恩斯基金会。巴恩斯基金会的建筑是巴恩斯聘请宾夕法尼亚州大学的一位建筑学教授——Paul Philippe Cret设计的，Cret设计了一种具有许多彼此连接的大画廊且每个窗户能有自然光线的法国文艺复兴时期的风格结构。为了美术馆的建筑，巴恩斯曾亲自去欧洲购买石灰石。在去欧洲购买建筑材料时，巴恩斯又花了大量的钱购买了一百多幅艺术品，这次他也发现了一个名叫苏丁的立陶宛画家，且认识了Jacques Lipchitz。巴恩斯是最先买苏丁作品的人，这使苏丁很快成为一个知名人士，他还买了Jacques Lipchitz的雕塑。

巴恩斯基金会于1922年12月4日正式创立，其收藏之丰富令人咂舌。最初，巴恩斯仅被法国现代画感动，但随着知识与欣赏力的增长，他开始拓展自己对各个时代艺术品的兴趣。他买古代名家的作品、早期匿名艺术家的作品，尤其是非洲本国的人工品与绘画。他没有忽视美国艺术中刚创作的绘画、古董及手工艺家具、金属品。在巴恩斯1951年7月24日辞世之时，巴恩斯基金会已经收集了许多著名人物的绘画，如：雷诺阿（Pierre-Auguste Renoir, 1841—1919）、塞尚（Paul Cézane, 1839—1906）、马蒂斯（Henri matisse, 1869—1954）、毕加索（Pablo Picasso, 1881—1973）、苏丁（Chaim Soutine, 1894—1943）、卢梭（Henri Theodore Rousseau, 1844—1910）、莫迪格利阿尼（Amedeo Modigliani, 1884—1920）、德加（Edgar Degas, 1834—1917）、凡·高（Vincent van Gogh, 1853—1890）、修拉（Georges Seurat, 1859—1891）等，也有荷兰、意大利、法国、西班牙、德国的艺术作品以及中国、波斯艺术的代表作，还有希腊、埃及、印度、美国本土的重要艺术杰作以及高质量的非洲、美洲雕塑。巴恩斯基金会的收藏品无论在艺术的质量方面还是艺术的数量方面，可与世界顶尖级艺术博物馆相提并论。与其他以显示自己地位和财富而建立博物馆的工业贵族们不同，巴恩斯声称艺术品主要是一项教学工具，因此，巴恩斯希望自己的收藏品能很好地服务于艺术教育。从本质上说，巴恩斯基金会不是一个艺术博物馆，而是一所学校，是一个促进艺术教育的进步及提升人们艺术欣赏力的教育机构，其宗旨深受约翰·杜威的影响。

（二）杜威与巴恩斯

巴恩斯早在医药界工作之时已拜读过杜威的许多著作。他曾将杜威1910年出版的《我们如何思维》一书作为文学著作之一与自己的员工进行讨论。在1916年，巴恩斯拜读《民主主义与教育》一书时被杜威所提出的教育理论、所强调的方法等鼓舞，决定寻找机会拜见该书作者。1917年，巴恩斯以45岁之龄注册为哥伦比亚大学研究所的学生，杜威与巴恩斯之间的长期师友关系从此

杜威与巴恩斯在一起

拉开帷幕。尽管他俩性格不同，杜威是一个沉稳内敛的人，巴恩斯是一个善于表现的人，但他俩从认识之日起很快就成为亲密朋友，这种关系一直维持到1951年巴恩斯去世。曾是杜威弟子、后成为杜威同僚的美学家门罗（Thomas Munro，1897—1974）回忆说：杜威与巴恩斯在一起时话不多，巴恩斯却极为活跃，经常不停地为客人解析作品；杜威对视觉艺术与音乐似乎不太感兴趣，对文学却比较内行[1]。

在巴恩斯与杜威的交往中，主要有三件事加深和巩固了他们之间的关系。其一是巴恩斯曾赞助杜威及其弟子1918年开展的"费城的波兰人——美国人研究"。杜威与其弟子欲探究波兰移民为什么与先前的移民不一样，没有被美国民主社区同化。该研究提出这主要归因于天主教与牧师的有害影响：他们不让移民学习英语，移民在与非波兰人沟通时感到沮丧。这项研究在当时遭到广泛批评，且是波兰人、美国人之间持续争论的焦点，他们觉得杜威及其同事不关心波兰天主教徒。但杜威提出：如果允许波兰社区的许多成员接触更多的文化，他们将从更广泛的民主生活形式中受益。其二是杜威于1934年出版的《艺术即经验》，这是杜威对美学的主要贡

---

[1] LAWRENCE D J. Dewey's Debt to Albert Coombs Barnes[M] // TILES J E. John Dewey: Critical Assessment，Vol，Ⅲ．London：Routledge，1922：312–322．

献，杜威怀着感激之情将此书献给巴恩斯，并强调这本书是他与巴恩斯的合作成果。第三件事发生在1940年，英国哲学家罗素因为性别、宗教、政治等有争议的观点被纽约城市大学解聘教学工作。得知罗素经济窘迫，杜威征求巴恩斯的意见能否聘请罗素为巴恩斯基金会授课。巴恩斯同意了。罗素后来把自己在巴恩斯基金会所做的讲演集结为一本书，这部书就是名作——《西方哲学史》，副标题是"及其从古代到现代的政治、社会情况的联系"。

巴恩斯与杜威之间是相互影响的。一方面，杜威吸取巴恩斯的艺术素养。巴恩斯经常为杜威剖析自己不断收集的艺术品，巴恩斯的艺术知识对杜威有关艺术观的形成起了重要的作用。杜威拥护巴恩斯"非常清晰的，合乎逻辑的……关于创造过程、艺术风格、批判性审美的评论和观察……不考虑年龄、国别、风格"[1]。杜威怀着感激之情将《艺术即经验》一书献给巴恩斯，用感情横溢的语言描述他对巴恩斯的感激："我最需要感谢的是巴恩斯。这本书曾逐章与他讨论过，但他对这些章节的评论和批评仅只是他对我的帮助的极小一部分。在好几年的时间中，我从与他的谈话中受益匪浅，许多谈话都是在他那无与伦比的藏画前进行的。这些谈话与他的书都是我关于哲学美学的思考形成的主要因素。如果这本书有什么优点的话，那都绝大部分归功于巴恩斯基金会良好的教育工作。这一工作比起当代包括科学教育在内的各门学科的优秀教育工作来，都是具有开创性的。"[2]另一方面，巴恩斯在杜威那儿获得美学、教育学的启发。巴恩斯经常向杜威请教教育方案，杜威不厌其烦地为巴恩斯讲授艺术哲学、教育哲学，巴恩斯被杜威教育理论、经验理论、艺术理论中所强调的方法所鼓舞，巴恩斯在1925年所写的《绘画中的艺术》一书中曾明确指出："杜威的经验、方法、教育观鼓舞着巴恩斯基金会的工作，这本书仅是其中的一部分。"[3]

巴恩斯与杜威之间的交往是富有成效的，杜威的理论和巴恩斯的艺术以一种具体的、真正的形式结合在巴恩斯基金会的教育实践中。

---

[1] MCWHINNIE H. Some reflections on the Barnes Collection[J]. Art Education，1994，47（6）：22.

[2] 杜威.艺术即经验[M].高建平，译.北京：商务印书馆，2005：序言.

[3] BARNES A C. The Art in Painting[M]. New York：Harcourt Brace，1925/1937：Foreword. The foundation used this book as a teaching manual.

（三）杜威理论：巴恩斯基金会的宗旨

1925年，杜威开始在巴恩斯基金会担任第一个教育顾问，为基金会提供艺术哲学观，并在《巴恩斯基金会杂志》（Journal of the Barnes Foundation）上陆续发表美育论文作为该基金会宣传艺术理念的参考。可以说，杜威理论是巴恩斯基金会教育实践的宗旨。巴恩斯始终用杜威的理论指导基金会教育实践的发展，强调基金会的重要性是把杜威的理论应用于实践，并用含蓄的语言表达了杜威理论对基金会的独特贡献：巴恩斯基金会需要的指导在约翰·杜威所创造的方法、经验及教育的理念中找到了[1]。具体说来，巴恩斯基金会的教育实践主要体现了杜威的以下教育观、艺术观。

让艺术回归日常生活。杜威主张艺术与日常生活密切联系、艺术是为了丰富人们的日常生活观在巴恩斯基金会的教育实践中得到了充分体现。与其他工业贵族们为了在"大教堂"中展览自己的收藏品不同，巴恩斯基金会是作为一种教育机构而创立的，教育机构的使命是将艺术回归普通人的日常生活中，使艺术成为普通人日常散步与闲谈的一部分。巴恩斯基金会在会章中明确规定[2]：艺术不是微不足道的事情，不是艺术爱好者娱乐的手段，或富有家庭的室内装潢……在巴恩斯基金会画廊对公众开放时，确保平民百姓，即那些在商店、工厂、学校、杂货店及其他类似的地方从事苦力活的男人和女人能自由进入艺术画廊，这是巴恩斯基金会义不容辞的责任。的确，巴恩斯基金会始终做到免费为学生上课，鼓励学生探究画廊各个房间的作品；画廊对公众开放时，平民百姓可以自由地免费进入。巴恩斯基金会将艺术回归人们日常生活中的教育实践在20世纪初无疑是独树一帜的，对那些视艺术为"象牙之塔"中上演的"阳春白雪"者、对炫耀自己财富而建立艺术博物馆的贵族们无疑是一种有力的抨击。1925年杜威在

巴恩斯基金会画廊的主要入口处

[1] BARNES A C. The Art of Renoir[M]. New York：Minton Balch，1935：11.

[2] BARNES A C. The Medici of the New World[J/OL]. http：//www.neh.gov/news/humanities/2004–09/barnes.html：Albert C. Barnes，The Medici of the New World.

《巴恩斯基金会杂志》上发表《巴恩斯基金会献辞》一文，高度赞扬基金会的创立是不朽之举[1]：

> 通过绘画，平民百姓能更好地理解文化和多样化的观点，这丰富了平民百姓的生活……我确信这项工作不只是在大学和学校中传播（正如我听说的这项工作目前已正在大学和学校中蔓延），而且这项工作将影响公立学校。公立学校教育系统只是提供一些机械的、技能的训练（尽管传输一定量的有用的信息和思想），然而仍然主要是名义上的公立。这还没有触及最普通的、最基本的、最需要的公众认识——在人类所有活动的欣赏中，智力方法是艺术的本质，自由的、愉悦的方法是艺术出现的结果。

以经验的不断完善为己任。按照杜威的观点，要理解美的、最终可以为大家所接受的形式必须从日常生活经验入手，"实际的艺术品是这些产品运用经验并处于经验之中才能达到的东西"[2]。杜威的这种观点在巴恩斯基金会的教育实践中得到了充分的体现。

巴恩斯基金会的教育过程是让观众产生一种真正的经验的过程。为了产生一种独特的、兴奋的教育性经验，巴恩斯基金会特别注重环境的设置，通过环境的吸引力从而让观众产生喜欢艺术作品的移情作用，这是艺术教育成功的重要环节。在巴恩斯基金会的献辞中，杜威特别提及巴恩斯基金会的环境对观众经验完善的功能：一走进基金会，高耸的大树与优雅的美景映入眼帘，给人莫大的愉悦，接着再逐步引导观众欣赏作品，这是基金会实施美育的重要前奏[3]。当然，观众通过欣赏巴恩斯基金会所收藏的艺术品，不管是现代绘画还是非洲艺术，真正重要的并不是创作者的原始动机和艺术

巴恩斯基金会的一间画廊

---

[1] Dedication Address of the Barnes Foundation[M] // BOYDSTON J A. John Dewey: The Later Works：1925–1953, vol. 2：1925–1927. Carbondale： Southern Illinois University Press，1984：382–385.

[2] 杜威.艺术即经验[M].高建平，译.北京：商务印书馆，2005：1.

[3] Dedication Address of the Barnes Foundation[M] // BOYDSTON J A. John Dewey: The Later Works：1925–1953, vol. 2：1925–1927. Carbondale： Southern Illinois University Press，1984：382–385.

术语，而是通过欣赏让观众与作者产生经验的交流，让观众从画家的角度去揣摩，从而达到彼此扩充经验之目的（这在巴恩斯基金会作品的设置方式中得到了具体的体现，如：如果悬挂在墙壁上的画作是放在桌上的一些水果，那么你会发现在画作下面也有一张桌子及类似的摆设）。即使观众并不全然了解作者的原始创作动机，作者也不一定在展览会场倾听所有观众的反应，但作品能激发观众的想象力，这能在观众中"创造一个可与画家正在绘画的经验相对照的或平行的经验"[1]。

通过知觉训练提升人们的欣赏力。杜威特别重视审美欣赏的发展。在《教育中的艺术——艺术中的教育》一文中杜威曾指出："审美欣赏的发展是教育的一个关键组成成分，是在日常生活中保存艺术的一种方法。没有审美欣赏我们会错过真实世界中最独特的、最珍贵的事物。这个结果的损失是惨重的，因为它增强了专业化的趋势或增强了最佳状态的思想设定。"[2]在杜威看来，知觉训练是提升人们欣赏力的有效途径。在《艺术即经验》一书中，杜威全面地阐释了知觉的作用。根据杜威的观点，知觉是对关系的认知。然而，简单的认知仅是知觉的开始——这是对组成部分的区别而没有区分它们如何相关。知觉是认识与一个经验有关的不同部分如何组成一个统一的整体，识别这种关系构成意义的过程。"行动及其结果必须在知觉中结合起来。这种关系提供意义；理解这种关系是所有智慧的目的。"[3]认识关系——即知觉或理解意义——是一个经验满意的情绪特征，这使得一个经验成为审美的。杜威强调，为了构成一个审美经验，艺术经验需要知觉。杜威声称："要想成为真正艺术的，一部作品必须同时也是审美的——也就是说，适合于欣赏性的接受知觉。"杜威把艺术定义为制作与感知之间的关系："以

巴恩斯基金会画廊一面墙壁上的绘画

---

[1]　BARNES A C. The Medici of the New World[J/OL]. http：//www.neh.gov/news/humanities/2004-09/barnes.html：Albert C. Barnes，The Medici of the New World.

[2]　DEWEY J. Art in Education — and Education in Art[M] // BOYDSTON J A. John Dewey：The Later Works：1925–1953，vol. 2. Carbondale：Southern Illinois University Press，1984：112.

[3]　杜威.艺术即经验[M].高建平，译.北京：商务印书馆，2005：47.

生产某种在直接感知经验中被欣赏的物品为意图的生产行动具有一种自发或不受控制的活动所不具有的性质。"本质上，艺术需要智力的应用，反对任意思维或感觉的分离；这源自有能力去认知组成成分之间的关系，去创造意义。杜威认为思维需要艺术性的生产，是"最严格的思考方式之一"[1]。同样，理解一件艺术作品的行为需要同样的智力，这是一个创造性的行为，或一个"重构行动"的行为，需要培养。

　　巴恩斯认为学习艺术是社会的一个重要组成部分。通过学习，批判地审视艺术并从自己的观点学习艺术，能提高自己的思维，这是社会进步的一种真正方法。但艺术不是你在学习日期、数字、名字，而是你正在学习如何看画，如何看艺术，以及学习如何思考。在巴恩斯看来，如同外科手术的技能不可能是到某所医院偶尔参观就能学到一样，艺术欣赏不可能是在画廊中漫无目的地徘徊就能得到提高的。追随杜威，巴恩斯对知觉与认知做了区别：认知不提供生长或丰富意义，知觉"尽管它开始于区分、补充、修正意义的原料，通过知觉，活的生物习惯地阐释吸引他注意力的对象"。于巴恩斯而言，通过知觉理解了艺术作品。"知觉，正如在艺术中发生的，包括并概述了感觉和智力活动，在知觉学习方面，个体澄清、组织他的情感及构成他思维的意义。"[2]巴恩斯基金会从来不教学生们如何绘画，在他们看来，教学生如何绘画与教一个受伤的人如何尖叫一样。巴恩斯明确指出基金会的指导原则是：艺术……是洞察世界的一种根源，那儿没有替代者，所有的人都可以分享必需的洞察力。然而，除非有其他洞察力的尤其是过去的洞察力的帮助，否则这种洞察力是不可能的[3]。

　　巴恩斯基金会注重训练学生的洞察力，训练学生学会如何观看，也就是去觉察日常生活事件、绘画、雕塑、音乐、家具、铸铁及花草树木中对象的意义。为了训练学生这种洞察力，巴恩斯基金会尝试去消除几乎是司空见惯的、不良的、迷惑不解地观察一幅作品的习惯，即告知关于物质、

---

[1] 杜威.艺术即经验[M].高建平，译.北京：商务印书馆，2005：51，48.

[2] BARNES A C. Method in Aesthetics[M] // The Philosopher of the Common Man： Essays in Honorof John Dewey to Celebrate his Eightieth Birthday. New York： G.P. Putnam's Sons, 1940：94–95.

[3] BARNES A C. Preface[M] // DEWEY J, et al. in Art and Education.：5–6. This piece was originally published in the Journal of the Barnes Foundation, but it was subsequently reprinted in Art and Education.

记忆及偏爱某些熟悉的对象的信息，而是
努力创造一些新的知觉习惯：通过对线、
光、颜色及构成形式的空间的客观观察。
为此，巴恩斯基金会特别注意以"墙壁的
整体效果"选择和安排作品。如著名艺术
家的绘画通常不是挂在墙壁的中心而是置
于一个角落；古代画与现代画并置；美国
陶器、非洲面具与日常生活用品如调羹、
门链、烛台等排放在一起；来自亚洲、非

巴恩斯基金会画廊内部一览

洲、欧洲等不同社会环境中的艺术与各种不同的材料的绘画、木材、金属
等悬挂在一起。所有的艺术品都不做任何说明，如标明是什么年代、哪位
艺术家、所创作的艺术品标题是什么等，而是让观众运用分类、安排、比
较及对照信息的方式，理解不同元素之间的关系，在艺术品与对象之间产
生共鸣，从而构建艺术品的意义。巴恩斯基金会的这种"墙壁整体效果"
有助于学生理解在学校里不曾教过的诸多知识。

　　杜威与巴恩斯所形成的观念是进步的、富有革新精神的，他们的教育
方法适用于不同年龄的人，他们的合作创造了"一种系统的艺术教育计
划"[1]。杜威对基金会将他的理论应用于实践给予了充分的肯定，"最彻
底地体现了我已经讨论过的教育……这是教育理论运用于实践的一个范
例"[2]，"巴恩斯基金会良好的教育工作……比起当代包括科学教育在内
的各门学科的优秀教育工作来，都是具有开创性的"[3]。在艺术教育受到
前所未有的重视的今天，如何充分利用艺术收藏品这项重大的资源服务于
当前的艺术教育，巴恩斯与杜威早已为我们树立了一个成功的典范，值得
我们不断学习与借鉴！

---

[1]　GOLDBLATT　P. How John Dewey's Theories Underpin Art and Art Education[J]. Education and
Culture，2006，22（1）：32.

[2]　DEWEY　J. Foreword[M] // BARNES　A　C. The Art of Renoir. ：10

[3]　DEWEY　J. Foreword[M] // BARNES　A　C. The Art of Renoir. ：10.

第五章 杜威美育思想对美国艺术
与艺术教育的影响

第一节 抽象表现主义的先驱[1]

杜威的艺术观对艺术造成巨大的冲击，影响着现代美国艺术的发展，改变了美国艺术家的思维方式，当年美国兴起的第一个艺术运动——抽象表现主义就充分体现了杜威的经验、情感及道德感的精神。

康定斯基：《适度的飞跃》

"抽象表现主义"一词，最早出现于1919年，一位德国的评论家以此评论俄国画家瓦西里·康定斯基（Wassily Kandinsky，1866—1944）早期那些自由的抽象绘画。1929年，美国的阿尔弗里德·巴尔用这个词向美国人介绍了康定斯基的艺术。1946年，美国艺术批评家罗伯特·考特兹（Robert Coates）用这个词定义美国新一代艺术家如威廉·德·库宁（Willem De Kooning，1904—1997）、杰克逊·波洛克（Jackson Pollock，1912—1956）、巴尼特·纽曼（Barnett Newman，1905—1970）等人创作的大胆挥洒的、以抽象的形式表达和激起人的情感的绘画。抽象表现主义内涵比较复杂，是一种在第二次世界大战后现代艺术具有突破性发展的思想，它挣脱了欧洲现代艺术传统的束缚，以纽约为中心，成为最早的真正的美国美术运动，所

---

[1] 肖晓玛.约翰·杜威与抽象表现主义[J].佛山科学技术学院学报：社会科学版，2009（4）.

康定斯基：《第一幅水彩抽象画》

以又称纽约画派。它同时波及欧洲，成为20世纪四五十年代欧美艺术的主流。抽象表现主义是美国贡献给西方现代艺术的新风格，使美国一举成为20世纪后几十年前卫艺术生发的大本营。杜威为抽象表现主义的发展提供了一个有特色的美国人的声音。据说，许多抽象表现主义画家，都曾经专门下苦功，攻读过杜威的美学，如罗伯特·马瑟韦尔（Robert Motherwell，1915—1991）曾把杜威的《艺术即经验》一书当作自己"早期的圣经之一"[1]。许多人对杜威的基本美学论点了如指掌。许多著名的抽象表现主义画家，不仅本人熟悉杜威，他们的写作和谈话，都经常引证杜威的话作为他们对艺术的辩护，还不时地从杜威的理论中借用重要的词语和术语，以充实自己的绘画理论和实践。具体说来，杜威对抽象表现主义的影响主要体现在以下几方面：

一、经验是抽象表现主义的主要特征

杜威认为经验是艺术的萌芽，没有艺术作品能远离人类的经验。在对杜威《艺术即经验》的分析中，亚历山大得出结论：对杜威而言，艺术就是"最成功地努力去拥有一个经验"[2]。根据杜威的观点，"一个经验"是一种艺术家和环境之间的动态的相互作用，包括从情感上努力解决灵感和创造力之间的张力；杜威声称："这一个经验是一个整体"，有一个"统一性"。也就是说"一个经验"是从最初的概念到艺术产品的艺术努力的整个过程，不能把艺术产品从发展过程中分离；"一个经验"是一个发展的过程，是连贯的、有机的、统一的整体；"一个经验"需要较高的智力，杜威觉得"真正的艺术比那些自夸为'知识分子'所谓的思维可能需要更高的智力"[3]；"一个经验"也高度需要情感。正如亚历山大解释

[1]　Robert Saltonstall MATTISON R S，MOTHERWELL R. The Formative Years[M].Ann Arbor：UMI Research Press，1986：6.

[2]　ALEXANDER T M. John Dewey's Theory of Art，Experience and Nature：The Horizons of Feeling[M]. Albany：State University of New York Press，1987：185.

[3]　杜威.艺术即经验[M].高建平，译.北京：商务印书馆，2005：48.

的："相互作用的连续性创造一种动态的、生长着的经验，在经验中部分之间的关系被知觉到。"[1]总之，于杜威而言，"一个经验"意味着产生人类最深刻意义、最完满实现的思想和精神整体。亚历山评论道：大多数经验不是"一个经验"，"杜威发现这是人类的悲剧"[2]。

马瑟韦尔：《西班牙共和国的哀歌第108号》　　　戈特利布：《摇摆》

在抽象表现主义中，经验是艺术的主要特征。德·库宁曾说过："经验的结构优于其他任何事"[3]。德·库宁非常注重创作过程本身，认为绘画过程就是生活过程，就是一种"行动"，而这个"行动"远比结果重要。"可以这样说，绘画在今天事实上是一种生活方式、一种生活风格。这就是绘画的形式所在。"[4]其他抽象表现主义艺术家的陈述似乎有同样的感受。波洛克的老师本顿（Thomas Hart Benton，1889—1975）明确提出："一个重要的艺术定义就是，回到一种能产生这个定义的经验上去……一种生动的艺术，或生动的艺术家，是被他们的制造者利用他们现场的直接生活经验创造的……经验……承担一个重要的艺术问题，紧密地和现场联系在一起。由于这种性质的经验受环境和心理条件的影响，它和社区有着直接的社会联系。"[5]因此，本顿认为，绘画是"艺术家作为一个社会存

---

[1] SEITZ W C. Abstract Expressionist Painting in America[M]. Cambridge：Harvard University Press，1983：18.

[2] ALEXANDER T M. John Dewey's Theory of Art，Experience and Nature：The Horizons of Feeling[M]. Albany：State University of New York Press，1987：198.

[3] SEITZ W C. Abstract Expressionist Painting in America[M]. Cambridge：Harvard University Press，1983：18.

[4] 迟轲.西方美术理论文选：下册[G].南京：江苏教育出版社，2005：627.

[5] BETON T H. Art and Nationalism[J]. Modern Monthly，1934，8（5）：235.

在的全部生活经验的结果"[1]。波洛克本人曾这样描述自己的作画过程："我的画不是从画架上来的。作画前，我很少绷钉画布，我宁愿把未绷紧的画布钉在坚硬的墙壁或地板上。我需要一块坚硬的平面顶着。在地板上画画我觉得更舒服些，这样我觉得更接近我的画，我更能成为画的一部分，因为我能绕着它走，先在四边入手，然后真正地走到画中间去。……当我作画时，我不知道自己在做什么。只有在一段'熟悉'阶段，我才明白我是在做什么。我不怕反复改动或者破坏形象，因为绘画有它自己的生命，我力求让这种生命出现。只要我与画面脱离接触，其结果就会一团糟。反之，就有纯粹的和谐，融洽自然，画也就完美地出现了。"[2]毋庸置疑，波洛克所说的"熟悉"阶段与杜威所说的"经验"含义是相同的。根据杜威的定义，波洛克绘画时如此投入，从而使作品和乐趣在经验中合二为一、不可分割，也就拥有了"一个经验"。马克·罗斯科（Mark Rothko，1903—1970）的

蒂尔本库伦：《城市景象》

罗斯科：《地球与绿色》

画往往尺幅很大，这是为了能让人置身于体验之中。他在1951年这样说："我认识到历史上创作大型绘画的功能可能是为了描绘一些宏伟豪华的事物。然而，我之所以画它们的原因——我想它也适用于其他我所认识的画家——正是因为我想变得极为友好亲切而又富有人性。画小幅绘画是把你自己置于体验之外，把体验作为一种投影放大器的景象或戴上缩小镜而加以考察。然而画较大的绘画时，你则是置身其中。它就不再是某种你所能指挥的事物了。"1958年，他又说："我画大幅画，因为我要创造一种亲切的气氛。一幅大画是一种直接的交流，它把你带进画中。"[3]罗斯科所说的体验与杜威所说的经验是相通的。纽曼非常重视经验的作用，他说："我的绘画既不关心空间的摆布，也不关心形象，而是关心时代的感

[1] BETON T H. An Artist in America[J]. New York，1951（478）.

[2] 迟轲.西方美术理论文选：下册[G].南京：江苏教育出版社，2005：634.

[3] 　斯坦戈斯.现代艺术观念[M].侯翰如，译.成都：四川美术出版社，1988：212.

觉。"[1]马瑟韦尔也曾说过："我知道如何做就是努力画出一个经验。"[2]马瑟韦尔实际上是对杜威强调经验是一个过程所引起的共鸣。阿道夫·莱因哈特（Ad Reinhardt，1913—1967）也认为："画抽象图画比任何其他图画更难。因为这个内容不在主观物质或故事中，而是在一个实际的绘画行动中。"[3]1952年，美国艺术批评家哈洛德·罗森柏格（Harold Rosenberg）在其《美国行动派画家》一书中敏锐地观察到抽象表现主义的精神："如果绘画是一个行动，素描是一个行动，在素描之后的绘画是另一个行动"，"这种绘画称为'抽象的'或'表现主义'或'抽象表现主义'，问题通常在行动中揭示"[4]。杜威相信拥有"一个经验"在一定程度上是一

霍夫曼：《门》　　　波洛克：《1948年　　　德·库宁：《女人与
　　　　　　　　　　　第5号作品》　　　　　　自行车》

种自发性行为："艺术作品常常向我们呈现出一种自发性……艺术中的自发性在于对题材的完全吸收。"[5]抽象表现主义画家詹姆斯·布鲁克斯（James Brooks，1906—1992）说："我的工作从即兴创作开始……如果我能努力用即席创作保持平衡，我的工作更有意义，能达到一种特定的完

[1] 翟墨，王端廷.抽象表现主义[M].北京：人民美术出版社，2000：21.

[2] MOTHERWELL R，The New York School. Storming The Citadel[M]. New York： Public Broadcasting System，1991，videocassette.

[3] Art-as-Art： The Selected Writings of Ad Reinhardt[M]. New York： The Viking Press，1975：49.

[4] ROSENBERG H. The Tradition of the New[M]. London： Thames and Hudson：1962，26–27.

[5] 杜威.艺术即经验[M].高建平，译.北京：商务印书馆，2005：76.

满。"[1]当然，波洛克是自发性的典型，波洛克"被赞誉为1911年毕加索和勃拉克的分析立体主义绘画以后最引人注目的绘画空间方面的新发明"[2]的"滴画"（drip painting）技术是一种直接用手滴甩颜料的画法，更充分地体现了自发性的主张。总之，抽象表现主义艺术家既重视艺术中经验的作用，又把经验看作是一个过程、一种行动，这与杜威对经验的阐释是一致的。

二、抽象表现主义对杜威所提出的"艺术表现包含情感"的理论做出积极的呼应

在杜威看来，"艺术的对象是表现的，它起传达作用"，并指出："每一种艺术都由于其表现而传达。艺术使我们能够生动而且深刻地分享其意义，而这在过去没有表达出来，或者只是从听觉直接传递到明显的行动中。"[3]亚历山大称杜威的艺术表现理论是《艺术即经验》中的一个"中心概念"[4]。杜威的表现理论强调：创造性行为不仅必须有情感而且艺术品同样必须体现情感。杜威明确指出情感在作品表现中的重要作用，他说："情感对于产生了一件作品的表现性动作来说是至关重要的。"并指出，情感"被一个思想或景观所点燃"。杜威将创造性行为描述为"当对于题材的刺激深入时，它激发了来自先前经验的态度与意义。它们在被激活以后，就成了有意识的思想与情感，成了情感化的意象……燃料与已经点燃的材料之间的相互作用，精炼而成形的产品出现了"。因此，杜威得出结论：确实，情感必须起作用……没有情感，也许会有工艺，但没有艺术[5]。正如亚历山大对杜威审美经验的分析所指出的：对杜威而言，"审美经验的性质是表现性的"且基于"情感的明确表达"[6]。

---

[1] Motherwell and Reinhardt, Modern Artists in America, 18.

[2] 休斯.新艺术的震撼[M].刘萍君，译.上海：上海人民美术出版社，1989：276.

[3] 杜威.艺术即经验[M].高建平，译.北京：商务印书馆，2005：113，271.

[4] ALEXANDER T M. John Dewey's Theory of Art, Experience and Nature: The Horizons of Feeling[M]. Albany: State University of New York Press, 1987: 185.

[5] 杜威.艺术即经验[M].高建平，译.北京：商务印书馆，2005：69-70，75.

[6] ALEXANDER T M. John Dewey's Theory of Art, Experience and Nature: The Horizons of Feeling[M]. Albany: State University of New York Press, 1987: 213.

德·库宁：《通向河流的门》　　　　戈尔基：《肝是公鸡的鸡冠》

　　杜威强调"艺术表现包含情感"的理念在抽象表现主义中得到了应有的重视。从某种程度上来说，抽象表现主义之所以能自成一派，原因在于它表达了艺术的情感强度。抽象表现主义艺术家重自我表现、情感发泄，绘画中有强烈的笔触和表现性颜色。在抽象表现主义看来，绘画不再是通过形象或形式象征性地表达感情，而是画家感情流泻的直接记录。本顿写道："壁画对我来说是一种情感的狂欢。对较大空间的思考使我处于一种兴奋的思维状态中，这激起了我的力量，加强了世界的颜色……某种无思绪的自由思想抓住我。"[1]波洛克在20世纪50年代提出了符合自己情感的滴洒技术，在接受记者采访时他说："绘画方法是出于需要的自然生长……对我来说，现代艺术家是在表现内心世界——换句话说，是在表达力量本身，表达情感和另外的内在能力……现代艺术家处理的是时间和空间，他表达的是情感而不是图解对象。"[2]几年后，德·库宁在接受记者采访时说："我按照我做的方式绘画，因为我能继续把越来越多的事物，像戏剧、痛苦、愤怒、爱、一个人物、一匹马等放入我的空间观念，通过你的眼睛它成为一种情感或一个观念。"德·库宁还将他著名的《女人体系列》描绘为"情感，他们中的大多数"[3]。罗斯科曾明确指出："我对色彩与形式的关系以及其他的关系并没有兴趣……我唯一感兴趣

纽曼：《合而为一之三》

[1] BETON T H. An Artist in America[J]. New York，1951：255–256.

[2] 迟轲.西方美术理论文选：下册[G]. 南京：江苏教育出版社，2005：635–636.

[3] The Collected Writings of Willem De Kooning[M]. New York： Hanuman Books，1988：167–168.

的是表达人的基本情绪，悲剧的、狂喜的、毁灭的，等等。许多人能在我的画前悲极而泣的事实表明，我的确传达出了人类的基本感情，能在我的画前落泪的人就会有和我在作画时所具有的同样的宗教体验。如果你只是被画上的色彩关系感动的话，你就没有抓住我艺术的核心。"[1]马瑟韦尔观察到"纽约学校不是智力型的，而是强烈的情感型的"[2]。艺术批评家杰克·弗拉姆（Jack Flam）于1991年将抽象表现主义的特征概括为：它是"一种指向强烈情感的艺术，不必解释情感的强度"[3]。

三、伟大的艺术在内容上必须是道德的，这是杜威与抽象表现主义的共同呼吁

杜威的艺术理论根植于他强烈的道德感。在艺术方面，尽管杜威没有给道德下一个精确的定义，但他明确指出真正的艺术在本质上是道德的，"想象力是善的主要工具……艺术比道德更具有道德性"[4]。亚历山大认为："在写关于艺术的书中，杜威呈现了人类生活和行为的一种激进的理论，经验的艺术运用标志着一个不能被忽视的、合理道德和社会理论的原则。"[5]

艺术史学者中有一个共识：抽象表现主义的作品在本质上是道德的和精神的。对抽象表现主义而言，道德的和精神的通常是相互转换的。1997年，美国艺术批评家罗伯特·休斯（Robert Hughes）在纪录片《美国视觉艺术》（*American Visions*）中得出结论："抽象表现主义有它神学的一面，渴望有超越这个世界的先验经验。"休斯以马克·罗斯科为例，认为罗斯科"完全热衷于传达具有宗教意义的抽象艺术"[6]。的确，在罗斯科同代的艺术家中，罗斯科的神秘具有传奇意义，而且他自己也承认"当一个人是

[1] 斯坦戈斯.现代艺术观念[M].侯翰如，译.成都：四川美术出版社，1988：212.

[2] The Collected Writings of Robert Motherwell[M]. New York：Oxford University Press，1992：77.

[3] FLAM J，Motherwell[M]. New York：Rizzoli International Publishing，1991：7.

[4] 杜威.艺术即经验[M].高建平，译.北京：商务印书馆，2005：386.

[5] ALEXANDER T M. John Dewey's Theory of Art, Experience and Nature：The Horizons of Feeling[M]. Albany：State University of New York Press，1987：195-196.

[6] HUGHES R. American Visions：The Empire of Signs, episode 7[M]. New York：Public Broadcasting System，1997，television.

神秘的，他通常必须努力使每一件事都是具体的"[1]。罗斯科的作品一般是由两三个排列着的矩形构成。这些矩形色彩微妙，边缘模糊不清。它们漂浮在整片的彩色底子上，营造出连绵不断的、模棱两可的效果。颜料是被稀释了的，很薄，半透明，相互笼罩和晕染，使得明与暗、灰与亮、冷与暖融为一体，产生某种幻觉的神秘之感。这种形与色的相互关系，象征了一切事物存在的状态，体现了人的感情的行为方式，画家借助它到达了事物的核心。罗斯科非常注重精神的表达。他认为现代人的内心体验没有离开从古至今的传统，因此要表现精神的内涵必须追溯到希腊的文化传统中去，尤其是希腊文明中的悲剧意识，这是最深刻的西方文化之源。在他画出成熟的抽象画之前，他对希腊艺术、罗马艺术投入了较多的关注。从希腊传统中他吸收了希腊悲剧精神中人与自然的冲突、个人与群体的冲突的矛盾状态。在他看来，这些冲突概括了人类生存的基

本顿：《工业》（女子纺织）

布鲁克斯：《不良意图》

本情形。由于罗斯科追求表达的清晰，追求去掉一切与观念无关的东西，他最后发展出了一种全黑的画面，在黑色中找到了和他的悲剧精神完全吻合的形式，而且是不可再约简的形式。莱因哈特也抛弃了他认为是非艺术的一切，同时也抛弃了他认为是非精神的一切，他的思想很明显带有一些东方意蕴。批评家塞茨（William C.Seitz）总结了抽象表现主义的两个明显特征：刚开始是"接近一种神秘的自我消亡的先验的真实"，他们工作的终极目标是追求"现实的真实"[2]。对一些抽象表现主义艺术家来说，道德问题不仅意味着精神，而且是艺术伦理行为的一些形式。莱因哈特评论道，"现在，伦理学和道德问题经常在艺术家的讨论中被提及"[3]。马瑟

[1] BRESLIN J E B. Mark Rothko：A Biography .Chicago：University of Chicago Press，1993：276.

[2] SEITZ W C. Abstract Expressionist Painting in America[M]. Cambridge：Harvard University Press，1983：152.

[3] FLAM J. Motherwell[M]. New York：Rizzoli International Publishing，1991：7.

韦尔在1955年亨特学院艺术课的教学中明显表现出自己对道德的偏见，他的七次讲稿中有两次是讨论"道德与伦理的区别"及"艺术家即伦理的个体"[1]。此外，1962年俱乐部发起一个专门讨论题为"道德和艺术"的小组。

总之，抽象表现主义摒弃了立体主义的过分形式化和理智化，无论是艺术家的思维还是行动上都进行了一连串更新、更激进的大胆探索，主张通过任意的自发行为，以非描绘性的方式作画；以线条、斑点和痕迹表现人的自发冲动，展示创作过程的痕迹以及猛烈的动作效果；利用作画过程中的偶发事件创造意想不到的效果，并以此表现作品和作者之间某种神秘的、不可言传的关系。尽管抽象表现主义绘画并没有统一的纲领和统一的风格，也没有统一的社团，每位画家的艺术都各具特色，但是，他们有着共同的信条和基本的创作法规——即兴的、动态的、非具象的、反形式的、反技巧的、自由的，这和杜威的美学观有着惊人的相似之处，杜威不愧是"抽象表现主义的先驱"[2]。

第二节　联邦艺术计划的行动指南

杜威的艺术观对当时的美国艺术局产生了重要影响。霍尔格·卡西尔（Holger Cahill，1887—1960）在1935年至1943年期间任美国艺术局的主席。卡西尔是一个思想开放的、敏感的现代艺术的传教士，在1932年他出版了《美国民间艺术》（*American Folk Art*）一书，确立了他将艺术视为民族精神表现的一种方式的观点。早在与联邦艺术计划（Federal Art Projects，简称FAP）发生联系之前，他就大力鼓吹政府应当资助美国艺术。担任联邦艺术计划主席后，卡西尔开始将自己的艺术理想付诸实施。

在卡西尔看来，从19世纪中期开始，艺术已逐渐从人们的普通经验中分离而日益成为一种奢侈品，这使得普通人没有机会分享艺术经验。到20世纪20年代后期，许多艺术家、博物馆的负责人、教育家及批评家非常关心这种不正常的现象并做出种种努力，但"受杜威思想影响的进步主义教

---

[1] Motherwell. The Collected Writings of Robert Motherwell，268.

[2] 滕守尧.当代西方著名哲学家评传：第八卷　艺术哲学[M]. 济南：山东人民出版社，1996：81.

育家的努力无疑是最有效的"[1]。1939年10月28日杜威八十岁生日的庆祝会上，卡西尔着重指出杜威的重要作用：杜威的观念已经影响国家每个区域的教师以及无数美国艺术家们的思维方式[2]。

霍尔格·卡西尔

卡西尔在哥伦比亚大学读书时已经研究了杜威的有关理论。在对杜威的回忆中，卡西尔说，"杜威的哲学观念就是把计划转变成行动的一种方式"，并对杜威的哲学观做出如下评价：

对我来说，约翰·杜威的观点，比起我们时代其他任何哲学家来说，可能更多地成为日常行为领域里的行动计划并且相当自由地转化为美国人的普遍感受。这部分由于杜威的观念是合理的、可操作性的，更重要的是因为杜威的观念非常符合美国人的本性……且他们的作者既没有被分开也没有被孤立，而是成为生活、思维及人类社会运动的一个积极的参与者。他的观点也由此而来[3]。

卡西尔1914年夏天第一次聆听杜威的讲座时就非常感兴趣，并渴望有一个能实施杜威理论的机会。1935年卡西尔基于杜威的艺术观建构联邦艺术计划。联邦艺术计划共分为四个部分：美术部分包括壁画、雕塑、架上绘画和版画；实用艺术部分包括招贴、摄影、美国设计索引、工艺美术和舞台布景；教育服务部门包括画廊和艺术中心、艺术教学、研究和信息资料；最后是技术和协调部门。卡西尔特别指出：在FAP的计划中，有两个活动——"美国设计索引"（the Index of American Design）及"社区艺术中心计划"（the Community Art Center Program）完全是"受杜威思想的影响，且得到在杜威的影响下形成的进步主义教育家的帮助"[4]。

[1] CAHILL H. American Resources in the Arts[M] // O'CONNER F V. Art for the Millions.Boston：New York Graphic Society，1973：39.

[2] CAHILL H. American Resources in the Arts[M] // O'CONNER F V. Art for the Millions.Boston：New York Graphic Society，1973：39.

[3] CAHILL H. American Resources in the Arts[M] // O'CONNER F V. Art for the Millions.Boston：New York Graphic Society，1973：33.

[4] CAHILL H. American Resources in the Arts[M] // O'CONNER F V. Art for the Millions.Boston：New York Graphic Society，1973：39–41.

从1935年秋季开始，FAP着手"美国设计索引"的工作。这是根据大量的美洲原始艺术材料认真编写的，诸如古老的经盐釉陶器制作方法等，记录了美国从早期殖民地时期到19世纪结束时在艺术方面的遗产，旨在努力恢复美国过去在装饰艺术、民间艺术及流行艺术方面所取得的成绩，从而唤醒美国人对美国过去艺术一种现实的、生动的理解。设计索引将视觉艺术从局限于绘画、雕塑和版画复制方面的内容扩展到表现人们日常生活所有实用的、装饰性的艺术内

正在工作着的"美国设计索引"艺术家

容，包括从一个茶杯的形状到一个城市的建筑。从1935年到1939年有350多个来自美国各地的艺术家参与了这项工作，做出一万多张图片并编撰了关于美国设计方面的大量参考书。FAP旨在通过图书馆、博物馆、学校，使学生、教师、研究人员以及普通公众都有机会接近这些材料，从而熟悉美国文化模式的重要阶段。"美国设计索引"重在恢复美国人在疯狂追求欧洲及亚洲艺术时一种已经被遗忘的、丰富的美国设计遗产，实际上是一本美国本土自然文化的记录。在数百名不知名的、地位卑下的工匠的绘画作品中，"美国设计索引"揭示了审美经验与美国日常职业之间的连续性，这与杜威艺术哲学的任务是"恢复审美经验与日常生活经验之间的连续性"的观念完全吻合。"美国设计索引"在材料上所显示出来的贯穿整个国家的热情和惊奇，揭示了人民对普通艺术的深切领悟，人民似乎已意识到这些艺术与他们的民主生活非常接近，这体现了杜威的"艺术促进民主"等理念。

"美州设计索引"艺术家制作的纺织物

"美州设计索引"艺术家制作的花瓶

"美州设计索引"艺术家制作的战鼓

"美州设计索引"艺术家制作的被子

"社区艺术中心计划"是把富有经验的艺术家派往大城市的各个贫民区以及文化不发达的每个地区，在那里开展艺术教育活动，使每个社区的

成员、社区的任何团体能有机会分享艺术经验。"社区艺术中心计划"的关键观念是积极参与、做与分享，而不只是被动地看，正如在任何一个领域真正的学习只有通过做才能达成，这点在需要脑、手、眼协调的视觉艺术方面也一样。因此，"社区艺术中心计划"强调"从做中学"。每个艺术中心是社区生活的一部分，它充当社区生活的一个中心，在那儿，业余爱好者可以和专业人士共同分享他们丰富的创造性表现经验。它提供一种集工作室、画廊及演讲室等于一体的友好相遇场地，从而实现艺术、活动与日常生活对象的统一。"社区艺术中心"既有本地的艺术展览，也有国家的艺术展览。社区的每一个成员可以根据个体的爱好和技能参与不同年龄团体的绘画、雕塑、手工等各种艺术活动。此外，"社区艺术中心"也考虑社区成员的共同利益问题，如房屋的建筑、园林的建设、城镇的规划、房子的装修及家具的制作。所做的每一种努力是使社区中心满足当地人的需要及兴趣。满足社区的需要当然是重要的，但最重要的是社区成员的合作学习及分享贯穿整个艺术中心活动中的精神。"社区艺术中心"大大激励了全民参与艺术的兴趣，遵循与实践着杜威的"艺术促进沟通""为生活而艺术""艺术是一个组织起来的社群有意味生活的一部分"[1]等相关的美学理念。

社区艺术中心：Gold Beach

总之，在卡西尔眼里，联邦艺术计划的目的就是"达到艺术与社会日常生活的结合"[2]，而杜威的艺术观则是卡西尔指导联邦艺术计划工作的理论依据。此外，一批年轻的艺术家，如阿什尔·戈尔基（Arshile Gorky）、杰克逊·波洛克、威廉·巴兹奥特斯（William Baziotes）、马克·罗斯科、巴尼特·纽曼、阿道夫·戈特利布（Adolph Gottlieb）、菲利普·古斯顿和詹姆斯·布鲁克斯等，也在当时的联邦艺术局工作，这使得

Salem社区艺术中心

---

[1] 杜威.艺术即经验[M].高建平，译.北京：商务印书馆，2005：5.

[2] O'CONNOR F V, Catalogue of an Exhibition[M] // Federal Art Patronage: 1933–1943. University of Maryland Art Gallery, College Park, Md., 1966: 29.

"杜威和他的学生及其追随者们"在发展美国艺术的资源中起到了重要的作用"[1]。

第三节　当代美国艺术教育的奠基人

1986年，美国联邦教育部助理部长塞尼斯（Sthenis）在总结杜威教育思想对美国当时教育界的影响时是这样评价的：杜威教育思想至今在美国仍有很大影响，在不同时期都有其门徒，尤其是大学教育学院、公立学校，在很大程度上接受杜威的教育思想[2]。我国赵祥麟教授也指出："西方现代教育思潮虽然派别众多，但所论述的问题，总与杜威的教育理论交织在一起，或者是杜威挑起的。"[3]的确，最近几十年，杜威教育思想中一些基本的、重要的观点及理念不仅纷纷受到关注，并且越来越被这样或那样地经过"改造"和"整合"而融合到当代西方一些新的教育和教学理论中。例如，西方当代的人本主义学习理论强调以人为本；强调学习是个人潜能的充分发展，是人格的发展，是自我的发展；强调学习要以个体的积极参与和投入为特征，应该是一种自主、自觉的学习；强调让学习者自由地去实现自己的潜能，获得自己更充分的发展等。而当今的建构主义学习理论则认为，知识是认知主体建构的结果，因而教学应以学生为中心，不仅要求学生由外部刺激的被动接受者和知识的灌输对象转变为信息加工的主体、知识意义的主动建构者，而且要求教师由知识的传播者、灌输者转变为学生主动建构意义的指导者、帮助者、促进者，等等。尽管人本主义学习理论或建构主义学习理论和杜威教育理论在哲学基础和心理学基础上有所不同，但它们所关注的教育问题和强调的教育观点或主张，却有许多共同或相通之处。如人本主义学习理论或建构主义学习理论和杜威的教育理论都强调教育即生长，教育要以儿童为中心，应重视儿童在现实生活中生存、生长和发展的意义；强调学生的直接经验，认为教育是经验的不断

[1]　CAHILL H. American Resources in the Arts[M] // O'CONNER F V. Art for the Millions. Boston：New York Graphic Society，1973：37.

[2]　目前美国教育界对杜威教育思想的评价[J]. 教育情报参考，1986（19）：2-3.

[3]　赵祥麟.外国教育家评传：第 2 卷[M].上海：上海教育出版社，1992：495.

改造；主张从做中学，要求让学生在自我经验的基础上自主地去获得和构建知识、技能与人格发展，认为真正的知识技能只有在学习者积极主动参与的过程中才能获得；强调教育和教学应尊重学生的兴趣、需要和动机；极力主张要重视学生在教学活动中的主体地位和民主平等的师生关系等。而且，从某种意义上说，正是通过诸如人本主义学习理论和建构主义学习理论等对杜威教育理论的"汲取"与"整合"，既激活了杜威的教育理论，也促进了美国现当代教育理论的发展。杜威对美国当代艺术教育的影响也无处不在。

这是美国一年级小朋友的绘画专业，老师要求的题材是一样的，但表现手法是由每个小朋友发挥的。

一、抽象表现主义艺术家直接影响当时学校的艺术教育

抽象表现主义的一些艺术家当时在一些学校从事兼职或全职工作，这直接影响着学校艺术教育的发展。如罗斯科将近20年（1926—1946）一直在布鲁克林犹太人的中心学院（Brooklyn Jewish Center Academy）教孩子们绘画。这所学校虽然是殖民地时期的房子，却是一所进步学校，学校的全体职员几乎都将"杜威视为神"，学校的教学理念完全基于杜威的进步教育理论。在罗斯科的日记中有这样的记录："进步学校是自由主义的象征""进步教育是自由主义的表现"。罗斯科的艺术课反映了杜威所倡导的情感理念。据罗斯科的一个学生回忆说，罗斯科的艺术课是"相当自由奔放的"。罗斯科觉得自己的作用就是对学生的"刺激……情感刺激"[1]。此外，马瑟韦尔与当时三位著名的画家威廉·巴齐奥蒂（William Baziotes）、纽曼及罗斯科于1948年创办了一所艺术学校；莱因哈特曾在布鲁克和享特学院从事过东方艺术的教学。据说，一些重要的抽象表现主义艺术家在他们的作品有市场之前也在大学任教艺术课，这些大学包括黑山学院（Black Mountain College）、耶鲁大学（Yale University）等。此外，抽象表现主义艺术家的作品如果不是直接地影响学校的艺术教学，至少增强了杜威的观念。如1997年《学校教师和管理人员》学术杂志的一幅漫画很好

---

[1]　ROTHKO M. The Scribble Book[M] // Archives of American Art. Washington，D.C.：Smithsonian，late 1930s.

地说明了这个观点：幼儿园的一个小孩用一团颜料以抽象表现主义的方式在一张帆布上画了一幅看起来没有完成的画，这完全是自发的，没有束缚一个年幼儿童的思维，也不是叙事的或绘画的再现[1]。

二、杜威实验学校所倡导的艺术教学理念在不同的程度上被美国艺术教育的各种活动所吸收

20世纪20年代，进步主义教育家哈罗尔德·鲁格（Harold Rugg）和安·舒马克（Ann Shumaker）声称杜威是他们所写的《儿童中心学校》一书的先驱。尽管鲁格和舒马克所倡导的理念与杜威的理念有所差异：杜威把学校看作是一个通过集体活动既强调个体成长又关注合作群体的学习共同体，倡导的是一种与其周围生活保持密切联系的学校，一种为学生理解社会、理性地生活在其中、使社会符合某种更美化的生活愿望而转变的学校；而鲁格和舒马克所倡导的却是把儿童从被认为阻碍个性发展的社会和心理压力下解放出来的学校，用鲁格和舒马克的话说："压抑的盖子要在人的童年时代打开，这样他就有可能最终实现自我完善的人生目标。"但鲁格、舒马克与杜威都倡导艺术教育的关键应是"鼓励创造性的自我表现"[2]。

艾夫兰（Arthur D. Elfand）在对美国20世纪40年代到60年代艺术教育的研究中发现，1945年至1960年期间所使用的艺术教科书"都在某种程度上追随进步主义教育理想和生活调节目标"[3]。罗恩菲尔德（V.Lowenfeld）于1947年所写的《创造力和心智的成长》一书，是第二次世界大战后美国最有影响的艺术教育方面的教科书[4]。在《创造力与心智的成长》中，罗恩菲尔德的艺术教育思想主要体现在独特的儿童艺术观中。在他看来，艺术

这是美国一名中学生的作业，这位学生运用了雕塑和绘画的混合（那只脚是3维的），请不要嘲笑它的幼稚，鼓励学生的任何构思是美国老师的惯常做法

[1]　Phi Delta Kappan 78，no. 5（January 1997）：353.

[2]　艾夫兰.西方艺术教育史[M].邢莉，常宁生，译.成都：四川人民出版社，2000：252.

[3]　艾夫兰.西方艺术教育史[M].邢莉，常宁生，译.成都：四川人民出版社，2000：297.

[4]　艾夫兰.西方艺术教育史[M].邢莉，常宁生，译.成都：四川人民出版社，2000：305.

是表达思想的"语言"。随着儿童的成长，他的表达方式也会随之改变。儿童的艺术创作是一种创造性的自我表现；学校艺术教育的重心不是培养艺术家，而是指导儿童尽力发挥他们的创造性；艺术教育是促进儿童心智健康成长的有效手段。因此，教育的过程必须顺应学生自然的发展，不能以成人的标准来看待学生，教师亦不应以任何外在的因素干扰学生适应性的发展；学生学习的过程远比学习的成果重要，艺术教育的主要目标是促进学生创造性的发展。罗恩菲尔德的艺术教育思想实际上是对杜威艺术教育的核心理念——艺术是儿童"创造性自我表现"的继承和发展。福尔克纳、齐格菲尔德和希尔于1941年合著的《今日艺术》是当时中等学校普遍使用的艺术教材，它注重培养解决问题的能力和为未来生活做准备。凯因兹和赖利于1949年合著的《探究艺术》，则重视健全的个性发展、健康的审美趣味的养成，以及与"生活相适应的日常用品制作能力的培养"。总之，美国中小学在20世纪40年代到60年代期间所使用的几本主要的艺术教科书，其理论无疑都根植于杜威的美育思想。20世纪六七十年代后期美国流行"教育中的艺术"（Arts-in-Education）活动，倡导艺术即在参与艺术的过程中拥有"一个经验"[1]，这也是杜威"艺术即经验"中的核心概念。

这是一组以埃及风格为主题的作业，色彩风格不能变，但画什么由学生自己选择

自20世纪80年代以来，美国最著名的发展心理学霍华德·加德纳（Howard Gardner，1943— ）于1983年提出的多元智能理论[2]已深深地

---

[1] ELFAND A D, A History of Art Education：Intellectual and Social Currents in Teaching Visual Arts[M]. New York：Teachers College Press，1990：244-245.

[2] 霍华德·加德纳是国际上享有盛誉的心理学家和教育学家，他被各国教育学、心理学界誉为"哥白尼式的革命"。在他的理论中，智能被划分为八种：语言智能，诗人、律师都充分运用了语言智能；数理逻辑智能，科学家主要运用这种智能来处理工作；音乐智能；空间智能；肢体运动智能，运动员就运用此种智能；人际关系智能，主要是对他人情绪、情感方面的理解，政治家、销售员、教师都较多地运用它；自省智能；自然观察智能。加德纳强调，每个人都具有这八种智能的可能性，这八种智能在每个人身上都会表现出不同的形态。

影响着全世界的教育理念与实践。早在20世纪70年代，加德纳就开始关注艺术与人的发展关系，他假定：在生物体出世时就有独立存在并出现在生命全过程中的三个系统：制作、知觉、感受系统。制作系统产生行动或行为，涉及生物体得以进行动作的设计；知觉系统的结果是识别或区分，涉及生物体对之产生感受的环境特征；感受系统的结果是情感，涉及生物体的现象经验或主观经验。所谓发展就是这三个原本分立的系统逐渐相互影响、相互包含的过程。在阅读加德纳关于艺术方面的论述时，可以发现加德纳与杜威的许多相似之处。首先，加德纳是"儿童艺术家"观点的支

从幼儿园起，美国的孩子就开始接触手工了。这是美国低年级小朋友以纺织品为材料做成的作品

持者，这与杜威的理念是相通的。在加德纳看来，儿童具备了艺术家的某些特点，他们很小就在某种程度上参与到审美过程中。儿童开始使用符号时，只是把它们当作具有一般意义的对象来处理，然后他们会逐渐理解各种系统的特定特质及相互关系。当儿童能够运用某一符号系统后，他的自我意识、组织力与倾向力就大大提高了。其次，加德纳重视儿童参与艺术的过程及实践从本质上说与杜威"从做中学"的理念是一致的。加德纳认为，符号系统的发展原则与知觉、感受、制作三个发展系统所遵循的原则是相同的。他指出："发展系统的功能原则是延续的，而功能所发生在其中的领域则是非延续的。"[1]形式感与平衡感本来是早期制作与知觉的特征，后来却被转移到符号运用过程中，并使多数儿童作品中具有了明显的审美特质。随着符号系统的发展，儿童的识别、知觉与感受活动越来越熟练，并开始理解审美对象的形式特质。儿童在符号运用阶段已经从两方面成为艺术过程的参与者。一方面，在对自己作品与他人作品的知觉能力中，儿童表现出了对艺术形式方面的敏感性。另一方面，儿童实现了审美循环过程中的三种角色：欣赏者、创作者与表演者。所谓表演者是指儿童具备了把他人作品的某方面传达给欣赏者的能力。加德纳认为儿童生活中起关键作用的是艺术的过程

---

[1]　加德纳.艺术与人的发展[M].兰金仁，译.北京：光明日报出版社，1988：228.

与实践，儿童艺术的质量并不重要。因此，加德纳反对成人对儿童的艺术活动进行干涉。可以说，在这方面，加德纳简直是杜威的忠实信徒。

三、美国当代艺术教育的实践体现了杜威美育思想的基本精神

与其他学科相比，当代美国中小学的艺术教科书没有统一的标准。教艺术的专家和任课教师在训练、承担义务和抱负方面是有很大差异的。艺术活动的组织也很不一样，从课堂、艺术室、学校礼堂到博物馆、歌剧院、露天剧场。由于对测验分数、作品和认知技能的要求不高，因此教师有利用自己的教学资源、个人教育信念及想象力的空间。同时，教师也可以利用一些风俗进行教学。当代美国中小学艺术教育有视觉艺术、音乐、舞蹈、戏剧等多种形式，但根据教学内容、教学方法及评估实践，课堂教学中真正的艺术教育可以分为明显的三种取向，每一种取向都有一套关于艺术性质的教育信念并有自己明显的教育目标。三种艺术教育的取向分别是：特别适用于年幼儿童和小学低年级的较少干预取向；从低年级到高年级都比较普遍的产品取向；由艺术专家或有渊博艺术知识的教师任教的指导—探究取向[1]。

较少干预取向的艺术教育。
这种取向的特点是：教学任务是开放式的，学生自由从事、探究个人计划。在课堂上教师尊重孩子，呵护孩子，并及时为需要帮助的孩子提供服务。教师的教育信念是：尊重孩子的独立性和艺术作品的所有权，教师为学生的首创精神、自动性和独立性思维而感到自豪。教师认为：这是孩子们自己的艺术计划，课堂上期待孩子们去完成自己的计划，

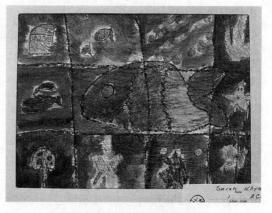

这是二年级小朋友所画的画，其色彩与构图值得称赞！

孩子们完全可以按照自己的想法做任何他们想做的事。一般在每次上课的前几天教师就会告诉学生，可以带他们想要的、喜欢的任何艺术材料来。教师在课前也准备一些相关的材料。如在二年级一节制作圣诞树的艺术课

---

[1] 肖晓玛.美国中小学艺术教育的三个层次[J].外国中小学艺术教育，2007（3）：53-55.

上，教师会带一些纱线、棉花球、装饰用的小发光物、剪刀、松球及其他材料。在正式上课时，教师把全班孩子分成几组，各组的孩子可以充分利用教师和自己带来的材料认真制作，如：可以用纱线和松果做一个树干；可以把松果粘到报纸上；可以把小的发光物贴在卡片上；可以用纸叠成一盏漂亮的灯……课堂上孩子们可以随意走动看其他人正在做什么。教师不时去看看各组的

这是由一名高中生用照片切割成细条重新编起来的作品，视觉效果非常有趣！

制作，问问学生是否需要帮助，并不断称赞学生的作品。较少干预的方法在没有什么压力的课堂中扮演重要的角色。这种方法在视觉艺术中用得最多。视觉艺术是多种多样的，从有计划的节日装饰到有独到见解的观念及华丽的灯、计算器、雕塑等制作精巧的物品。这种取向偶尔也在舞蹈课或音乐活动中体现出来。尤其是涉及个体和团体活动的舞蹈课，没有教师的控制和评价，孩子们的行为是积极的、主动的，他们随着音乐的节奏和曲调翩翩起舞，这些活动使孩子们在激动的、愉悦的心情中得到彻底放松，教师们认为这些活动都是合理的、有益的艺术教育。

产品取向的艺术教育。产品取向的艺术教育在很多艺术课堂中都得到体现，尤其涉及为即将到来的活动学习新的歌曲、排练舞蹈、排练滑稽短剧等。在视觉艺术中，这种方法在组织有序的创造性活动中得到体现，如感恩节的火鸡、圣瓦伦丁节赠送给情人的礼物、母亲节玫瑰花等作品的制作。产品取向主要是为了娱乐和配合学校的有关节假日。音乐、戏剧和舞蹈是有关节假日表演的常规内容。此外，还包括一些有纪念意义的节目，尤其强调与节假日有关的一些熟悉歌曲，如《铃儿响叮当》《一闪、一闪，小星星》等。排练和表演关注的主要是节奏、发音、外形等基础方面的因素，很少考虑表现、形式等审美因素。视觉艺术通常还考虑节假日时对学校礼堂、健身房、走廊、校长办公室、公告牌及课室的装饰。在这些活动中，可以说"艺术制作"是高度结构化和高度惯例化的，比如：不管是舞蹈还是剧场中，对火鸡的剪切如同切南瓜片一样都是按同样的规格在剪。产品取向与较少干预取向完全不同。这种取向是教师规定的，其目标是模仿一个"模式"，不管是教师的艺术作品、一首歌或一个剧本，很少

有学生的想象力、创造性和经验。教师担任的是导演角色：建议有关活动，呈现一个实实在在的模式，并严格指导和监督。但教师与导演的眼光和目标又不一样，教师的全部目标在表演的技巧上，很少有表演者自己的艺术表现。不管是跳舞还是涂颜色，这些任务的目标不是激起表演者或观众的审美意识和审美知识，事实上，强调的是远离创造和不涉及表现本身的纯粹表演。

指导—探究取向的艺术教育。请看以下的一个课例：一个炎热的夏天，一名一年级的教师带了两束整理好的颜色、质地和形状都不一样的鲜花来到课室。教师把花放在黑板上，用蓝色的纸做背景，并在花的旁边放了

让学生重新创作世界名画，这是美国许多学校在初中和高中都反复出现的作业。这组是初中生的作业，用彩色和黑白来分别注解这些名画

一块粉红色的布形成对照。教师站在黑板旁边，鼓励孩子看花的形状和颜色，在此基础上去领悟和理解，然后去"再创造"。教师边鼓励学生观察边加以引导："这节课我们尝试在纸上把这些花看起来的样子画出来。现在我们正在和这些花对话，我们想把这些花画得比花本身看起来更漂亮。我带来的是两束正在枯萎的郁金香，但今天我想让你们画一幅春天的图画。希望你们能让这些郁金香看起来更富有生气，可以吗？你们可以用明亮的颜色。你们都是艺术家，因此可以改变自己周围的颜色，可以尽自己所能画出小花的颜色和形状。现在要记住的是，重要的不是要画出每一朵花，而是创造性地安排自己要画的花，画出自己想要的花而忽略自己不喜欢的花。"这节课教师运用审美观念为学生提供指导，引导学生对审美性质如动态、形式及平衡的敏感性，这就是指导—探究取向的艺术教育。与前两种要么是自动的要么是给予的取向不同，指导—探究取向要求深入细致的教学，对学生而言，需要努力、全神贯注、有意想象和创造性思维。

无论是在画、涂、唱或跳中，处理材料的技巧和技能是同样重要的。尽管有即席演奏或演唱，自发性的行为或个人偏爱，但必须是有意识的。技能的获得被看作是传达审美观念的工具：颜色、形状和平衡是设计绘画的中心。教学意味着评价，如对学生技术上的、形式上的及表现质量的反馈。所有的艺术都能体现审美的例子，在音乐方面，如让幼儿园的孩子们随着节奏唱，在手鼓上轻拍，在房间行军，精神饱满的、有强烈感染力的音乐似乎能被不同听力障碍的孩子领会。通常，从事指导—探究取向教学的教师是艺术方面的专家或是有渊博艺术知识背景的人。

以上三种取向反映了教师的教育选择：对孩子来说，什么是值得教的和最重要的？哪种教学最适合孩子的学习？怎样才能最好地为孩子组织学习资源和学习机会？较少干预取向更多地用于年幼孩子的教学中，它的主要特征是：开放式的任务，鼓励学生自己选择材料，没有批判的氛围；教师强调教育目标的创造性、自我表现和独立性。产品取向强调有组织的活动，这些活动的责任及训练作用与学校的需要融为一体。在产品取向的艺术教育中，艺术被看作是手工艺和娱乐的结合，体现的是文化符号的传授，为孩子们提供一些机会去表演、唱歌、跳舞，从而获得眼和手的协调、灵巧和精确。指导—探究取向关注的是以审美原则为核心，并结合了认知和情感的因素。在指导—探究取向中，为了使孩子学习艺术并取得进步，需要一些特别的指导。在学习过程中，重要的是从给予的物质材料中引发出艺术的一些特性并适当限制艺术的内容。这种取向最适合对多种模式的艺术作品进行定性思维的专题艺术教育。以上三种取向在今天的美国艺术课堂中相当普遍，美国艺术教师们在不同的取向间感到紧张，这部分原因是由于有些教师在学校的整个压力和过度机械化的学校教育中似乎备感受挫，此外，教师经常感到自己艺术知识的匮乏也是影响他们对艺术教育进行选择的又一个因素。但不难发现，这三种目标取向都在某种程度上体现了杜威的美育思想理论。较少干预的课程取向遵循的是杜威所倡导的儿童中心教学，强调儿童有操纵物质材料的天然兴趣和欲望，认为发展是一个呈现的过程，为了达到个体成熟的美感教育应该顺应每个孩子的自然本性；强调孩子与环境的相互作用及在环境中训练孩子心智需要的自由。产品取向的艺术教育使我们想起了杜威学校中倡导孩子们制作与生活需要息息相关的"艺术作业"。指导—探究取向是杜威教学中一直强调的，杜威强调儿童是教学的中心，也反复指出教师的有效指导是学生学习的前提，学生的艺术作品是学生个体与环境相互作用的结果，这既发挥了教师的指导作用，又重视学生的自由探究。

回顾杜威时代及杜威之后美国艺术教育理论的发展及实践，不难发现：无论是美国艺术教育的理论界还是实践界都在某种程度上秉承了杜威的审美理论，从杜威的美学理论与教育思想中汲取营养。可以毫不夸张地说，杜威奠定了美国当代艺术教育的基础。

第六章　杜威美育思想在我国的传播与影响

第一节　杜威美育思想在我国现代的传播与影响

一、杜威美育思想在我国现代的传播

杜威的教育思想早在20世纪初已开始在我国传播了。蔡元培1912年2月在《对于新教育之意见》一文中首次向人们推荐了杜威及其实用主义教育。蔡元培在论述实用主义教育时介绍说："此其说创于美洲，而近亦盛行于欧陆"，"今日美洲之杜威派，则纯持实用主义者也"。此后，蔡元培于1915年在巴拿马万国教育会议上提交的《一九〇〇年以来教育之进步》报告、1918年在天津中华书局直隶全省小学会议欢迎会上演说《新教育与旧教育之歧点》中，再次向人们介绍了杜威实用主义教育思想。蔡元培于1919年3月在北京青年会演说《贫儿院与贫儿教育的关系》时，甚至鼓励人们"试试杜威博士的新主义"。当时的一些报刊上也有关于杜威教育思想的介绍，如1917年商务印书馆的《教育杂志》发表过《台威[1]氏之教育哲学》《台威氏明日学校》等文章；1918年又发表《今后之学校》的连载，系摘译杜威与伊夫琳·杜威合著的《明日之学校》等。1918年陶行知发表的《试验主义教育方法》一文，高度赞扬杜威和詹姆斯的教育思想。

1919年杜威来华前夕，许多知识分子更是大力宣传杜威的教育思想。陶行知在3月31日的《时报·教育周刊·世界教育新思潮》上发表了《介绍杜威先生的教育学说》。胡适在北大和南京高师先后做了四场演讲，介绍杜威的实用主义思想，其中在江苏省教育会讲演《实验主义》时，到会听讲的有一千余人。4月，《新教育》第1卷第3期刊了"杜威专号"。"杜威

---

[1]　台威指的是杜威。

专号"主要通过登载以下内容全面介绍杜威的哲学及教育观：《杜威先生传略》；杜威照片、杜威偕夫人参观上海申报馆照片；胡适撰写的《杜威哲学的根本观念》《杜威的教育哲学》及在江苏省教育会的讲演《实验主义》；蒋梦麟的《杜威之伦理学》和《杜威之道德教育》；刘经庶（伯明）的《杜威之伦理学》；朱进的《教育与社会》；《记杜威博士的讲演大要：平民主义、平民主义的教育、平民主义教育的办法》等。其他许多刊物也成了介绍杜威教育思想的重要阵地，如浙江的《教育潮》，北京的《晨报》副刊，上海的《时事新报》副刊《学灯》以及《民国日报》副刊《觉悟》等。通过大规模的宣传与介绍，杜威来华前已掀起了"杜威热"，杜威教育思想的广泛传播已依稀可见。

1919年5月参观上海申报馆时与陶行知等合影
前排右起：杜威、杜威夫人艾丽丝、史量才
后排右起：张作平、陶行知、蒋梦麟、胡适

杜威（前右四）与南京少年中国学会会员合影

　　杜威于1919年4月30日偕其夫人艾丽丝与小女儿罗茜（Lucy Dewey）抵达上海，1921年7月11日离京回国。杜威在我国停留的两年多时间里，其教育思想在我国的传播推向了高潮。杜威本人在我国14个省市所做的200多次演讲，深受中国人的普遍欢迎。如，1919年5月2日和3日在江苏教育会会场所做的两场《平民主义的教育》演讲，尽管是湿漉漉的梅雨天气，依旧有千余青年冒雨赶来，"座为之满，后来者咸环立两旁"[1]。从1919年6月8日开始，杜威先后在北京西城手帕胡同教育部礼堂、清华大学、北京高等师范学校等地做了16次社会与政治哲学讲演，16次教育哲学讲演，15次伦理学讲演，8次思维类型讲演，3次关于詹姆士、柏格森和罗素的讲演。这58次讲演分别发表在《晨报》《新潮》等报纸杂志上。杜威在北京演讲时，尽管是处于"五四运动"的非常时期，但北京学生依旧蜂拥而动

---

[1] 晨报[N].1919年5月4日.

聆听杜威的演讲，"座为之满，后到者咸环立两旁"且"均先期而至"，以求占一个位置，而演讲过程中观众鸦雀无声，"肃然静听"[1]。总之，杜威在华的演讲使其教育思想深入人心。江苏教育会的贾丰臻说，"按博士之言，真是至情入理"[2]。这也是当年教育界的普遍观感。"教育即生活""学校即社会""从做中学"等成为教育界许多人士的时髦话语。杜威的讲演一时洛阳纸贵，被京、沪等各地的报纸杂志竞相登载。如1919年江苏省立第二师范学校（上海）新学社编印了《杜威在华演讲集》；杜威在北京的系统讲演汇成《杜威五大讲演》由北京晨报社出版，在杜威离华之前重版了10次，每版的印数都是1万册，在当时产生了轰动效应；在南京的讲演汇成《杜威三大讲演》由上海泰东图书公司出版；在福建的讲演，由福建省教育厅于1920年编为《杜威在福建的演讲》[3]。此外，郭智方、张念祖、金海观、倪文宙根据杜威在南京高师讲授教育哲学时的笔记编成《杜威教育哲学》，常道直根据杜威在北京高师讲授教育哲学时做的英文笔记译成《平民主义与教育》，均于1922年由商务印书馆出版。"教育即生活""学校即社会""从做中学""儿童中心"等文字，在各类出版物中随处可见。杜威相关教育论著的出版更是促进了其教育思想的广泛传播。1919年5月、6月商务印书馆的《教育杂志》连载真常的译文《教育上之民主主义》，系移译杜威《民主主义与教育》第七章《教育中的民主概念》；6月《新育潮》发表杨贤江转译吉田熊次记录杜威在日本的讲演《理科教授之目的》的译文；6月的《新中国》杂志又发表了胡适的《杜威之道德教育》一文；北京高等师范学校1919年第1集的《教育丛刊》刊出了王文培的论文《杜威博士对于实业教育之意见》，陈兼善译的《杜威学校与社会之进步》和夏宇众译的《杜威学说之实地试验》。温州的"永嘉新学会"1919年第1期的《新学报》也发表了许文锦的《杜威教育的观念》一文。1920年10月《中华教育界》发表《杜威的试验学校》和《杜威教育哲学讲演大纲》，12月又登载了《杜威论工业教育在德谟克拉西的需要》的译文。在杜威离华前夕，胡适做了《杜威先生与中国》的讲演，并发表在1921年7月的《东方杂志》上；同年秋季，胡适在北大还开设了"杜威著作

---

[1]　晨报[N].1919年6月9日，11日，13日.

[2]　贾丰臻.聆听杜威博士讲演教育者之天职赘言[J].教育杂志，1920（12）：6.

[3]　后人津津乐道的"五大演讲"，仅仅是指杜威在北京期间的演讲.

选读"课。尤其值得一提的是，杜威曾于1921年3月6日在北京高等美术讲演会上做过《论中国美术》的讲演。在此演讲中，杜威认为中国美术在世界美术史上占有很重要、很荣耀的地位，中国研究美术的人应注意保存古代的美术品，并要唤起学生及一般人保护美术的注意，

北京大学1920年10月17日授予杜威名誉博士学位
典礼后纪念摄影。杜威（前排右三）

还应该用科学的方法去研究进步改良之道。他还认为：美术本身有价值，此外，还有实用的价值[1]。

　　杜威离华后，《中华教育界》1922年10月刊出了《杜威之教育学说》和《读杜威〈平民主义与教育〉后的几个疑问》；1930年4月《教育杂志》上发表了杜佐周的《杜威与现代小学教育》，5月，发表了郑宗海（晓沧）的《杜威博士治学的精神及其教育学说的影响》；同年，郑宗海在《儿童教育》第2卷第6期上还发表了《杜威博士教育学说的应用》一文；1930年12月《教育杂志》译载了杜威1928年写的《进步的教育与教育之科学》；1935年《儿童教育》第25卷第4期上发表了章育力译杜威1934年写的《教育的哲学基础》；等等。

　　杜威的重要教育著作在我国20世纪20—40年代陆续翻译出版，担任翻译的人员主要是正在国内从事教育工作的归国留美学生或其他教育工作者。如《我的教育信条》（1897）（郑晓沧译：《杜威氏之教育主义》，《新教育》1919年第1卷第2期）；《学校与社会》（1899）（刘衡如译，中华书局1935年版）；《儿童与课程》（1902）（郑晓沧译：《儿童与教材》，中华书局1922年版）；《我们如何思维》（1910）（刘伯明译：《思维术》，中华书局1929年版，1933年第2版；孟宪承、俞庆棠译：《思维与教学》，商务印书馆1936年版；另有南京高等师范学校1918年译本，中华书局1921年译本，世界书局1935年译本）；《明日之学校》（1915）（朱经农、潘梓年译，商务印书馆1923年版）；《民主主义与教

[1]　晨报[N].1921年3月6日.

育》（1916）（常道直译：《平民主义与教育》，商务印书馆1923年9月初版；也有邹恩泽译、陶行知校：《民本主义与教育》，商务印书馆1928年版；还有"万友文库"本5册，1929年版）；《教育上的兴味与努力》（1913）（张裕卿、杨伟文译，商务印书馆1923年10月初版）；《德育问题》（张铭鼎译，商务印书馆1930年2月初版，另有中华书局1921年译本）；《教育科学之源泉》（1929）（张岱年、傅继良译，天津人文书店1932年版；也有丘瑾璋译述：《教育科学之资源》，商务印书馆1935年10月版；另有北平人文书店1932年译本）；《经验与教育》（1938）（李相勖、阮春芳译，文通书局1941年版：李培囿译，正中书局1943年版）。1940年拉特纳编辑杜威的《我的教育信条》以及其他5篇论文，集为《今日教育》（董时光译，商务印书馆1946年版）等。

通过杜威来华的演讲及其演讲词的广泛流传，以及杜威相关著作的大量出版，20世纪20—40年代，杜威教育思想在我国的传播热潮达到了顶峰，其教育思想一直是我国"新教育"的主导思想，我国学者对杜威的教育思想及其对我国教育的影响主要采取了肯定的态度和积极的评价。

二、杜威美育思想对我国现代美育的影响

（一）与"新学制"相呼应的"音乐、美术课程标准纲要"体现了杜威的美育思想

随着杜威教育思想在我国的传播，杜威的教育思想对当时的我国教育产生了不小的震动，杜威的名字在我国教育界几乎是家喻户晓。胡适曾说，自从中国和西洋文化接触以来，没有一个外国学者在中国思想界的影响像杜威这样大。北京大学教授吴俊升在《增订杜威教授年谱》中说，中国教育所受外国学者影响之广泛与深远，以杜威为第一人，杜威所给予国外教育影响之巨大，也以中国为第一国。在杜威的影响下，美国的"六三三制"、课程、教材和教学方法，包括设计教学法、道尔顿制等在我国被大量介绍；北京、南京、苏州、上海等地以杜威的教育思想为指导，纷纷办起了"实验学校"，南京高等师范学校的实验学校还命名为

"杜威学校"[1]；有些高等学校把杜威的《民主主义与教育》作为教育哲学课程的教科书。就杜威对我国20世纪二三十年代艺术教育的影响而言，主要体现在根据1922年颁布的新学制所制定的音乐、美术课程纲要上。

1919年秋南京高师附小创立"设计教学法"，　　这是"设计教学"的分组设计课
这是设计教学的观察课

　　1915年4月23日至5月12日全国第一届教育会联合会在天津召开，与会代表认为辛亥革命后学习日本教育热潮产生的《壬子·癸丑学制》存在各种弊病，必须进行彻底改革，建立一个反映中国民族资产阶段所需要的新学制。这是一个由全国教育会联合发起的自下而上的改革过程，经过前后历时7年的长期酝酿、实际运作及审定等阶段，于1922年11月1日正式颁布，称"新学制"（又称壬戌学制、1922年学制、六三三制）。这是我国学制发展史上一件具有划时代意义的大事，也是实施时间最长（这一学制基本沿用到1949年）、影响最大的一部学制。在新学制的制定过程中，有两次会议具有关键意义：一是1919年10月10日在山西太原召开的第五届全国教育会联合会[2]；二是1921年10月27日至11月7日在广州举行的第七届全国

---

[1]　如1919年秋南京高师附小正式试行由杜威的学生克伯屈（William Heard Kilpatrick，1871—1965）根据杜威的"从做中学"的理论为出发点创立的设计教学法。它的基本程序是"目的—计划—实施—评价"。其教室称为"杜威院"，有游戏室、音乐谈话室、读书室和工作室，造成特别的环境和风气，由学生自己决定教学目的，拟订教学计划，自由选择、自由支配上课时间。学生只知道要做的事，而不知有科目，最后为结果的批评改进。这种方法符合杜威"从做中学"的精神，学生在行动中求知，在实际生活中发现问题和困难，靠自己思考解决问题。

[2]　第五届全国教育会联合会召开期间，杜威在胡适和万元甫的陪同下赴山西太原考察。杜威参加了此次会议，这直接影响到此次会议议案的提出。

教育会联合会。这两次会议明显体现了杜威实用主义的教育思想。第五届全国教育会联合会提出了《请废止教育宗旨宣布教育本义案》，该议案指出：

新教育之真义，非止改革教育宗旨，废除军国主义之谓。若改革现时部颁宗旨为别一种宗旨，废除军国主义为别一种主义，仍是应如何教人之问题，非人应如何教之问题也。从前教育只知应如何教人，不知研究人应如何教；今后之教育应觉悟人应如何教，所谓儿童本位教育是也。施教者不应该定一种宗旨或主义以束缚被教育者。盖无论如何宗旨、如何主义，终难免为教育之铸型，不得视为人应如何教之研究。故今后之教育，所谓宗旨，不必研究、修正或改革，应毅然废止[1]。

上面所说与杜威教育理论中"教育即生长""以儿童为中心"等理念是一致的。尤其是杜威本人也出席了该次会议并提出了自己的见解，其教育思想直接影响着新学制改革的制定。第七届全国教育会联合会是新学制草案的决定性会议。应中国实际教育调查社的邀请，美国著名教育家、时任哥伦比亚大学师范学院院长、杜威的同事孟禄（1869—1947）博士于1921年9月10日到达北京，调查中国教育情况。孟禄博士与杜威同属实用主义教育学派，并深受杜威的影响。第七届全国教育会联合会召开期间他恰至广州，围绕制订学制的一些根本问题，他发表了一次讲演，举行了三次谈话会，并同与会代表进行讨论。"对会议进行贡献甚多……其言论主张直接影响于会议，间接影响于今后全国教育界者实非浅鲜。"[2]孟禄博士着力宣扬的教育观点与杜威的教育思想是完全一致的，因此，孟禄对会议的影响也是杜威实用主义教育思想对此次会议的影响。此次决议案确定了六项学制标准[3]，形成新学制的基本框架，为新学制的最终形成奠定了坚实有力的基础。新学制最后的七项制定标准充分体现了杜威的教育理念。这七项标准分别是：一、适应社会进化之需要；二、发挥平民教育精神；三、谋个性之发展；四、注意国民经济力；五、注意生活教育；六、使教育易于普及；七、多留各地方伸缩余地。显然，在这七条标准中，其中第一、四、

---

[1]　璩鑫.学制演变[M].上海：上海教育出版社，1991：844-845.

[2]　第七届全国教育会联合会纪略[J].教育杂志，1921，14（1）.

[3]　这六项学制标准是：①根据共和国体，发展平民教育精神；②适应社会进化之需要；③发展青年个性，使得选择自由；④注意国民经济力；⑤多留各地方伸缩余地；⑥使教育易于普及。

五条是杜威关注社会、生活的思想，第三条是杜威教育思想中倡导"儿童中心"的反映，第二、六条则体现出杜威教育思想的民主性原则，第七条是对"一般的""终极"目的警告的反映。如果我们再把上述七项标准与1920年美国进步教育协会建立在杜威教育理论基础上发表的"七点原则声明"做一比较，更可以发现两者在教育理念上的相通之处。这七点声明分别是：①学生有自然发展的自由；②兴趣是全部活动的动机；③教师是一个指导者，而不是一个布置作业的监工；④进行有关学生发展的科学研究；⑤对儿童具体的发展给予更大的注意；⑥适应儿童生活的需要，加强学校与家庭之间的合作；⑦在教育运动中，进步学校是一个领导。由此可见，新学制所依据的教育标准深深地打上了杜威教育思想的烙印。

新学制颁布后的第二年，便公布了由全国教育会联合会所属的新学制课程标准起草委员会拟定的"新学制课程标准纲要"。新学制课程标准纲要与新学制一样，也鲜明地体现了杜威教育理论的影响。

就音乐而言，1923年全国教育会联合会拟定中小学《课程设置纲要》，将乐理课改为音乐课，规定音乐课为小学的必修课目，并开设制作、欣赏等艺术课程，教学方法由听唱逐步过渡到完全视唱法；初中艺术科目中包括音乐课，教材分乐理、唱歌、乐器三种，前两者为必修课，后者为选修课；高中则不设音乐课程。1923年6月4日颁布的《新学制课程纲要小学音乐课程纲要》指出，音乐教育的目的是"使学生能唱平易的歌曲，能识简单的乐谱，并发展快乐活泼的天性，和涵养和爱合群的情感"。纲要按六个学年阶段划分，在教学方法上，初级第一、二学年，完全用听唱法教学；第三、四学年，由听唱法转入视唱法；第五、六学年，完全用视唱法教学。在教学内容方面，纲要注重选择与儿童日常生活有关系的歌词及关于美的方面和修养方面的歌词来进行教学。1923年6月4日颁布的《新学制课程纲要初级中学音乐课程纲要》指出，音乐教育的目的是：使学生明了普通的乐理；使学生能唱单复音的歌曲；涵养美的情感与融合乐群的精神；引起欣赏文艺的兴趣[1]。就教学内容而言，唱歌的歌词分本国文与外国文两种，外国文约占五分之一，本国文约占五分之四，本国文歌词只要是关于艺术与修养的，文言、白话均可。

---

[1]　课程教材研究所.20世纪中国中小学课程标准·教学大纲汇编：音乐美术劳技卷[G].北京：人民教育出版社，2001：15-17.

　　就美术而言，课程纲要把小学的"图画"改为"形象艺术"，而初中美术仍称"图画"，规定美术课被列入小学、初中的必修科目。颁发的《小学形象艺术课程纲要》指出，美术教育的目的是"启发儿童艺术的本性，增进美的欣赏和识别的程度；陶冶美的发现和创造的能力；并涵养感情，引起乐趣"。《小学形象艺术课程纲要》按六个学年段划分，每个学年段又分欣赏、制作、研究三个学习领域。在教学内容方面，《小学形象艺术课程纲要》注重让学生选择日常生活中的所见所闻用美术的形式进行表现。另外，《小学形象艺术课程纲要》对美术基本知识、技能的教学内容也做了非常详细的规定。在教学方法上，《小学形象艺术课程纲要》认为：欣赏一项，向来大家不甚注意，但在普通教育的美育上很重要。我国社会欣赏美术的程度很低，学校中应特别注意，所以学校宜多备些美术品，使儿童时常欣赏。关于研究领域，《小学形象艺术课程纲要》认为：研究的问题，是制作或欣赏时遇到困难才发生的，所以不宜单独教学，最好多备参考品，必要时就呈现在教室里引导儿童自己比较研究。倘使徒用学理的讲解，就没有价值。关于制作领域，《小学形象艺术课程纲要》指出：可分绘画、剪贴、塑造三种；绘画最多约占十分之七，剪贴、塑造占十分之三。制作时注重想象创造和写实；必要时可用已成的作品或教师的作品做参考。旧时的临摹方法流弊很多，以不用为宜。《小学形象艺术课程纲要》在最后部分，对欣赏和制作领域还制定了"毕业最低程度的标准"。颁发的《初级中学图画课程纲要》指出教学目的是：增进鉴赏知识，使能领略一切的美并涵养精神上的慰安愉快，以表现高尚人格；练习制作技艺，使能发表美的本能；养成一种艺术，而为生活之助。不难看出，《纲要》除继续注重美感的教育外，还提出了艺术与生活的联系。《纲要》认为，图画一科，应包括理论、观察、实习三方面的内容。并指出：三者须注重，教授之际，三者相辅而行，处处皆应互相联络。其中，理论部分主要讲授简单的透视法则、色彩的基本知识、人体的比例、明暗画法、建筑和历史、图案和工艺的关系等。观察部分主要让学生学会观察树木花草的形状色彩、虫鸟的色彩姿态、自然界的各种景观，比较器物形状的美丑，参观美术展览会、工艺展览会等。实习部分包括：几何形体及一切人造物的远近描法、描写各种自然景观、描写人颜（男子的颜与女子的颜）等。

　　在杜威教育思想影响下，围绕1922年的新学制所制定的音乐、美术课程纲要呈现出以下特点：实行选修与必修相结合的形式，有利于发展学生个性，照顾学生的个别差异，尊重学生的兴趣，改变了以往学制中"忽视社会需要，轻视地方情形，蔑视学生个性"等弊端；拓宽了学生的艺术学习领域，美术课包括欣赏、制作、研究三个领域，音乐课不只是让学生学会唱歌，还注重学生情感的培养，说明这时的艺术课已不再是作为一门单纯的技能课，同时还强调审美教育的作用；注重艺术与生活的联系，重视学生创造力的培养等。这些特点体现了杜威美育思想中"教学内容的综合化""艺术生活化""教育即生长"等诸多理念，对我国现代艺术教育发展的积极作用是不可低估的。尽管我国此后确立的学制对1922年确立的学制有些修正，但新学制中所倡导的"普及艺术教育、注重艺术与生活、重视孩子情感的培养"等理念依然没有改变。因此可以说通过该学制，杜威的美育思想保持了对我国艺术教育的持久影响。

（二）杜威美育思想对我国现代教育家的影响
——以陶行知、陈鹤琴的美育理论与实践为例

中国现代美育思想一开始就与西方美育思想有着不可分割的渊源关系。"五四"时期，陶行知、胡适、陈鹤琴等一批知识精英欲改革我国几千年的传统教育，借"欧风美雨"来浇灌中国本土的"人文之花"。他们不约而同地想到了杜威。杜威从实践出发、从生活出发的教育观念非常适合我国的国情。陶行知的"生活即教育"、胡适的"平民教育"、陈鹤琴的"活教育"等都在不同程度上受到杜威的影响。在此，仅选两位曾在杜威实用主义思想大本营——哥伦比亚大学学习过并致力于我国现代教育改革的学者，"在其生平的某点上自认是他公认的大师约翰·杜威的追随者"[1]——陶行知与陈鹤琴的美育理论与实践为例。

1.陶行知的美育实践[2]

陶行知（1891—1946），安徽歙县人，现代著名的民主革命家、教育家，中国民主同盟主要领导人之一。原名文，后改名知行，又改为行知。曾于1915年9月至1917年8月在哥伦比亚大学师范学院学习。在哥伦比亚大学师范学院学习期间，陶行知以教育行政学为基础，选听了杜威的"学校与社会"、克伯屈的"教育哲学"、孟禄的"教育史"等课程。其中，对陶

---

[1] 许美德，巴斯蒂.中外比较教育史[M].上海：上海人民出版社，1990：184.

[2] 肖晓玛.陶行知育才学校艺术教育的特色探略[J].韶关学院学报，2011（3）.

行知"影响最大的是杜威教授的讲义和教程"[1]，陶行知曾称自己是杜威的"受业弟子"[2]。1919—1921年杜威访华期间，陶行知是杜威在南京、上海等地演讲时的主要翻译。杜威对陶行知的影响是全方位的，陶行知也把传播杜威学说作为己任。正如杜威研究专家、著名教育

陶行知（右一）在哥伦比亚大学与胡适（左二）等师生合影

学家吴俊升所说："陶行知的教育理论和实践可以说是把杜威的主张推向了极端。"[3]在陶行知一生的教育活动中，始终一贯地把美育放在重要的位置。他的美育理论和实践与杜威的美育主张有着惊人的相似。

（1）培养艺术兴趣

陶行知认为，学校艺术教育要注重培养孩子的艺术兴趣，使孩子的休闲时间变得充实、愉快。早在1922年，陶行知谈到学校音乐课时强调："学校里有音乐，便是给学生以正当的娱乐，使学生不致在休息时间做出恶事。"[4]1927年3月，陶行知在《晓庄的第二年》一文中提出"生活教育的五目标"——健康的体魄、农人的身手、科学的头脑、艺术的兴趣、改造世界的品质，且主张"以戏剧来培养艺术的兴趣"[5]。

为了培养孩子的艺术兴趣，陶行知经常请著名人物为孩子们表演节目，让孩子们充分感受艺术的魅力后对艺术产生兴趣。如：陶行知1929年1月中旬邀请当时著名戏剧家田汉领导的南国剧社到晓庄公演，演出田汉创作的《卖花女》《湖上的悲哀》《苏州夜话》，以及莎士比亚的《约翰的头》等剧。晓庄学校还成立了晓庄剧社，组织有兴趣的师生共30多人

[1]　阿部洋.哥伦比亚大学留学时代的陶行知[J].河南教育学院学报，1989（4）.

[2]　周洪宇.陶行知研究在海外[M].北京：人民教育出版社，1991：270.

[3]　周洪宇.陶行知研究在海外[M].北京：人民教育出版社，1991：399.

[4]　陶行知全集：卷一[M].成都：四川教育出版社，1991：261.

[5]　陶行知全集：卷三[M].成都：四川教育出版社，1991：132.

参与，陶行知亲自任社长并以农民生活为背景创作剧本，写出《乡姑的烦恼》《最爱的命令》《生之意志》《死之意志》《死要赌》等独幕剧并在校内演出，陶行知本人也登台演出，在话剧《苏州夜话》中饰老画家，在《生之意志》中饰老父亲。师生们的戏剧兴趣与技能就是在这种感知、体验、创造、表演中逐渐得到提高的。后来，晓庄剧社还正式建立剧务、导演、化装、布景等机构，并于1929年11月到镇江、无锡、苏州、常熟、宝山、上海、杭州、萧山等地多次演出一个多月，共演出34场。当时的一些报纸曾这样评论演出的艺术感染力——"晓庄剧社赚了许多观众的眼泪"。由此可见晓庄学校师生们的艺术兴趣浓，艺术技能高。

为了培养育才学校师生们的艺术兴趣，陶行知将育才学校的课程设为普通课和特修课，学生四分之三的时间是学习普通课，四分之一的时间学习特修课。普通课即国文、数学、外文、科学方法，乃作为"文化钥匙"的基础课。特修课即按学生的才能、兴趣和爱好，分别设置了文学、音乐、戏剧、社会、自然、绘画、舞蹈等七个专业组，七个专业组中的音乐、绘画、舞蹈、戏剧就是艺术教育。并强调，如果学生进了某一组，中途发现自己并不适合那一组，而对另一组更适合，可以随时转组。

育才学校的音乐组成立于1937年，由音乐家贺绿汀任组主任（1943—1946由李凌接任），任课教师有任光、黎国荃、常学镛、潘祖训、田青、范继开、巫一舟等人及有音乐兴趣的、年龄在10岁至15岁之间的学生20多人组成。学习和声学、视唱、练耳、唱歌、乐理、音乐欣赏等课程，后来逐步开设弦乐、声乐、管乐、作曲等课程，用钢琴、风琴等进行教学。育才学校于1939年成立了绘画组，由著名版画家、美术教育家陈烟桥任组主任，数位著名画家任课，其中主要有王琦、许士骐、丰子恺、汪刃锋、叶浅予、华君开、宋克军、丰都田、张望、刘铁华等。开设的课程有素描、漫画、水彩、木刻、野外实习、艺术概论、画理、社会科学概论等，后来逐步增设人体解剖、透视学、美术概论、国画、广告画、美术史等。学生有20多人，年龄为9岁至16岁，多是从战区来的难童。教学设备主要由学生和老师动手创造。从绘画组成立之日起，陶行知即强调美术应为社会和人民服务。1942年1月11日起，绘画组在重庆中苏文化协会举办"抗战儿童画展"。展出作品有水彩、木刻、油画、漫画等千余件，皆为育才学校学生之习作。这些作品，无论在构图上还是技巧上，都有较高水平。育才学校于1939年还成立了戏剧组，由戏剧家章泯担任主任，教师有舒强、张永华、沙濛、刘厚生、张宜天、江风、钱风等人。初有学生10多人，后有增加。开设表演、发音、化装、舞蹈、排演、戏剧讲话、舞台技术等课。后来逐步增设戏剧艺术、艺术概论、中国新剧历史、表演艺术论、世界戏剧史纲、导演艺术论、剧作概论等课程。教学设备除

1945年儿童节，陶行知与育才学校的孩子们在一起

购置不少图书和道具外，还自制一些道具。陶行知1944年9月在育才学校增设了舞蹈组。聘请舞蹈艺术家戴爱莲为该组主任。教师有吴晓邦、盛捷等人。除在校内挑选有舞蹈才能的学生外，还公开招收了有才华的难童。

育才学校的学生大多是难童，在没有入校之前，他们没有机会接受艺术教育，也很少有艺术特长生，但育才学校绚丽多彩的美育实践，尤其是每个组的任课教师都是由该领域的著名人士组成，他们本身的艺术素养与授课内容之多样性、灵活性激发了孩子们的艺术兴趣，兴趣是促进孩子们艺术潜能得到进一步提高的动力，这使全体儿童普遍得到艺术的熏陶，也使人才幼苗得到及时之培养而免于延误枯萎。可以说这完全是一所培养儿童艺术兴趣的学校。

陶行知在育才学校与晓庄师范学校的美育实践使人想起杜威学校的美育实践，尽管他们之间有区别，但他们注意培养孩子的艺术兴趣，让孩子们"从做中学"等观点是极其相似的。

（2）激发艺术创造

在陶行知看来，儿童是有创造力的，儿童的创造力"是千千万万祖先，至少经过五十万年与环境适应斗争所获得而传下来之才能之精华"[1]。但孩子的创造力需要精心的培育、启发，才能实现陶行知所说的"处处是创造之地，天天是创造之时，人人是创造之人"。因此，陶行知在美育实践中特别重视激发艺术创造，尤其注重从创造态度、创造气候及奖励艺术创造等方面进行。

---

[1]　陶行知全集：卷二[M]. 成都：四川教育出版社，1991：14.

创造态度。陶行知曾在《百侯中学校歌》中写道："岁寒松柏，求仁得人。千教万教，教人求真；千学万学，学做真人。"在陶行知看来，所有的教育都应是真善美和谐的统一。他在《育才学校校歌》中写道："真即善，真即美。"[1]由此可见，对陶行知而言，"真"是教育的中心。按照陶行知的观点，美育要反映人民的真实生活，反映人民的真实感情，不可作无病呻吟，艺术"不是要把古庙制成一座新屋。老太婆敷粉擦胭涂嘴唇是怪难看的"[2]，艺术必须植根于人民大众，与生活紧密相联，到人民大众中、到真实的生活中汲取丰富的营养。因此，陶行知要求学生们到真实的生活中去感受、去体验后再进行艺术创作。如育才学校音乐组的学生每周五的下午都要根据个人所长，或访贫问苦，或到田间地头、工厂、矿区，向广大人民学习，与他们同乐同劳动，积累创作源泉，增强情感体验，在对生活进行充分感受后再进行艺术创作，从而"把我们的音乐和老百姓的要求合拍起来"[3]。绘画组的学生也是在感受民生的痛苦、难童的游离后再进行绘画创作的。陶行知还曾组织育才学校舞蹈组的师生深入贵州、云南、西藏等地采风，收集并整理了一些民间舞蹈。当然，学生的水平是有限的，其艺术创造难免有不足，因此，陶行知要求"创作要先由专家听过后演奏，才不致出岔子。宁缺毋滥，以养成认真创作之态度"[4]。

创造气候。陶行知强调："气候是生物生长之必要条件。我们要学问长进，必须创造追求真理所必需的气候。平常所谓气候是空气与热之变化所至，学问之气候也可以说是追求真理之热忱与其所需之一定文化养料及其丰富之配合所构成。"在创造气候的具体实践中，陶行知考虑到"硬件"和"软件"两种因素。就"硬件"而言，陶行知认为："我们除了培养求知之热忱以及大自然大社会之博观约取外，必须有自然科学馆、社会科学馆、艺术馆、图书馆之建立，为培养学生之创造力建立一定的设备条件"[5]。为此，1941年6月，陶行知提出在育才学校开展"集体创造月"活动，并在创造月中"造了四个露天讲座，一个舞台，两个游泳池，改造

[1] 陶行知全集：卷四[M]. 成都：四川教育出版社，1991：28.

[2] 陶行知全集：卷一[M]. 成都：四川教育出版社，1991：91.

[3] 安徽陶行知教育思想研究.人民教育家陶行知[M]. 上海：上海教育出版社，1984：65.

[4] 朱泽甫.陶行知年谱[M].合肥：安徽教育出版社，1985：465.

[5] 陶行知全集：卷五[M].成都：四川教育出版社，1991：442.

了图书馆使它成为现代的文化厨房，建立了自
然科学馆、历史地理陈列馆，艺术馆举行了空
前的（就本校说）有意义的展览会"[1]。第二
年儿童节，又创设了"儿童美术馆"。就"软
件"而言，陶行知强调教师本身的艺术创造。
陶行知从自己做起，写了大量的诗歌，编写了
戏剧、歌词，1924年所写的《自勉并勉同志》
《自立立人歌》《手脑相长歌》等诗经赵元任
先生等知名人士谱曲成歌，唱响大江南北，影
响极为深远；陶行知编写的《朱大嫂送鸡蛋》

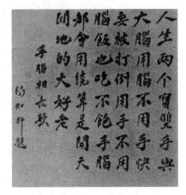
陶行知作"手脑相长歌"

小型秧歌剧歌词，由育才学校音乐组教师谱曲，戴爱莲编舞，很快在大后
方广为流行，群众百看不厌。陶行知还在育才学校形成了"朝会"制度，
在朝会上他发表了大量关于创造教育的演说。这种既考虑"硬件"又考虑
"软件"的创造气候，对唤醒学生的创新意识，培养学生的创造精神，锻
炼学生的创造能力是相当有利的。

　　艺术创造奖金。1943年底，陶行知起草了《育才学校创造奖金办
法》，旨在"发挥创造精神，鼓励创造生活"。在艺术创造方面，陶行知
决定创造奖金发给下列有创造意义贡献的集体或个人：一为对音乐有贡献
者；二为对戏剧有贡献者；三为对绘画有贡献者；四为对文学有贡献者。
创造奖金由育才之友合筹，每年至少12 000元。分为三等，甲等5名，每名
1000元；乙等5名，每名500元；丙等20名，每名200元。为充分调动育才
学校师生艺术创造的积极性，陶行知在育才学校成立指导委员会，由该会
兼任创造奖金保管委员会，司保管、评判、分配之责。他强调："奖金之
发给，纯以创造意义之大小为标准，贡献不足宁缺勿滥；贡献超过名额，
不使向隅。不努力，则全年可以不发奖一次。人人努力，则人人有得奖之
机会。"[2]在育才学校经费十分拮据之时，师生们每天只能喝两顿稀饭，
陶行知本人成天和米价"赛跑"，他却不惜破费巨资，设立艺术创造奖
金，可见他对艺术创造的重视程度。

　　正是在真实、认真的创作态度，在浓厚的艺术创造气候，以及各种艺

[1]　陶行知全集：卷一[M].成都：四川教育出版社，1991：640.

[2]　陶行知全集：第3卷[M].长沙：湖南教育出版社，1985：503.

术创造的奖励中，育才学校师生们的创造热情得到了激发，创造能力日益提高，成果不断涌现，育才学校创作了不少具有民间特色和时代气息的歌舞作品，如《荷叶舞》《农作舞》《抗日胜利大秧歌》《王大娘补缸》《乞儿》《弃婴》《火苗》及小舞剧《塞外恋歌》、舞剧《恩赐》等。演出的民族舞蹈有《藏舞》《青春舞》等。他们所创作的不少歌曲激发着人们的抗战激情，邓颖超观看完育才学校音乐组1940年12月26日晚8时在中国电影制片厂内举行的"儿童音乐演奏会"后题词："以歌声唤起大众"[1]。冯玉祥将军曾赋诗称赞演出："小小艺术家，成绩真可夸。各拿刀和笔，绘画抗战画。处处有意思，幅幅都秀拔。表现出天真，满眼皆奇葩。"[2]育才学校绘画组于1943年3月19日展示了学生的作品，《新华日报》对育才学校绘画组的画展逐日报道，并做出了高度评价："作画者的年龄多在十二岁到十七八岁之间，而作画技术的熟练，比重庆市历届名画家的画展并无逊色，足见该校教育的成功。"曾在育才学校担任过教师的著名史学家翦伯赞先生说道："十几岁的孩子，……能够自编剧本，自己导演；能够自己作曲、作歌；能够写生、速写，能够画出星宿的图谱。"[3]可以说，陶行知先生所构筑的艺术殿堂——育才学校的音乐组、美术组、戏剧组等，是培养著名艺术家的摇篮。从当年育才学校走出的学生，有许多成为国家栋梁之才，如杨秉荪成为我国著名小提琴家，杜鸣心成为中央音乐学院教授、作曲家，陈贻鑫是中央音乐学院指挥系著名教授，刘幼雪担任过中央歌舞剧院的党委书记，江韵辉成为中国著名电影影员、世界电影学会会员。

育才学校音乐组1940年12月26日在抗建堂
演出后的合影（后排左二陈贻鑫）

育才学校1937年在古圣寺门口合影（后排右三舒强，右四水华，右五王家乙，前排左一江韵辉）

[1] 朱泽甫.陶行知年谱[M].合肥：安徽教育出版社，1985：419.

[2] 新华日报[N].1942年10月28日，30日，19日.

[3] 伯赞•记古圣寺•行知研究.1984（10）.

杜威早就指出，儿童有制作和享受艺术的能力，艺术教育要有效运用这些"天赋的资源、未投入的资本"，充分挖掘每一个儿童与生俱来的艺术潜能，从而促进孩子们有意义的生长与发展。为了激发儿童的艺术创造力，杜威提出许多具体的建议，如在《学校与社会》中提出"理想学校"[1]模式强调的是为孩子们提供适当的艺术环境。尽管陶行知与杜威对激发孩子艺术创造力的具体方法不同，但他们都重视激发孩子的艺术创造力，希望人人能成为创造之才，这不仅有利于培养创造性的艺术人才，而且对艺术教育的改革是大有裨益的。

（3）为了"艺术的生活"

在陶行知看来，美育并不是把小孩子都培养成画家、音乐家，主要为了陶冶他们的精神情操和品德，最终目的是使人人能诗意般地生活。陶行知曾多次明确地提出自己的这个观点。如1926年，陶行知在中华教育改进社特约乡村教师研究会做了题为《我们的信条》的演讲，明确提出生活教育的十五条纲领，其中第十条是关于美育的内容："应当用……美术的概念去改造社会。"[2]在此，陶行知实际上是把美术作为生活教育的纲领之一而提出来的。陶行知于1927年在南京创办晓庄师范时，提出做一个现代的人就要过五种生活，即"健康的生活，劳动的生活，科学的生活，艺术的生活和改造社会的生活"。陶行知提出的五种生活教育实际是德、智、体、美、劳五种教育的具体目标，其中，美育的目标即是艺术的生活。陶行知曾对育才学校文学组说："我们要把育才学校办成一个诗的学校"，"我要以诗的真善美来办教育，我并不是要学生每个人都成为诗人，……但我却要由我们学校做起，使每个学生、先生、工友都过着诗的生活，渐渐地扩大去，使每个中国的人民、世界的人民，都过着诗的生活"。陶行知所倡导"艺术的生活""诗的生活"与杜威所倡导的美育观是一致的，即美育不是为了艺术，而是为了更好地生活。

在陶行知看来，美育的目的是为了"过着诗的生活"，这是因为美是在生活中呈现，生活中处处有美。"烧饭是一种美术的生活。做一桩事情，画幅图画，写一张字，如能自慰慰人的就叫做美，一餐饭烧得好，能

---

[1] 杜威.学校与社会·明日之学校[M].赵祥麟，译.北京：人民教育出版社，2006：65.

[2] 陶行知全集：卷一[M].成都：四川教育出版社，1991：652.

使自家吃得愉快舒服，也能够使人家愉快舒服，岂不是一种艺术吗？"[1]
这与杜威所说的"经验即艺术"观是一致的。陶行知主张不断地发现与利
用自然之美，使生活充满诗意，这从他对学校校址的选择中可以得到充
分的说明。陶行知曾提出选择大学校址要考虑五个要素[2]，其中前三个要
素都是关于自然之美。陶行知于1938年提出乡村小学校址选择的四条标
准[3]，其中第一条标准就是对自然之美的考虑。陶行知1927年创办晓庄乡
村师范学校时，选择坐落在南京北郊风景秀丽的劳山脚下的田野中，离燕
子矶、尧化门很近；它群山环抱，树木森森，东望有栖霞，后望有幕府；
美丽的乡村风景与学校金黄色的草屋校舍融合在一起，构成了一幅幅美丽
的画面。陶行知1937年创设的育才学校，校址设在重庆合川县草街子凤
凰山上的古圣寺，这里风景优美。当年陶行知为寻找育才学校的校址时，
"他自己到处爬山越岭地寻觅，终于在合川草街子镇凤凰山顶上找到一座
庙宇叫古圣寺，走上石级一看，两边山岭环抱，前面一片广阔，这些巍峨
的南山，在八九十里以外，气宇宽大，风景壮美幽静，庙宇共有四进，有
几百间房屋，空气流通，阳光充足，地上干爽。"[4]这种自然美的氛围本
身就是一种诗意般的生活。陶行知倡导为了"过着诗的生活"与杜威的
"生活艺术化"所追求的目标是一致的，即美育是为了更好地提升人的生
活。

　　对陶行知而言，自然美术固可贵，人生美术更可贵，自然化的人生美
术、人生化的自然美术尤其可贵。"过着诗的生活"更重要的是要在生活
中创造美。陶行知曾告诉学生：人要动脑子创造，一切美的东西都是人创
造的。八大山人把白纸变成优美的画，米开朗琪罗把一堆土变成一座不朽
的雕像。创造是美中之最美者。人创造了美，美也造就了人。陶行知曾多

---

[1]　陶行知全集：卷二[M].成都：四川教育出版社，1991：167.

[2]　这五个要素分别是：一要雄壮，可以令人兴奋；二要美丽，可以令人欣赏；三要阔大，
可以使胸襟开拓，量度宽宏；四要富于历史，使人常能领略数千百年以来之文物，以启发他
们光大国粹的心思；五要便于交通，使人常接触外界之思潮，以引起他们自新不已的精神。
陶行知全集：卷五[M].成都：四川教育出版社，1991：20-21.

[3]　这四条标准分别是：甲、自然环境之壮丽；乙、人民多数务农；丙、学龄儿童充分；丁、
交通便利。陶行知全集：卷二[M].成都：四川教育出版社，1991：14.

[4]　戴伯韬.陶行知生平及其教育学说[M].北京：人民教育出版社，1982：133-134.

次提出，要以"美术的精神"改造环境。在陶行知看来，秉着美术的精神改造环境，能"使环境出现和谐的气象"[1]。陶行知就是"以美术的精神"在创造晓庄师范学校的校园美：校门门前大道，两旁绿树成行，花木扶疏。大道口有一堵书写着校名的黄墙。校内学习室、会议室、生物馆、图书馆、礼堂、宿舍、饭厅、浴池依次排列。这些道路、树木、花草、校舍，几乎都是陶行知率领全体师生员工亲手建造和栽种的。他要求学校所有房子新颖对称，粉刷美观；所有标牌整齐划一，书写端正。陶行知强调：本校一切建筑，"一面应与自然环境谋和谐"；另一面"应适合教育、卫生、美术、经济、耐久五种原则"[2]。在育才学校，陶行知亲自带领学生在校园内种上红花绿草、瓜果蔬菜，在池塘内种藕养鱼。此外，育才学校的操场、普希金林、劳动路也是师生开辟的。1943年7月23日，陶行知自己在致吴树琴夫人的信中，曾以诗一般的语言，对师生们共同创造的育才学校之优美做了引人入胜的描述：

紫薇花是盛开了，被豇豆架包围。好像是几位美人被人群的高个子遮住……葡萄藤也长得茂盛，给它造了梯子，让它攀上棚去完成庇荫的任务，同时长得好些。灯笼草，去岁下了十颗种子，活了四窝，伏在地上像杂草一样，象征一个人倒了霉。我们弄了几根麻绳吊起来，它们不久便可以攀上屋顶，像一串一串的翡翠小灯笼垂下来，那是多么的好看啊。仙人掌也开了一枝花，不知被谁窃去，还有一个小蕊，不久会开的。白荷花也有一两枝像白衣仙子在绿波上跳舞，最美的是，昨夜正要睡的时候，月亮从树林的缝里射出温和的银光，待我出来看时，它已升上树尖。升上半天，显出至美至善的姿态[3]。

按照陶行知的观点，创造美的过程本身就是一种艺术的享受，而所创造的结果带给人的是一种诗意的生活。这实际上将杜威所倡导的"经验是做与受的统一"付诸实践。按照杜威的观点，如果人们只有"做"的过程而没有"受"其结果，固然不能称为艺术，只有当操作过程与过程的结果有机统一时，它们就统统达到了审美层面。

---

[1]　陶行知全集：卷一[M].成都：四川教育出版社，1991：502-503.

[2]　陶行知全集：卷二[M].成都：四川教育出版社，1991：15.

[3]　陶行知全集：卷五[M].成都：四川教育出版社，1991：839.

2.陈鹤琴的美育理论与实践

陈鹤琴（1892—1982），浙江上虞县人。1914年
8月，陈鹤琴结束了在清华学校的学业赴美留学。起初，陈鹤琴在约翰斯·霍普金斯大学获文学学士学位，他是第一个在霍普金斯大学获学士学位的中国学生。霍普金斯大学是杜威于1882—1884年学习并获得博士学位的学校。1917年9月，陈鹤琴进入哥伦比亚大学师范学院学习，专攻教育学与心理学，师从著名教育哲学家亦是杜威的学生兼同事克伯屈以及名噪一时的教育史学家孟禄和心理学家桑代克。1918年6月，陈鹤琴

陈鹤琴（1892—1982）

在哥伦比亚大学获硕士学位，1919年8月回国。尽管陈鹤琴没有受杜威的直接指导，但哥伦比亚大学是杜威实用主义思想的大本营，在留学期间，他亲身感受到美国的教育精神，较系统地了解了杜威的教育思想。陈鹤琴回国后一方面宣传欧美教育思想，另一方面致力于我国的教育事业，并结合我国的教育实际提出了"活教育"理论。陈鹤琴自己坦率地说过："我提倡的活教育是和杜威的学说配合的，因为活教育和杜威学说其出发点相同，其所走的路子相同，其所用的方法也相同。"[1]陈鹤琴的所有教育实践活动都是围绕着"活教育"学说而展开的，从幼儿园、小学教育到师范教育，从学校教育、家庭教育到社会教育，从婴幼儿教育到青少年教育，从普通教育到特殊教育，从普及教育到文字改革，他躬亲实践、努力探索，推动了我国现代教育事业的发展。在美育方面，陈鹤琴也做出了许多重要贡献。陈鹤琴的美育理论与实践，无不彰显着杜威的美育思想。

（1）以美育丰富生活

在陈鹤琴看来，美育的价值不在于学一些所谓的技能，美育的真正价值在于陶冶人的性情，培养高尚的情感，锻炼人的意志力，发展人的创造力等，从而使人的生活达至美的境地。"我们和音乐接触，可由节奏的美，使身体各器官和精神引起共鸣共感，而表现出美好的行动；由和声的美，使人感到和谐从而培养团结友爱的精神；再由旋律的美，使人感到永久的统一，从而养成统一性。"陈鹤琴进一步指出："唱歌亦有两方面的意义：一是身体各器官运动的歌唱技术，一是从内心而发的精神活动。我

---

[1]　陈鹤琴.活教育——理论与实施[M].上海：上海华华书店，1950：4.

们就儿童实际唱歌的情形来观察，好像唱歌的技术是次要的，而所谓从内心而歌的精神活动才是第一要义。"[1]陈鹤琴强调"从内心而歌的精神活动才是第一要义"的思想，注重的就是受教育者在音乐教育活动中所获得的精神愉悦与情感共鸣，即音乐的审美价值。陈鹤琴多次强调美育的重要价值："个人的性情和情感，是要从小陶冶和培养的。在幼稚园里，就要以音乐、图画、文学来陶冶儿童的性情。"[2]"使儿童的性情通过音乐的洗练，而达到至精至纯的陶冶，以至于引导儿童以快乐的精神来创造自己的生活。"[3]"我们在教育上，就利用音乐来改善儿童的意志，培养儿童的情感，使儿童表现真实的自己，导向于创造性的发展。"[4]因充分认识到美育的特殊价值，陈鹤琴明确指出幼儿美育目的就在于："陶冶幼儿的情操，启迪幼儿的审美感，发展幼儿的欣赏力，培养幼儿的创造力。"[5]陈鹤琴1944年为国立幼师附设国民教育实验区活教育拟定的《五指活动[6]实施大纲》中规定了艺术教育的目标：①陶冶儿童热爱艺术的情绪；②启迪儿童的审美感；③发展儿童的欣赏力；④培养儿童的创造力。

陈鹤琴也经常有意识地用音乐丰富自己的家庭生活。陈鹤琴一家居住在上海寓所时，晚饭后的家庭音乐会最让他的孩子们感到其乐无比。每天晚饭之后的一段时间，往往是一家人最热闹、最快乐的时光。这时候，七个孩子和爸爸妈妈聚在一间屋子里。妈妈和大女儿秀霞弹琴，大家一起唱歌。有时候，陈鹤琴弹起那把从美国带回来的曼陀林，唱起在美国曾同黑人一起弹唱过的民歌。陈鹤琴先生的嗓子并不算太好，但他激情饱满，唱得非常投入，歌声具有很强的感染力。孩子们生活在颇具艺术氛围的家庭中，感到其乐无比。

[1]　北京市教育科学研究所.陈鹤琴教育文集：下卷[M].北京：北京出版社，1983：400.

[2]　北京市教育科学研究所.陈鹤琴全集：第二卷[M].南京：江苏教育出版社，1990：612.

[3]　北京市教育科学研究所.陈鹤琴全集：第四卷[M].南京：江苏教育出版社，1990：457.

[4]　北京市教育科学研究所.陈鹤琴教育文集：下卷[M].北京：北京出版社，1983：399.

[5]　北京市教育科学研究所.陈鹤琴全集：第二卷[M].南京：江苏教育出版社，1990：385.

[6]　五指活动又称五组活动，是把学生应当学习的课程按性质分为五种形式的活动，即健康活动、社会活动、科学活动、艺术活动、文学活动。

（2）寓美育于生活中

陈鹤琴曾指出："音乐是儿童生活中的灵魂。"[1]小孩子出生后才几个月便会听母亲哼着催眠曲而恬静地入睡；再大一点，他喜欢听各种优美动听的声音；到两三岁的时候，他能用手和腿做节奏的动作，如拍手跳跃等；到进幼儿园的时候，常常模仿他人唱歌并爱哼着不成调的曲子；到了小学阶段，便知道怎样利用天赋的歌喉和节奏参加各种音乐活动。因此，陈鹤琴认为，音乐教育不只是教室里的唱歌和舞台上的演奏，

陈鹤琴先生和南京市鼓楼
幼儿园的孩子

而主张将音乐教育渗透到儿童生活里面去，使儿童无论在工作、游戏或劳动的时候，都能有意志统一、行动合拍、精神愉快的表现，使儿童"生活音乐化"。陈鹤琴提出了儿童生活音乐化的具体化建议。首先，音乐教材的选用要取自儿童的生活经验，音乐教育要渗透到各科学习中。如可以将国语课中的诗歌配以曲谱；地理课中讲述地域时，唱当地的民歌；在劳动、体育、美术课中也有音乐。其次，音乐教育不只是学校教育的孤军作战，而应渗透到家庭和大众生活中，使家庭音乐、学校音乐、社会音乐融于一炉，最终使"儿童整个生活，达于音乐的境界"[2]。陈鹤琴尤其指出，"父母能够随时吹吹唱唱"，家庭中便"充满了音乐的空气"，孩子们就不知不觉地喜欢音乐了[3]。

就绘画而言，在陈鹤琴看来，小孩子画图，但这不是一种天赋的冲动，而是外界事物的刺激在他头脑里留下了深刻的印象，于是他借图表达出来。比如，小孩子看见了反对美国扶植日本的示威大游行后，可能拿起笔来很自然地画上一大队的人手拿着旗子，或者是画出一幅人民解放军打倒美国反动派的图；有时听老师讲了三只羊的故事，他可能会画出来；有时在户外看见一只羊在草地上吃草或是一个人牵着一头牛，听见的事情，以及在他四周所发生的许许多多的事情，他都尽可能地把它们画出来。陈鹤琴认为，小孩子对于没有看见过的东西，没有听见过的事物，当然画不

---

[1] 北京市教育科学研究所.陈鹤琴教育文集：下卷[M].北京：北京出版社，1983：399.

[2] 北京市教育科学研究所.陈鹤琴教育文集：下卷[M].北京：北京出版社，1983：401.

[3] 北京市教科所.陈鹤琴全集：第二卷[M].南京：江苏教育出版社，1990：867。

出来；凡是叫他画的东西，要在他的经验中都有的，因此，陈鹤琴认为，美育的实施要以孩子的生活为中心来组织，要求教师充分利用孩子们周围生活中熟悉的、感兴趣的自然现象、社会环境进行，让孩子们了解生活、了解自然，到实践中去学习知识、积累经验，寓教育于生活之中。如果教师只在教室里教儿童画图，画什么一瓶死花、三只死鸟、几样水果，也许孩子仅是为了完成老师的任务而乱画一通，对绘画本身不会有什么兴趣。只有孩子们对自己生活中所熟悉的山川河流、苍松翠柏、飞禽走兽、五谷六畜以及围绕在我们四周的各种事物有了真实的感知和体验后，才可能画出许多有意义的作品。比如说，经常让孩子们观察身边自己熟悉的动物、植物、花草树木后再让他们用图画表达出来。陈鹤琴对孩子一鸣的绘画教学就是寓美育于生活中进行的。如陈鹤琴让一鸣从小充分接触自然界，在一鸣很小的时候，陈鹤琴在家中养狗、猫、兔子、羊、鸟、金鱼、蜜蜂和鸡、鸭、鹅等，让一鸣仔细观察；在园子里种植了花草树木，使一鸣初步接触植物；到一鸣3岁进幼儿园过集体的生活时，指导一鸣经常观看园地里菜豆等植物的生长；再大一点就带一鸣去看电影、看戏、看展览会以及各种集会；随着一鸣体力的增强，先后带他到镇江、黄山、普陀、南通等各地游览。在一鸣对生活有了真实的感知和体验后，指导他用图画表达自己的所见所闻，这不仅不是什么难事，而且是他自己也感兴趣的事。如一鸣"经常带了画册在路上写生，画了馄饨等各种小商小贩……有一次他画了一张街头流浪儿童的速写，刻画了苦难人民的形象。陶行知先生看见了大为赞赏，说他能以人民群众作为他绘画的对象"[1]。

（3）通过艺术的教育

陈鹤琴反对不顾儿童心理特征将教育内容划分得过细，反对"四分五裂""杂乱无章"的分科教学，他认为，分科教学把国语、算术、图画、手工、唱歌、游戏、故事等分得清清楚楚，课程之间缺乏联系，造成"教国语的时候教蜜蜂；教图画的时候教兔子；教手工的时候教折船；教唱歌的时候教'麻雀和小孩'；教故事的时候讲小猪过河"[2]。这种"杂乱"的教学内容很难引起儿童的兴趣，可能导致儿童在"莫名其妙"中接受教育。他根据学前儿童心理反映的特点，主张把各门功课打成一片，系统地

---

[1]　北京市教育科学研究所.陈鹤琴教育文集：下卷[M].北京：北京出版社，1983：575.

[2]　北京市教育科学研究所.陈鹤琴教育文集：下卷[M].北京：北京出版社，1983：106.

教儿童学习。陈鹤琴曾以"龟兔赛跑"为体裁介绍过他的课程设置主张。其大致教学过程是：以实物引起儿童的兴趣；让儿童研究龟兔的生理特点；讲"龟兔赛跑"故事；向儿童出示龟、兔剪贴图，教儿童剪拼；向儿童出示龟、兔拼图，教儿童描图；向儿童出示龟、兔排列图，教儿童剪图，然后按故事情节排列成故事；向儿童出示龟、兔着色图，教儿童着色；向儿童出示龟、兔穿线图，教儿童

陈鹤琴先生和孩子们在一起

穿线；组织儿童表演龟兔赛跑故事；引导儿童把龟兔赛跑故事画出来；在龟兔赛跑图案旁配以文字，教儿童读。整个课程以"龟兔赛跑"故事为中心，进行了手工、图画、游戏、常识、识字等方面的教学。但在这一系列教学中，我们可以强烈地感受到：不管是常识、游戏，还是识字等方面的教学，始终在手工、图画等艺术活动中进行。陈鹤琴还遗憾地指出："这个例子中间没有音乐，理应有歌曲歌谱，可以教儿童唱的舞的，但是我没有这个能力编得起来。"[1]谈到图画教学时，陈鹤琴说：

图画是儿童"表意"的工具，也是对儿童多方面施教的好形式。小孩子拿了一枝红的蜡笔画了红的图画，我们就可以从旁教他红的颜色。他画了几件东西，我们就要以教他数数看；这样，他有时候，慢慢儿就会数数目了。我们还可以教他认字。在他所画的图上，我们可以替他写一两个字给他看；几次一来，他不知不觉地学会了。有时候，他所画的东西不像实物，我们可以拿实物来给他看，叫他比较比较看。这样一来，从前他所不注意的，现在注意到了；从前所未观察的，现在观察得周详了。不但如此，以后对于各种事物他都会去注意去观察了[2]。

在一鸣绘画时，陈鹤琴不仅利用图画教他红、黄、绿、蓝、白、黑等字的中文名字，还教他相应的英文名字，这样，孩子获得了颜色、识字、数目等各方面的知识。在《五指活动》中，陈鹤琴指出，艺术活动包括音乐、美术、劳作等。其中音乐涉及琴法、唱、作曲等；美术涉及绘画、雕塑、缝制、装饰等；劳作涉及木纸泥工、编织、家事、园艺等[3]。不难看

[1] 北京市教育科学研究所.陈鹤琴教育文集：下卷[M].北京：北京出版社，1983：111.

[2] 北京市教育科学研究所.陈鹤琴教育文集：下卷[M].北京：北京出版社，1983：29.

[3] 人民教育出版社."活教育"批判[M].北京：人民教育出版社，1955：111.

出，陈鹤琴倡导的是使孩子们在丰富多彩的艺术活动中不知不觉地接受教育，这是一种以艺术为基础的教学，这样能激发学生的学习热情和兴趣，使学生全身心地投入整个学习中。

陈鹤琴以美育丰富生活，寓美育于生活中、通过艺术的教育等美育实践，使我们不由自主地想起了杜威的"艺术即经验""教育即经验的持续不断的改造""教育即生活"等名言。尽管他们所处的国情不同，思想方法也不完全一样，但他们对于艺术的本质是源于生活，源于经验，美育应基于经验，美育是为了丰富儿童的生活等思想是一致的。根据杜威的审美观念，为了培育孩子的审美潜能，审美教育没有必要仅局限于"提供好的艺术"，而应该扩展到较广的智力范围。

我们知道，"教育即生活"是杜威的教育名言，陶行知将杜威的提法"翻了半个筋斗"提出"生活即教育"的理论，陈鹤琴在20世纪40年代提出并实践有名的"活教育"理论。中国学者对待陶行知、陈鹤琴和杜威的教育思想之间的关系持有两种不同的观点。一些人确信陶行知和陈鹤琴的教育理论是直接脱胎于杜威的实用主义教育思想，他们仅仅做了某些非本质的变化使杜威的教育理论适应中国国情。第二种学术思想坚持认为陶行知和杜威之间有着本质的区别：杜威的教育思想是以美国工业的迅猛发展为背景，教育目的是通过教育改变每个人的精神面貌，使每个人能愉快地工作，并使他的工作都能对自己和别人的生活更有价值；主张打破分科课程，让孩子"从做中学"；认为"学校即社会"，把教育看作是改变社会的一种重要手段。而陶行知的"生活即教育"产生于20世纪20年代，当时中国正处于风云激荡、内忧外患交相侵逼之中，教育是为学校内外各种年龄的人特别是那些来自贫穷的、普通的和农村的家庭的人服务的——社会是他的学校；其教育目的是启发被压迫的劳动群众让他们成为自己命运的主人并为普通人民群众的利益服务；陶行知主张从整个生活出发，过整个的生活，受整个的教育，"生活即教育"是让教育融于生活，使生活凸现教育；为了实现生活即教育，他主张"社会即学校"；把学生带入社会的洪流，让学生在社会实践的生活中，接受教育，发展才智；用"教学做合一"的方法使学生真正掌握知识。陈鹤琴的"活教育理论"是对封建传统教育进行改革的一次伟大的尝试；提出"活教育"的目的是为培养

"一个人，一个中国人和一个现代中国人"[1]，"现代中国人"是"有健全的身体、有建设的能力、有创造能力、有合作的精神、有服务的精神"的人；为了达到培养的目的，陈鹤琴提出把"大自然、大社会"作为"活教材"，主张"做中教，做中学，做中求进步"的方法。最终，越来越多的中国学者认为，陶行知和陈鹤琴的教育思想来源于杜威，"并不是盲目照搬，全部承袭，而是结合中国的实际，吸取其有用的部分，做到洋为中用"[2]。这一方面肯定了杜威对陶行知、陈鹤琴教育思想积极而有力的影响，另一方面也说明了陶行知和陈鹤琴在借鉴杜威教育思想的基础上，结合了我国的国情探索我国的新教育，是对杜威教育理想的继承和发展。

的确，从杜威"教育即生活"、陶行知"生活即教育"、陈鹤琴"活教育"的相关论述中可以看出，这三种理论有一定的区别："教育即生活"强调的是"教育的生活化"，"生活即教育"更注重"生活教育化"，"活教育"是让教育在生活中"活"起来。但三种理论之间有内在的联系，他们都抓住了教育与生活、教育与儿童这两大主题，对传统教育的流弊，对传统教育中封闭、僵化的教育进行了入微的剖析、无情的鞭笞和彻底的批判，打破了传统教育所提倡的"教育自教育，社会自社会"一统天下的局面，把儿童看作是一个活生生的、有着自己独特个性、对事物执有自己独到见解的个体。他们的理论都是为了消除教育与社会脱离、教育与儿童生活脱离、教育理论和实践脱离这三大传统教育的弊端。他们的美育理论与实践亦如此。

第二节　杜威美育思想在我国当代的传播与影响

一、从全盘否定到重新重视：杜威美育思想在我国当代的境遇

与20世纪20—40年代形成鲜明对比的是，20世纪50年代，中国意识形态领域爆发了激烈的斗争，杜威的教育思想及其对我国的影响不仅逐渐衰落和减弱，而且人们对它的态度也由肯定变为否定，评价也由积极转为消极。教育界对杜威的批判肇始于曹孚发表于官方教育杂志《人民教育》

---

[1]　陈鹤琴全集：第6卷.南京：江苏教育出版社，1992：300.

[2]　贺琛.对陈鹤琴"活教育"理论的几点认识[J].教育研究，1986（6）.

1950年10月第1卷第6期和11月第2卷第1期上名为《杜威批判引论》的文章[1]。文章中作者把杜威教育思想置于反马克思主义的"反动政治立场"上进行全面的抨击，认为从马克思主义传入中国之日起到中华人民共和国成立后马克思主义被确立为人民共和国各项事业（包括教育）的指导思想，一直受到了杜威所宣扬的实用主义思想的抵制和干扰，特别在教育界，杜威的教育思想"支配中国教育三十年"，"足以迷惑人，足以吓唬人"，对中国教育有着深刻的影响。并强调指出："杜威是资产阶段世界中最有盛名的教育哲学家……'射人先射马'，批判杜威是新旧思想战线上的一个重要战场。"曹孚对杜威的教育思想从生长论、进步论、无定论、智慧论、知识论、经验论等六个方面分别加以批判：批判杜威的生长论是"无方向的生长"，指出"将生物学中的'生长'的概念应用于人类教育是危险的。在微生物、生物与人类之间，不仅有着量的不同，而且有着质的变异。科学规律作用于这三者并不机械地一致"；批判杜威的进步论是"混进步与变动为一谈"，"只承认渐变，否认突变"[2]；批判杜威的无定论是"只承认变化的偶然性不承认必然性"；批判杜威的智慧论只在行动与反思的联系中承认智慧的生成与作用，看不到"顿悟"式的智慧的产生与作用；批判杜威的知识论强调直接知识的重要性而忽视间接知识；批判杜威的经验论过分强调重视儿童的"兴趣"与实际生活相联系的"活动教学"，而轻视需要学生"意志努力"深入进行科学理论学习的"学科教学"；等等[3]。总之，在曹孚看来，杜威的教育思想一无是处，应该彻底推翻。在曹孚之后，对杜威教育思想的批判进入如火如荼的阶段，当时我国一些知名教育学者几乎都发表了批判杜威的文章，较有影响的主要有：朱智贤的《批判实用主义者杜威在心理学方面的反动观点》、刘佛年的《实用主义教育思想批判提纲》（《华东师范大学学报》1956年第1期）、滕大春的《批判杜威的教育学》（《新建设》1956年1月号）等。自1955年开始至1957年左右对杜威教育思想的批判，出版过若干本图书，如人民教育出版社在1955年、1956年曾选编报刊上的文章，汇集成《资产阶级教育思想批判》第1集、第2集、第3集出版。杜威的弟子陈鹤琴

---

[1]　此文在1951年3月由人民教育出版社出版发行了单行本，首次印刷发行了1500册。

[2]　曹孚.杜威批判引论[M].北京：人民教育出版社，1951：1-2，10.

[3]　曹孚.杜威批判引论[M].北京：人民教育出版社，1951：51.

也被迫做《认罪书》一文，对杜威进行了声色俱厉的声讨：

杜威有毒的实用主义教育哲学是怎样在中国得以传播的呢？主要是通过杜威在中国鼓吹实用主义哲学和反动教育思想的演讲来传播，当然也通过杜威反动思想的策源地——哥伦比亚大学来传播。因为在过去30年中，大批中国留学生陆续从哥伦比亚大学学成归国，并从那儿捎回了杜威所有反动的、主观唯心主义的、实用主义的教育思想……。作为一个深受杜威反动教育思想毒害的学生，作为一个杜威教育思想的实力劝导者和推动者，我现在公开控诉现代教育史上最大的伪善者和骗子——杜威！[1]

总之，20世纪50年代，杜威及其教育思想被看作"罪魁祸首"的批判对象，杜威在中国教育界被贴上了"为现代美国反动派对服务的教育学""彻头彻尾的反科学的、反人民的、极端反动的学说"标签，遭到了"全盘否定"。此后20多年，杜威的形象一直没有被改变，中国社会科学院原副院长汝信在1983年出版的《西方美学史论丛续编》[2]一书中用45页的篇幅从颠覆性的角度对杜威的美学思想进行批判，其措辞是十分尖锐的，如变本加厉、断言、妄想、徒劳、鼓吹、有意制造、狡黠、诡辩、偷换、强词夺理等。

从"杜威崇拜"到"杜威批判"是对"杜威教育思想支配中国教育界30年"[3]之后所进行的必要的反思。学者们在对"杜威批判"时认识到：杜威的教育思想是特定社会背景之下的产物，不可避免有一定的局限性。但我们在阅读学者们的有关论著和论文时，也非常遗憾地看到：学者们对杜威教育思想的批判，往往是"宁左勿右"的，是用凸透镜和放大镜的，或临阵磨刀，或违心随流，如此等等。很明显，这些批判失却了"言不得过其实，实不得过其名"的古训。

早在1961年，我国旅美学者吴俊升教授在美国负有盛名的《教育论坛》中的《重新评价杜威的教育理念和实际》一文中写道："在现在，杜威虽受严厉批判和抨击，他的教育理论仍在领导美国教育的实施……他的教育理论的一时性挫折，决不会使他的威望永远毁灭。"吴俊升的这个论断正在被历史见证着。尽管杜威的教育思想在50—70年代乃至80年代遭

[1] 人民教育社."活教育"批判[M].北京：人民教育出版社，1955：60.

[2] 汝信.西方美学史论丛续编[M].上海：上海人民出版社，1983：282-326.

[3] 曹孚.杜威批判引论[M].北京：人民教育出版社，1951：1.

到过我国学者暴风骤雨般的袭击，但自我国外国教育史泰斗之一——赵祥麟先生于80年代初发表著名的《重新评价杜威的实用主义教育思想》一文后，杜威的教育思想又得到我国学者的重视和更深入、更理性的反思。这期间，我国出版了大量杜威的译著。主要有：赵祥麟、王承绪编译的《杜威教育论著选》（华东师范大学出版社1981年版），单中惠编译的《杜威传》（安徽教育出版社1987年版）等。也有对杜威美学思想的介绍和研究，主要有：1984年中国社会科学院哲学研究所朱狄教授的专著《当代西方美学》（人民出版社）中实用主义美学之一约翰·杜威的介绍；1989年北京大学胡经之教授主编的《西方二十世纪文论选》（第四卷）中关于杜威的介绍主要分为三部分，即经验与表现、经验自然与艺术、艺术的经验观。这些工作有力地推动了杜威教育思想、美学思想的研究。20世纪90年代至今，杜威教育原著再一次被大量引入，主要有：王承绪译《民主主义与教育》（1990年），王承绪、赵祥麟等译《杜威学校》（华东师范大学出版社1991年版），姜文闵译《我们怎样思维·经验与教育》（1991年），赵祥麟等译《学校与社会·明日之学校》（1994年），孙有中译《新旧个人主义：杜威文选》（1997年），胡适译《杜威五大演讲》（1999年），高建平译《艺术即经验》（2005年）等。2004年，复旦大学与美国哲学研究中心牵头，组织复旦大学哲学学院、北京大学、清华大学、中国人民大学等高校和科研机构在杜威和实用主义研究领域有深厚功底的知名学者和专家，参加翻译由华东师范大学出版社从南伊利诺伊大学购得37卷本《杜威全集》（包括早期作品5卷、中期作品15卷和晚期作品17卷）及1卷索引的版权，共38卷中文版《杜威全集》的翻译工作正式启动。经过6年的不懈努力，中文版早期5卷于2010年9月正式出版。时隔两年，中期15卷于2012年12月正式出版。晚期17卷于2015年8月出版。共38卷《杜威全集》的翻译出版是我国思想文化界的大事，这也是到目前为止我国最大的西方哲学经典的翻译工程。它的问世为人们重新深入研究和挖掘杜威丰富的思想遗产提供了更为充足的第一手资料。

杜威全集（早期5卷），华东师范
大学出版社2010年9月出版

杜威全集（中期12卷），华东师范
大学出版社2012年12月出版

　　对杜威美学思想的研究主要有：山东大学曾繁仁教授1990年主编的《现代西方美学思潮》中对杜威的美学思想作为经验派美学之一的介绍；滕守尧先生1996年在《当代西方著名哲学家评传》（艺术哲学分卷）关于杜威艺术观的论述；1999年复旦大学朱立元教授等著的《西方美学通史》中对杜威的"艺术即经验"论的分析；1997年滕守尧先生在《艺术化生存——中西审美文化比较》中从艺术与生活融为一体的文化中对杜威有关艺术观的阐释；2000年复旦大学文艺美学研究中心编《美学与艺术评论》中张宝贵所写的《经验的哲学改造与审美特性——简论杜威的审美经验理论》一文等。对杜威教育思想及美学思想的研究不管在广度还是在深度都有所增加，尤其是单中惠的专著《现代教育的探索——杜威与实用主义教育思想》（2002年）是我国教育界最近时期有关杜威教育思想研究的新成果。在这部著作中，作者以丰富的文献资料为基础，以历史唯物主义为指导，对杜威及他的实用主义教育思想进行了全面和综合的考察，探讨杜威实用主义教育思想的形成，剖析杜威对"传统教育"和"进步教育"的态度和关系，进而分析其实用主义教育思想体系及其对世界教育的影响，较全面和客观地评述了杜威及其教育思想和实践。对杜威美学思想研究最全面、最深刻、最客观的是滕守尧先生。滕先生在《当代西方著名哲学家评传》（艺术哲学分卷）中从10个方面全面地阐释了杜威的美学思想，并将杜威的美学观概括为：艺术形式乃是那些最为活跃和最为积极的生活的名称，那些所谓的空洞的形式则是失败的。当其中没有生命或生活的时候，它们就不是艺术。滕先生在1997年出版的《艺术化生存——中西审美文化比较》一书中又从审美文化的角度对杜威美学中的相关理念进行了当代性阐释。与那些对杜威进行强烈批判的学者形成强烈的对比，滕先生是在对杜威文本解读的基础上充分挖掘杜威美学思想中的合理因素，为加深后人对杜威哲学及美学思想的理解和研究提供了可贵的资料。

自80年代以来，关于杜威教育、美学领域研究的期刊文章更是层出不穷。据不完全统计，从1980年至2006年各种教育期刊上发表的有800多篇，在中国学位论文数据库中，从1977年至2006年以杜威为论文题名的硕博论文共有17篇。总之，20世纪80年代以来，我国对杜威教育思想的评价已超越前两次的简单的肯定或否定，而是着眼于杜威教育思想对我国新时代教育实际的借鉴意义。这一期间对杜威教育思想的研究不管在数量上还是在研究范围的广度和深度上都到达了极盛，有从宏观上进行阐释、分析的，如杜威教育思想及其对我国教育的影响、杜威的教育哲学、杜威教育思想在我国的传播与影响、杜威的职业教育思想、杜威教育理论产生的社会根源和文化根源等，也有从微观层面进行的研究，如教育与生活、经验与课程、教育与道德、儿童与教师等。不管是宏观方面还是微观方面的研究，都是在更深入的层次上引进、借鉴、评价了杜威的教育思想，并做出了中国式的当代阐释和论证，从而使杜威教育思想在当代中国教育的语境中焕发出其应有的生命力，为我国当代教育改革中倡导的一些新理念，如活动课程、综合课程、研究性学习、主体参与教学法、活动式教学法等提供了一些可贵的资料。如华东师范大学钟启泉教授通过对杜威在芝加哥实验学校所实践的"主动作业"的立论基础、特点、教学方法等方面进行分析，认为"主动作业"倡导学生通过主体的实践性活动解决问题，获取新知，标志着课程形态的研究性学习的诞生[1]。华东师范大学张华教授认为：在教育思想史上，对我们今日所倡导的"研究性学习"从理论和实践两个方面做出最系统、最深刻阐述的人是杜威，并以杜威研究性学习的思想与实践、杜威的实践研究即1896—1904年期间芝加哥大学实验学校的课程体系为切入点，详细阐释了杜威研究性学习的理论和实践[2]。

尽管杜威在我国的教育界经历过从20世纪20—40年代的高度赞誉、无限崇拜到五六十年代至70年代的无情诋毁、极度蔑视，但自20世纪80年代

---

[1]　钟启泉，安桂清.研究性学习理论基础[M].上海：上海教育出版社，2003：9-16.

[2]　张华.杜威研究性学习的思想与实践[J].当代教育科学，2005（23、24）.

至今，杜威的许多基本观点经受住了时间的考验，被一度湮没的著作和理论再度受到垂青。学者们从不同的角度对杜威教育思想不同方面做出了重新评价，除了极少数学者对杜威有关思想的消极评价外，大多数学者不仅充分肯定杜威在教育史上的重要地位及其对我国和世界教育所产生的重大影响，而且也充分认识到杜威教育理论的积极作用和所包含的某些合理因素，并主张批判性地把这些因素吸收和运用到我国教育实践中来。一个教育家能有这样长久的生命力、这样广泛的影响力可以说是寥寥无几。我们知道，尤其在现代社会中，无论何种形式何种理论，更新的速度都快得惊人，昨日的真理在今日可以成为谬误，今日的英雄到明日可能成为庸人，但杜威却没有被超越，杜威的教育理念在我国今天的教育界又受到普遍的重视和欢迎，进入了重新接受和运用的时期。

二、新一轮艺术课程改革：杜威美育理论基因的传承[1]

在人类文明高度发展的今天，经济的发展将比以往任何时候都更加依赖于知识的生产、传播和应用，知识将成为经济社会发展的驱动力。科学技术尤其是高新技术将成为社会生活的重要内容，成为推动社会进步的重要力量。伴随着科学技术的进步、国际间竞争与合作的加强，全球一体化趋势已成为不可逆转的历史潮流。这一深刻的时代背景表明，21世纪各国人才的竞争越来越表现为智力性人才的竞争。为了培养适应新世纪社会发展需要的创新人才，保证新世纪的教育质量，就必须根据时代的特点来进行教育改革，以使我们的教育教学更能为培养适应时代发展的人才奠定坚实的基础。课程是教育方针和教育目标的集中体现，是学校教育的基本活动和全面安排的具体体现，直接影响到学校的发展、教师的发展、学生的发展以及教育质量的整体提高。因此，课程改革是教育改革的核心。许多国家都把基础教育课程改革作为增强国力、积蓄未来国际竞争实力的战略措施来抓。我国从1999年开始启动了新一轮基础教育课程改革，这是中华人民共和国成立以来规模最大的第八次基础教育课程改革运动。新一轮基础教育课程改革工作分为三个阶段：酝酿准备阶段、试验阶段和全面推广阶段。酝酿准备阶段从1998年教育部颁发《面向21世纪教育振兴行动计划》和1999年6月第三次全国基础教育工作会议召开，到2001年6月全国基础教育工作会议召开前共3年时间，在这一阶段，研究制

---

[1] 肖晓玛.新一轮艺术课程改革：杜威艺术理论基因的传承[J].美与时代，2013（4）.

定了《基础教育课程改革（试行）》、义务教育阶段18科课程标准的实验稿，编写及审定了各科实验教材。试点实验阶段即全面启动新课程的实验工作，国家和省两级先后进行新课程实验并逐步扩大试点范围，探索、积累经验。这一阶段从2001年秋季义务教育各学科课程标准（实验稿）及其20个学科（小学7科、中学13科）的49种新课程实验教材首次在38个国家课程改革实验区试用到2004年大约用了3年时间。在对试点实验区全程跟踪评估、分阶段总结国家和省两级实验区的基础上，2005年秋季，中小学阶段各起始年级的学生原则上都使用新课程。目前，新课程已在广大校园深入开展，走进了每一位师生的日常生活。新一轮基础教育课程改革在优化课程结构、调整课程门类、更新课程内容、改革课程管理体制和考试评价制度等方面都取得了突破性进展，其规模之大、进展之快超过了以往任何一次改革，这对我国基础教育的改革和发展带来深远的影响，对推动我国基础教育领域素质教育的实施，为培养新一代人才发挥重大作用。在如火如荼的新一轮基础教育课程改革中，美育得到了前所未有的重视，学校不仅设有专门的音乐课、美术课，还增设一门与音乐课、美术课平行的艺术课程。

新一轮艺术课程改革改变了以往单纯以某一学科的知识体系构建课程的思路，坚持综合性的课程方向，不但注重音乐、舞蹈、戏剧、美术等四个艺术门类的综合，而且十分强调艺术与人文、艺术与科学领域之间的相互渗透、融合，通过艺术的角度，在艺术的教育与学习活动中，使学生的艺术能力与其他素养同时得到提高。如在小学低年级"无言的伙伴"一课中，四个艺术门类从不同的角度发挥其独特的作用：美术表现动物朋友"可爱的造型"；音乐表现动物朋友"可爱的声音"；舞蹈表现动物朋友"可爱的动作"；戏剧表现动物朋友"可爱的生活"；等等。虽然这些表现动物"可爱"的角度不同，但是目标是一个——"可爱"，正因为这么多的"可爱"加在一起，才使学生感到动物朋友的的确确是可爱的！任何一个单个的"可爱"，与整体的"可爱"比起来都显得软弱。单个的可爱是一个点、一个面、一条线，而整体的可爱则是立体的、全方位的。诚然，通过不同艺术门类的综合，孩子们充分认识到动物的可爱，从而产生对动物的情感，这使孩子的人文素养得到了相应的提高。这就是新一轮基础教育课程改革中的艺术课程，在目前的艺术教育实践中它正昭示其强大的生命力，其具体实施中呈现出全面、深刻、动态、开放的艺术教育新理念，是对以前艺术教育的一次全新的挑战，是符合当前素质教育和审美教育的要求的，这为我国美育工作的开展开创了一片崭新的天地。艺术课程是广大专家经过广泛的调查研究和国际比较后所撰写的，但我们可以发现，它与杜威的"艺术即经验"观有许多不谋而合之处，

2008年2月26日，新学期天津哈密道小学开设京剧课，图为专业京剧演员为学生们示范课

在某种程度上是对杜威"艺术即经验"观的一种具体形象的诠释。具体表现在新一轮艺术课程改革体现了四个关系：经验与自然；艺术与生活；学习与体验；学习与自主探究。

（一）经验与自然

在杜威看来，只有当人与自然互动、交流、结合时，才产生艺术。新一轮艺术课程改革不仅倡导艺术的学习应是自然的，而且倡导在自然中感受和学习艺术。自然中充溢着活泼的生命：灿烂的花朵、美丽的白云、欢快的飞鸟、参天的大树……大自然中莺歌燕舞，泉水叮咚。但传统的艺术教育倡导学生在书本中领略自然的美，在封闭的课室内，在"我唱你跟、我讲你听"的机械、乏味的教学模式中学习音乐与美术，这使活生生的大自然美景成为一些符号、一些概念，学生的学习是机械的接受，对艺术的感受与追求也是麻木不仁的；也许学生能依样画葫芦画出花、草等，但学生所画的作品必然是干巴巴的、没有生机的；也许学生口中漫不经心地哼着"春天在哪里呀，春天在哪里……"，心却早已飞到窗外去寻找那山林、湖水和小黄鹂去了。综合艺术课程认为艺术是自然的，自然中处处有美，倡导把孩子们从狭小的教室中领出来，把大自然作为艺术课堂，去闻闻花的香气，听听白杨树在风中奏出的乐曲，看看残雪无声地浸润泥土，任雨点滴滴答答地落到脸上、身上……在与大自然亲近的过程中，让学生感受自然交响，天籁之音，从而激发他们对艺术的不断追求。从《听

风》[1]这样一个案例中，可以很好地说明新一轮艺术课程改革是如何倡导在人与自然的融合中学习艺术的。

教师带着孩子们来到一个有假山、小桥、流水、高大树木、期待春风吹拂的花草的小花园，让学生分组坐在一起。教师告诉孩子们要竖起耳朵听风的声音，用眼睛找找风在哪里，是从哪里吹过来的。要让皮肤的毛孔张开，体验风的吹拂，要把心灵的窗口打开，让风吹到里面去，体验风的浸润。在这种真实的自然环境中，孩子们用眼睛、耳朵、肌肤、心灵体味风的吹拂，每个孩子的感受是独特的，这是以前的书本学习中不曾有过的：

现在的风吹到脸上，不像冬天的风刺刺的、扎扎的，现在是清凉的、温暖的，心里有一种被穿透了的凉爽感觉；风吹过来，把我们的忧愁吹走了，送来了清爽和快乐；刚才我闭着眼睛，听到了鸟叫的声音，听到了风刮得树梢沙沙地响，是树枝相互碰撞的柔和声音。现在，我们即使有烦恼，也忘了……

有个学生在感受风的温存爱抚时想起了自己以前看过的一幅画：

我看过一幅画，题目是《风》，风有很多种，春夏秋冬各不相同。粉红色的风代表春天的风，她给人带来花季；夏天的风是绿色的，让人想起茂盛的枝叶；秋天的风是金黄色的，让落叶归根；冬天的风是白色的，很厉害。

这个学生对风的感受比别人深了一层，无形中把大家带向了对风的更深刻的感受中。这时老师趁机引导：

听你这么说，我们知道了，在艺术眼里，风是有颜色的。现在的风是什么颜色呢？

学生的思维是敏捷的，想象力是丰富的，他们说出了自己不同的认识：

应该是绿色的，轻柔的；是粉红色的，漂亮的，因为花快开了……

这些片言只语都是学生在有了自己真实的感受后从心灵迸发出来的，在这种感受的基础上，教师再引导学生选择自己心目中的色彩，将春风拂面的感受画出来。

在学生自己有了真实感受后，教师又引导他们用戏剧课上学过的动作即兴表现自己对春风的感受，然后分组用连续的动作让风从第一个同学那

---

[1]　滕守尧，邢东平.小学美术[M].长春：北方妇女儿童出版社，2005：116-129.

里传递到最后一个同学那里，鼓励每个同学自己创造动作，尽量做到和前一个同学不一样。

在对风有了切实的感受后，教师又引导学生观察小草的变化，让学生看在经受了狂风的袭击后从泥土中顽强地钻出的像针一样嫩尖儿的小草，并让学生仔细倾听小草的声音：我们出来了；春天来了；朋友们好；小心，别踩死我啊；等等。从而联想唐朝白居易的《草》一诗，唤起孩子们对小草命运的关注。

在孩子们对自然的亲身感受中，艺术教育的说教早已是多余的。听，有孩子说道：

我感到风是有节奏的，一阵一阵地吹过来，让人心旷神怡。

节奏是美的一种主要形式，老师当然要呵护孩子们闪亮的智慧并加以引导：

风确实是一阵一阵地吹过来的，是有节奏的。我看，这是大自然在呼吸吧？生活中还有什么是有节奏的、有规律运动的？

教师的提问激发了学生的联想：

音乐是有节奏的，钟的摆动也有节奏；还有人的心跳、呼吸；海浪的起伏；人走路、跑步都是有节奏的运动，人的生活就是有规律的，白天学习，晚上睡觉……

教师及时地帮助学生从零乱中找出秩序，从繁杂中找出简洁，从单调中看出韵味：节奏是一种美的形式。昼夜交替，冬去春来，泉水淙淙，蝉鸣阵阵，都有一定的节奏。在很多艺术品中，也有节奏和韵律的存在，如绘画、音乐、建筑等。教师对节奏的及时点拨不知不觉中丰富了学生的艺术知识。

在这种真实的自然环境中，孩子们似乎对一切都陌生，都惊奇，都喜悦，也有了些即兴的要求。有个孩子提出：我特想趴在地上，感受自然。对这样的要求教师怎能怠慢？这样，孩子们有的双膝跪地，有的舒展开身体，趴在地上，一动不动地注视着地面，他们像刚从地上生出来的轻盈的蝴蝶，又像是从天上刚刚掉下来的小麻雀，他们伸展着细小的情感触角，想昆虫的心事，看小草发芽，与自然融为一体。在这种与大自然零距离的接触中，他们对自然的感触是真实的、深刻的，他们有了自己不曾有过的发现：

趴在这里有灵感。我感觉到昆虫都睡醒了，正在伸懒腰，准备往上钻了。

现在的土一定比冬天松软了，地下是暖和的，昆虫睡得很舒服，现在要开始新生活了。也许有的小虫子还没有看到过世界是什么样，正盼着出来呢。

…………

多么真挚的声音，孩子们已经将自己的情感弥散到了昆虫的身上，这样的感受不仅让孩子们更加懂得了对自然中一切生命的热爱，且多了一份对自然奥秘探索的欲望。

在这种风吹得云在飘、吹得树梢在摇、吹得同学们的头发轻摆的自然环境中，小草现出新绿，大地复醒，风有节奏地刮过来，小草在冲孩子们微

小学艺术课堂上，孩子们正在用不同的方式感受和体验音乐的节奏（2006年6月13日笔者摄于南京琅琊小学）

笑，孩子们也同样报以微笑。孩子们和天、和云、和树、和风、和大地连在一起，每个人都融化在大自然里，他们忘了身边的一切事，只有快乐的心情，他们不仅倾听到了自然的声响，体会了春风的吹拂，观察了小草的变化，了解了节气的奥秘，而且他们的心灵像湖水般清澈，像花朵一样美好，他们懂得了对自然中一切生命的热爱。他们的审美感受得到了应有的提高。这样的课堂不仅使学生在自然中感受到了美，学到了绘画、节奏、舞蹈等艺术知识，而且使学生从被动的存在状态进入生存的状态，教学活动本身已经成为艺术，这是一种艺术化的生存方式。

在对自然凝视、谛听时，孩子们感受到了喜悦、担忧、柔软、静谧、清幽、弥漫、清澈、恐惧、温暖……各种各样的情怀撞击着他们的心灵。因此，教师引导学生分小组把春风拂面的感受用线或面、用颜色等表现时，孩子们对艺术的表现有了自己的选择：有学生用曲线表现，认为有尖的线和直线都会给人刺痛的感觉；有学生让线条有飘动的感觉，因为春风是轻盈的；有学生认为线在跳舞；有学生认为线在飞翔，因为风不停

留……在背景的设置上,有学生用白板纸,把背景涂得暗一些,感觉冬天是漫长的、寒冷的……这样的艺术课是受学生欢迎的,因为艺术课上他们有思想要表达,有话可说,这种思想是在人与自然的融合中,与自然的对话、交流、互动中产生的,这样的艺术课使孩子们感受到自然的蓬勃生命,从而唤醒孩子们对自然的热爱、对生活的憧憬。

(二)艺术与生活

学生的生活、学生的经验是开展有效教学的基础,是学生获取新知的出发点或理解其他知识的基础。早在1897年,杜威在《我的教育信条》这本纲领性著作中就明确指出,"教育是生活的过程,而不是生活的准备"[1],并指出,"学校必须呈现现在的生活——即对于儿童来说是真实而生气勃勃的生活。像他在家庭里,在运动场上所经历的生活那样。"[2]按照杜威的观点,课程的本质应该是具有教育意义的,具有连续、交互性质的经验,这些经验是儿童生长和社会发展所共同需要的、不可或缺的。儿童的生活和经验具有"统一性和完整性",因此,学校的各类课程不能和儿童的世界相割裂。这要求不管是课程设置还是教材编写,都不能只从知识本身出发,而应与学生的社会生活与经验相联系。杜威曾对传统课程和教材大力批判,认为传统教育的课程是由前人积累起来的系统的间接经验构成的,它们代表成年人的种种标准,超出了儿童已有的经验范围。在杜威学校的美育实施中,教师常常向学生呈现生活中的真实问题,并指导他们通过自己的实践活动来解决问题。

在我国,整个20世纪的课程改革在很大程度上是为了适应科学世界的变化,课程改革的主导价值是"唯科学主义"。受科学世界支配的课程体系也就成为"唯科学主义的传播者"。这种课程越来越脱离生活世界,进而导致教育中生活意义的失落。新一轮艺术课程改革克服传统课程与学生生活世界剥离的局限,突破学科疆域的束缚,通过引导学生观察生活,使他们知道艺术来源于生活又高于生活,逐步诱导他们运用自己喜爱的艺术手段反映生活和表现生活,在对生活的不断探索和艺术的创造中生发出对生活的激情、想象、希望、理解和热爱,从而扩展生活经验,逐步领悟自身生活的意义和价值。在我们的艺术课堂上,捕捉"生活现象",联系

---

[1] 赵祥麟,王承绪.杜威教育论著选[G].上海:华东师范大学出版社,1981:4.

[2] 杜威.学校与社会·明日之学校[M].赵祥麟,译.北京:人民教育出版社,2006:6.

"生活画面"，设计"生活情景"，将学生的生活世界引入课堂，使学习过程成为学生实践体验、不断生成经验的过程等理念已深入渗透到艺术教师的教学行为中，我们可以在小学一年级"音的强弱"[1]一课上充分感受到教师是如何将艺术学习与学生的生活经验密切联系的：

课前，教师在教室里放了碗、盆、筷子、饮料瓶、黄豆、沙子、塑料袋、纸等在一般人看来是五花八门的东西。上课时，任课教师王老师首先要小朋友们想办法让这些东西发出声音，方法越多越好。孩子们顿时忙碌起来，有的用筷子敲打碗、盆；有的把纸揉一揉、甩一甩；有的在饮料瓶里装上黄豆使劲摇；有的在塑料袋里吹足气，扎紧袋口，使劲一踩，"啪"……花样百出，生活中这些不起眼的东西居然成了每个孩子很感兴趣的学具，他们摸索了很多方法。

接着，王老师又鼓励小朋友们分组将这些东西制作成一个沙球。孩子们又张罗开了，其中一组学生一手拿瓶，另一手到盆子里抓沙子往瓶里装，结果沙子撒得到处都是；还有一组，他们嫌用手抓得太慢，干脆端起盆往瓶子里灌，地上撒了一大片……不过最终每个小朋友的瓶子里都装上了一些沙子，轻轻地摇一摇还真像那么回事——人人都有一个沙球了。

看到孩子们能让日常物品发出声音后，王老师便问孩子们是否愿意将早已准备的大鼓发出声音。孩子们跃跃欲试，有的在鼓上使劲地敲一下"咚"，有的小心翼翼地"咚咚咚"，通过亲身体验，王老师才切入了本节课的主题：音的"强"和"弱"。

王老师并不满足于学生懂得了音的强弱，接着又引导学生将对"音的强弱"的理解运用到实际操作之中，让学生拿出自己刚才做的沙球，为教师所讲的"下雨的故事"伴奏。孩子们的热情非常高。小雨，轻轻地，"沙沙沙沙"，声音效果非常好。大雨哗啦哗啦，小朋友们拿起沙球使劲地摇，可力气再大，总觉得没有那种"哗啦哗啦"的效果，这让有些孩子感到有点失望。王老师因势利导，启发孩子们充分利用自己面前的一堆物品，孩子们有了灵感：用黄豆装进去试试。又一个沙球做好了，大家一起使劲地摇，兴奋得大喊：

我们制造出大雨啦！

---

[1]　王安国，郭声健，蔡梦.走进课堂——音乐新课程案例与评析[M].北京：高等教育出版社，2003：170–174.

这时，王老师开始讲故事了："天阴阴的，下起了蒙蒙细雨，慢慢地雨越下越大，小树苗张着嘴巴尽情地喝着雨水，饱了饱了。雨公公，请您慢慢地停下来吧，雨慢慢地停了，天边出现了一道彩虹。"孩子们在美妙的故事意境中特别投入，双手控制着沙球，根据故事的内容伴奏着"沙沙……哗啦哗啦……沙沙沙沙"的声音，在伴奏过程中孩子们既玩得愉快，又充分感受到音的强弱的对比。

王老师上了一堂精彩的艺术课，这里没有刻意的说教，孩子们对"音的强弱"的理解与日常生活紧密联系，日常生活中所熟悉的、简单的、普通的瓶瓶罐罐成了有效的教具，为生活中的雨声伴奏，又使自己所学的知识学以致用，这使生活和经验成为孩子们学习和发展的活的源头。

总之，新一轮艺术课程不再是单一的、理论化的、体系化的书本知识，不再是单一形式的训

高中艺术课堂上，两位同学正在表演小组创编的戏剧
（2006年6月15日笔者摄于南京师范大学附属中学）

练或机械记忆，课程内容也不再是死记硬背一些对实际生活毫无助益的抽象知识，而是在与学生日常生活经验的密切联系中学习艺术。艺术课程改革的要旨所在是使艺术教育返回生活，融入生活，关切学生真实的生存感受，使学生真正成为艺术与生活的剧中人，而不是艺术与生活的旁观者。立足于日常生活经验，这是对杜威"经验是艺术的萌芽"观的呼应。

（三）学习与体验

在杜威看来，"美的艺术……在于这些匿名的艺术家们在生产过程中完美的生活与体验……正是这种在制作或感知时所体验到的生活的完满程度，形成了是否是美的艺术的区分"[1]。按照杜威的理解，艺术教育只有关注了学生在学习过程中的身心体验，才能触动学生的心灵深处；只有触动心灵深处，才能产生情感、生成意义、发展素质。新一轮艺术课程改革突出强调通过体验的艺术学习，明确提出三维的艺术课程目标，即"知识

[1] 杜威.艺术即经验[M].高建平，译.北京：商务印书馆，2005：27.

目标""技能目标""情感目标"。这三个课程目标，尤其是"技能目标"和"情感目标"与学生的身心体验有直接、密切的联系。如"技能目标"的常用行为动词包括磨练、尝试、运用、感受、表现、再现、表演、讨论、合作、分享，等等；"情感目标"的常用行为动词主要有兴趣、态度、关爱、热爱，等等。这些行为动词的实现都离不开体验。新一轮艺术课程改革倡导的三个教学环节（感知与体验、创造和表现、反思和评价）中，特别强调感知与体验的重要作用，认为感知与体验是学生自主创造和即兴表现的前提和准备。在体验中学习艺术已渗透到艺术教师日常教学行为中。让我们在邢东平老师以"痛苦"为主题的"痛苦与快乐"[1]课例中感受艺术教师如何让学生在体验中有效学习艺术：

教师将学生分成几组，首先让每个同学在组里说说自己经历过的一次痛苦或快乐的事件、当时的心情、自己的表现。

然后请学生借助教师准备的报纸、绸带两样道具或其中的一样道具加上身体动作，表现出自己的痛苦心情及快乐心情。

学生随着录音机播放的节奏或兴高采烈、手舞足蹈或抖动报纸、高举绸带等表现着自己的心情。

当问到学生在表现痛苦和快乐的动作有什么区别时，他们的表述是建立在自己亲身体验基础之上真切的、深刻的、积极的、丰富的感受：表现痛苦时，很多同学是做一个动作，静止不动，表现快乐时，是又蹦又跳的（即动与静的区别）；表现痛苦时，动作是紧张的，表现快乐时是放松的；表现痛苦时，低头的同学多，不愿意与人相见，眼睛、鼻子皱在一起，快乐时，愿意与人分享，看着人笑……

通过做动作体会，通过与痛苦对比，学生对快乐也有了新的理解：快乐就是身心放松，没有学习压力；原来，我以为快乐就是去公园玩，现在，我感觉到这样上课也是快乐……

听到同学们发自内心的体会，教师及时小结：可以这样说，快乐是一种怡然自得的心情。做一个动作，听一首乐曲，随鼓点拍手，都可以使人感到快乐，这美好的瞬间是值得回味的，值得珍视的。

教师的小结使学生的感受和体验得到了更高层次的升华。

有了以上体验，接下来让学生用彩色的线条分别表现痛苦与快乐的心

---

[1]　滕守尧，邢东平.小学美术[M].长春：北方妇女儿童出版社，2005：208-211.

情时，学生的表现方式多种多样。通过对同学所画作品的分析，学生亦有了对艺术的更多认识和思考：

表现痛苦的线条，交叉多，没规律；表现快乐的线条少，却舒服。

表现痛苦的线显得速度快；表现快乐的线缓慢、轻柔。

人在表现痛苦的时候，心情乱，想喊，想叫，所以线也没有规律，有尖，有转折；快乐的时候，心里哼着小曲，线也是曲线、圆线。

…………

教师在学生的反思中做了及时的小结：线的使用与人的心情一致。有尖、有转折的线，对人的眼睛有一种冲击力，或者说，对人的眼睛有一种强刺激，使你感受到了痛苦，与作品产生了共鸣，自己的情感也得到了宣泄。这就是艺术品的作用，它用点、线、面的组合，引起人的情感变化，使人的心灵得到净化。

这是一节让孩子们通过体验成功学习艺术的案例，在体验中学生不仅获得对艺术的感知、欣赏、评价、表现等能力，而且学生的心灵一次次被拓展，这使学生的人性在不知不觉中得到了培养、陶冶、塑造，从而趋向完善，这正是艺术教育的内涵，是艺术教育的本来目的。

（四）学习与自主探究

我们所处的时代是一个知识激增的时代，知识浩瀚无边，教师所能教给学生的，只是知识总量中的极少一部分。学生只有通过自己主动的探究学习才能形成对自然界客观的、逐步深入的认识，形成一定的概念和概念体系。自主探究是新一轮艺术课程改革所倡导的基本学习方式。新一轮艺术课程改革的重要目的在于改变学生单一的知识接受方式和简单的技能训练，使学生通过多样化的探究活动展开学习。这一追求不仅能拓展学生的学习时空，整合校内与校外课程资源，而且正如我们常说的一句格言一样："我听过，我忘记；我看过，我记得；我做过，我学会。"它能够赋予学生综合运用知识的机会，使他们不仅仅囿于对概念、材料的记忆和推理，而是能从社会的、文化的、政治

幼儿园的陶艺课上，孩子们正在专心致志地构思京剧脸谱（2006年10月16日笔者拍于常州鸣凤中心幼儿园）

的观点出发对现象发表个人见解，展现个体智慧。尤其重要的是，学生的自主探究能够"化信息为知识，化知识为智慧，化智慧为德性"。因为没有自主探究的体验就不可能有"悟"，不可能有"智慧"，没有"智慧"就不可能知人知事，不可能对人、对事给予足够的敬意，因而也就不可能具有高尚的德行。新一轮艺术课程改革注重促进学生发现和创造的兴趣，满足学生主动认识世界的愿望，从而使学生形成独立思维的习惯、终身学习的能力。让我们在一节小学艺术课堂上感受如何让学生在探究中学习艺术[1]：

在M小学，H老师教的四年级学生午饭后进入教室时，看到房间里堆了一堆眼镜、瓶子、铃铛、大小不等的有孔木盒、音叉、木琴和笛子。学生们狂呼着扑过去玩耍。H老师则在一旁看着。

几分钟之后学生们开始坐下来。一个学生问道："H老师，发生了什么事？看起来好像这里变成了一个交响乐队。"

H老师笑着说："也可以这么说。实际上，今后这里会成为我们的音响实验室。"他在教室里走动着，拿起一把琴拨动着琴弦，同时用一个勺子去敲打身旁的一个饮料瓶。"你们从这些声音里感觉到了什么吗？"他一边问一边重复了一遍动作。

一个女生回答说："它们听起来很像，但是又不一样。"

另一个女生提议再做一遍。这一次，学生们很快注意到了这两种声音音高相同。

H老师布置说："你们的任务是寻找声音变化的原因并把它描述下来。你们可以分成几个小组，利用现有物品进行实验，看看声音变化有什么规则。根据你们的发现制作一件乐器，然后介绍一下你们设计的乐器具有什么功能，你们是怎样做到的。最后我会告诉你们我想让这件乐器干什么。你们一起动手实验，看看你们的想法行不行。现在我们开始分组，谁有什么建议吗？"

一个男生勇敢地开了个头："我注意到这些东西有五种不同的材料。或许我们可以分成五个小组，每一组用这些东西实验一会儿，接下来交流一下体会，听听别组的主意。然后再决定下一步做什么。"

其他同学提出了另外一些意见。接下来的半小时里学生们讨论出了一

---

[1]　钟启泉，崔允漷.新课程的理念与创新——师范生读本[M].北京：高等教育出版社，2003：117.

个实验研究的计划。

这是一节以音乐切入的综合艺术课，教师精心设计的教学情境激发学生的探究欲望。学生通过亲自动手拨弄、操纵教师所提供的特定实物材料，发挥他们的想象力、创造力，去寻找、体验材料中的概念，获得对事物的感性认识。同时，在探究的基础上组织学生讨论并交流各自的发现，使他们从具体事物抽象出所要揭示出来的概念，从而由感性阶段的认识发展到理性阶段的认识。

新一轮艺术课程改革中倡导自主探究的理念与杜威"艺术产生于实践""从做中学"等理论是相通的。艺术与其他学科的不同之处就在于它既不是一个纯理论的东西，也不是一个纯技术的东西，不像其他课程那样一听就懂，一懂即会。"艺术语言"不是可以言说的概念性词汇，更多的是包含在创作实践活动之中的"默会知识"，这种默会知识的获得必须建立在个人实践的基础上，通过参与、

幼儿园的小朋友们在陶艺课上制作的京剧脸谱（2006年10月16日笔者摄于常州鸣凰中心幼儿园）

体验、内化等过程方能悟到。"自主探究""从做中学"实际上就是让学生投入实践之中，以主角的身份进行探索；在探究的过程中、在做的过程中，学生获得感性认识并产生心灵的共鸣，从而把体验到的东西纳入自己的经验体系。只有受教育者积极主动地感受、体验、探索、动脑、动手，亲自获取知识和经验，才能逐步体会和领悟到艺术的种种形而上之道，才能进一步运用所学到的知识和经验进行艺术创造，发展能力，完善人格，体现自我。只有这样，知识（经验）才能成为个人态度、价值观、行为习惯的一部分。

美国人曾把杜威的形象比作无所不能的"幽灵"[1]，如：美国当代课程理论专家小威廉·多尔（William E. Doll）曾形象地说，21世纪的今天，"杜威的幽灵在美国课程里游荡"；美国当代课程理论专家赫伯特·克里伯德（Herbert Kliebard）认为，"杜威的形象……一直盘旋在课程争斗之

---

[1] 这里所说的"幽灵"是指渗透在社会和文化领域中的一种观念、一种范式。

中"。杜威曾经勇敢地打破了旧有的范式。尽管小威廉·多尔、赫伯特·克里伯德等人也在尝试着打破杜威的范式，但他们不得不承认，杜威为他们正在经历和探索的这一切打下了基础，杜威的幽灵鼓励他们继续这一工程。随着改革的不断深入，我们今天的学校和课堂中杜威的"幽灵"也无处不在，用单中惠教授的话说："杜威绕不过去"，"在新课程改革的过程中，我们经常遭遇杜威"，并呼吁"中国教师大面积补读杜威"[1]。有学者也指出：杜威的教育思想为我国的基础教育改革和新课程改革提供了可资借鉴的思路，是我国的基础教育改革和新课程改革的基本"航线"[2]。我国已故著名教育史学家赵祥麟教授早在1980年一篇题为《重新评价杜威的实用主义教育思想》的文章中就明确指出：只要旧学校空洞的形式主义存在下来，杜威的教育原理将依旧保持生命力，并继续起作用。的确，在我国新一轮基础教育改革的艺术课程中，有许多与杜威美育理念的契合之处。在深入进行课程改革的今天，我们有必要从杜威美育思想的宝库中不断挖掘，借鉴杜威美育思想中的合理成分，以便更好地服务于我国当前的艺术教育。

---

[1] 张树伟.我们为什么需要补读杜威？——访杜威研究专家、浙江大学教授单中惠[N].中国教育报，2007-03-01（5）.

[2] 陈清平.校准新课程改革的基本"航线"[N].中国教育报，2007-03-22.

第七章　杜威美育思想对中国当代美育的启示

第一节 杜威美育思想与中国传统美育思想的比较

　　站在将杜威的美育理论批判吸收、为我所用，以促进我国当代美育理论建设的立场上，将杜威的美育理论和我国传统美育思想做一比较，也许是有益的。在艺术本体论上，杜威的艺术观与中国传统艺术观有很大的区别。中国传统艺术观认为艺术是一种高于生活的、难以达到的境界，所谓"文章本天成，妙手偶得之"，所谓"得意忘言""眼前有景道不得"，所谓"象外之象""景外之景"。在中国古代的艺术论中，艺术先于生活而存在，是一种高妙的"境界"，艺术思维则是一种接近于"神思"的不可自由驾驭、只可凭机缘而得到的"妙悟""情悟"。而杜威的"艺术即经验"，视艺术几乎无处不在，日常生活就是艺术。二者显然是有很大差别的。在艺术生成论上，中国古代艺术论在艺术生成的过程中主要讲究灵感、顿悟，视艺术是自己内在心灵的抒发，并不需要通过对生活的感受和体验才能达到：如古代诗人所言"来不可遏，去不可止""尽日觅不得，有时它自来""做诗获机追往逋，情景一失后难摩"；绘画领域中的"外师造化，中得心源""写胸中逸气""逸笔草草，不求形似"；文学领域中的"童心"说、"独抒性灵"说、"神韵"说；音乐领域中的"琴者……所以吟其心""任性而发""冲口率意之作……此天下之真声"，等等。所以中国的传统艺术，不管是中国画、中国书法，还是古典诗词与音乐创造等，往往与生活有一定的距离，是结合了艺术家个人的灵感而产生的，是对生活美的提升与高度的提炼。杜威主要认为艺术生成是体验的结果，融合了习惯、知觉、想象、情感等成分。可见，在中国传统艺术观中，艺术与生活的距离决定了艺术并不简单等同于经验，而是高于经验。

只是在艺术功能论上，二者有很多的共同之处。滕守尧先生曾指出[1]：中国早在三皇五帝时代，就已经用音乐培养统治者人选。至周代，周公开创了"制礼作乐"的制度。在最高统治者的推动下，整个社会礼乐并举，相辅相成，相互加强，为的是以此造就一种祥和的社会和人的心理世界。这一举措不仅成为西周的一项根本社会制度，同时还是它的一种主要的教育形式。在西周社会中，音乐与教育几乎是一种一而二、二而一的关系。《周礼》规定：学校负责人必须都是搞音乐的，所谓大司乐和乐师，不过就是负责大学和小学教育的官长。甚至所有教育内容或目标，包括乐德，不过是以祥和的音乐影响的行为和德行，具体指忠、和、敬、孝等；所谓乐语，即具有音乐韵味的语言，包括诗辞等；所谓乐舞，即受祥和音乐影响的歌舞。据说，那些掌握了这种歌舞的学生，一般都具有优雅的神态和举止。"乐德""乐语""乐舞"三者合成当时的"礼"。归根结底，"礼"就是受到音乐影响和规范的语言和行为，其形式和韵味与音乐同构。在这里，二者相互融合，不存在谁为谁服务的问题。换句话说，音乐不是教育的方法或工具，它已经与教育的内容完全融为一体。这些与杜威的艺术功能论是十分相似的。

杜威的美育理论和我国传统美育思想既有差别，也有互补性，二者应是中国当代美育理论建构的两个重要的理论资源。

一方面，在杜威看来，艺术即经验，经验即生活，他强调的是艺术的实践性。在今天看来，如果艺术等同于生活，其庸俗化的倾向是很明显的。即使如此，杜威的美育理念恰好可以用来弥补中国传统艺术教育的不足，因为他强调艺术来源于生活，来源于经验，所以具有可操作性，尤其对于基础教育而言，注重孩子的生活体验、动手能力，对培养孩子的艺术感受力是相当有益的，这方面恰恰是中国传统艺术教育所忽略的。而且，杜威所说的艺术即经验，强调的是生活艺术化，这对改变人的生活态度，提升人的生活质量，无疑是大有裨益的。当代著名美学家滕守尧先生这样评价杜威："许多人认为，美国文化缺少传统根底，更谈不上审美文化。然而许多事实向我们证明，这种看法也许是一种偏见。远在19世纪中叶，美国大思想家梭罗，就从'生活艺术化'的角度对审美文化进行了深入的思考和实践。20世纪初，大思想家和教育家杜威继续阐述这一思

---

[1] 滕守尧.艺术教育与生态[J].美术观察，2003（5）.

想，并提出'完美的经验即艺术'和'艺术即经验'的见解。两个人的思想对本世纪美国和其他国家的美学、艺术与生活的一体化运动产生了决定性的影响。"[1]滕守尧先生是站在人文主义者的角度，针对现实生活的庸俗化或庸常化，重新来审视杜威的"生活如何向艺术靠拢"的问题。他认为杜威在"实用的""经验的"字眼的背后，掩藏着一种把生活提高，使之与"自治性"艺术融为一体的审美文化意图[2]。的确，杜威在这方面为现代人的艺术化生存提供了很大的启示。我们知道，杜威曾经倡导艺术的平民化与日常化，他反对博物馆艺术，主张艺术的生活化，他反对"观照说"，主张艺术的经验性。这是他的美学思想的基础。但是，他也不认为所有日常生活都是艺术。他是有条件的，那就是"经验趋于圆满时，接近于艺术"，这里的圆满，包括手段与目的的统一，感性与理性的统一，形式与内容的统一，等等，要具备强烈性、完整性和清晰性这三个特征。在这个条件下，思想、实践和伦理活动都可以成为艺术。这样，他就提出了"生活艺术化"的整个设想。将生活艺术化，从而达到艺术化生存，这看似是一个难以企及的社会理想，但并不是一个不可能达到的目的，按照马克思恩格斯在《1844年经济学哲学手稿》中对人与动物生产活动之区别的论述，艺术化生存恰是人区别于动物的属性："动物只是在直接的肉体需要的支配下生产，而人甚至不受肉体需要的支配也进行生产，并且只有不受这种需要的支配时才真正进行生产，动物只生产自身，而人再生产整个自然界，动物的产品直接和它的肉体相联系，而人则自由地对待自己的产品……因此，人也按照美的规律来建造。"[3]人类发展的过程，又可以看作是一个逐渐摆脱"受肉体需要的支配进行生产"的过程，但是这个过程是长远的。现代社会似乎还停留在这个阶段，工业化的泛滥似乎还是出于人的肉体的需要，以生产物质为目的，甚至有将精神产品物质化的反动倾向。这样，人的审美生活却变得越来越贫乏。在这种情况下，当代的文化界起码存在着几个问题：一是人文科学被边缘化或者被功利化；二是技术吞并了艺术；三是严肃艺术与生活相去甚远。杜威的意义在于，"艺术即经验"说打破了生活与艺术的界限，愈合了生活与艺术的裂痕；"完美的

[1] 聂振斌，滕守尧，章建刚.艺术化生存[M].成都：四川人民出版社，1997：319.

[2] 聂振斌，滕守尧，章建刚.艺术化生存[M].成都：四川人民出版社，1997：326–327.

[3] 马克思恩格斯全集：四十二卷[M].北京：人民出版社，1979：96–97.

经验"说提出了生活向艺术化靠拢的方向；这对建设当代的审美生活是有启示性的。循此理论，人类最终能达到"艺术化生存"的目的。

另一方面，中西艺术也是有很大差别的。西方艺术比较直观，中国艺术比较抽象；西方艺术比较外在，中国艺术比较含蓄。在风格上，中国艺术精致、简练，西方艺术华丽、精确。陈丹青先生在中央电视台十套播出的大型电视纪录片《昆曲六百年》节目中说：要论张力，感动人，震撼人，那这是西方（艺术）厉害；你要论精致，要论颓废，要论雅，这个，我所知道的世界上的艺术都比不过中国。这说明一个道理：中外艺术是有差别的。

第二节　杜威美育思想对中国当代美育的启示

作为一名伟大的哲学家、教育家，杜威通过他的讲学和著述，其思想的光芒与人格的魅力，给人历久弥新的震撼和仰之弥高的尊敬。这是一笔永恒的财富，它不会因时间的推移而泯灭，也不会因日月轮回而遮蔽自己的光芒，而是像一块块有着巨大吸引力的磁石，使不同时代、不同民族、不同国家的人自觉或不自觉地走近他，研究他，不断体味着其中的无限意蕴。当然，国内外当代对杜威艺术观的评价是见仁见智，褒贬不一的。

对杜威艺术观持积极评价的主要有：美国当代有影响的美学教授比厄斯利、美国当代著名美学家理查德·舒斯特曼（Richard Shusterman，1949—）及国内当代有影响的专家滕守尧、高建平、曾繁仁等。在比厄斯利看来[1]，杜威的《艺术即经验》具有一种自发性气势，有新的发现、视野新鲜、蕴含的意味极其丰富，以及一种独特的间接却稳步向前推进的杜威式雄辩。人们普遍认为，这是我们这个世纪到现在为止用英语（也许是用所有语言）写成的美学著作中最有价值的一部。它属于这样一种书：在开始时，读者也许并不喜欢，但每一次重新读它，都会产生意外的新见解；它的众多段落会回到记忆之中，使人忍不住要去引用，它们中有些生动，有些锐利，似乎都捕捉到了某种最重要的真理。比厄斯利强调："无论是在美学还是在其他领域，杜威思想的影响都是无与伦比的。这一学科的所有研究者，甚至那些被证实持有完全不同的立场的人，都不能说

---

[1]　比厄斯利.西方美学简史[M].高建平，译.北京：北京大学出版社，2006：304.

没有受过他的影响。"[1]比厄斯利于1958年出版的、被20世纪公认为最重要的美学著作之一——《美学：批评哲学中的问题》，深受杜威实用主义美学的影响。舒斯特曼认为，"尤其是杜威美学兴趣范围中的更多东西，应该被恢复和翻新"。在舒斯特曼看来，杜威美学思想的正确性主要体现在[2]：①杜威的身体自然主义。杜威将美学建立在人的有机体的自然需要、构造和行动的基础上。也就是说，所有艺术，都是生命机体和它的环境之间交互作用的结果，是一种包含能量、行动和材料的重新组织的经历与活动。②杜威反对工具价值和内在价值的对立，强调艺术伟大而全面的工具价值。③杜威将艺术和审美的文化首要性和哲学中心性联系起来。杜威在一种基础自然主义和经验主义的哲学根基上授予艺术以超过科学的特权，在一个占统治地位的文化英雄是科学家的日益技术化的世界里，是一种既勇敢又有治疗作用的姿态。而且，美学探究，似乎可以通过一种不仅将艺术而且将它的理论视为最高哲学重要性的回报性的哲学，而最好地服务于我们文化的自我理解。④杜威美学中强调连续性的论点。⑤杜威对精英主义的审美分隔的攻击。⑥杜威理论历史主义的整体论。⑦杜威根据动态的经验而不是静态的对象来理解美的艺术。因此，舒斯特曼指出：在英美美学传统中，没有一本书在涉及范围广泛、论述细致和激情有力方面可与《艺术即经验》相比。这本书对于那种将艺术品看成是固定、自足而神圣不可侵犯之对象的传统美学观的冲击，预示了巴尔特、德里达和福柯等的后结构主义者的思想，并且杜威的理论要比这些大陆哲学家更为健全，而不像他们那样走极端[3]。我国滕守尧先生在《当代西方著名哲学家评传》（艺术哲学分卷）中指出，人们把杜威的美学贬之为"实用的"这样做显然不太公平，因为在这个"实用的"字眼的背后，倾注着杜威对人生价值之真正源泉——经验的深切关注。滕先生认为：杜威把人生作为美和艺术的基础，认为经验即艺术，艺术即经验，这对那些一贯高喊"为艺术而艺术"，认为艺术的真正位置是远离人间烟火的象牙塔的某些欧洲美学家而言，无疑是一种刺耳的噪声，也是对艺术和美本身的背叛，这种背叛充分体现了杜威伟大的人格。滕先生还对杜威的主要美学理念，如以经验

[1] 比厄斯利.西方美学简史[M].高建平，译.北京：北京大学出版社，2006：313.

[2] 舒斯特曼.实用主义美学[M].彭锋，译.北京：商务印书馆，2002：序，11，20-54.

[3] 舒斯特曼.实用主义美学[M].彭锋，译.北京：商务印书馆，2002：16.

为出发点；经验的完美即艺术；艺术不是感情的表达；艺术形式是对"动的整体"的经验；审美价值产生于创造过程与创造结果的融合；反天才观；批评——是什么；艺术不是为了艺术，而是为了生活；对艺术的独特的社会学解释；艺术的真和科学的真等，用通俗易懂的语言与生动的例子进行当代性阐释。滕先生认为，杜威的教育思想不仅适合美育，而且把学校各科的教育都导向艺术的教育，可以说，杜威的教育思想是从思考美育开始的。因此，滕先生强调指出：杜威不仅是一个教育哲学家，而且是一个美学家和美育家[1]。山东大学曾繁仁教授认为[2]：杜威从科学主义角度关注美育，提出"艺术生活化"的著名命题。杜威的突出贡献在于将艺术归结为经验，以经验为中介打破艺术与生活的界限，认为审美经验就是生活经验的一种，这种完整的经验所带来的美好时刻便构成了理想的美。中国社会科学院高建平研究员指出[3]：杜威提供了许多前人没有提供的东西。在他之前，美学界受康德和黑格尔的影响。康德给20世纪初的西方美学界带来了二元论、形式主义，黑格尔给美学界带来了唯心主义精神。杜威是这两种影响的挑战者。他反对克莱夫·贝尔的形式主义，反对克罗齐的唯心主义，将达尔文的自然主义精神带入美学之中，为美学提供了一个新的支点。杜威的美学之所以是20世纪末美学界的一个重要思想资源，是因为"杜威美学不像受康德、黑格尔影响而产生的美学以及分析美学那样，从公认的艺术作品出发，而是要'绕道而行'，从'活的生物'出发，这就使美学建立在了一个新的基础之上"。这也是杜威美学的现实意义所在。在高建平看来，杜威的艺术观呈现出鲜明的特点[4]：杜威不是从具体的实物来看艺术，而是从经验的角度来看待它，这既包括欣赏经验，也包括创作经验。他强调不同经验之间没有本质的差别。从日常生活经验到艺术经验，从对工艺到对艺术的经验，从对通俗大众艺术到对精英艺术的经验，

---

[1]　滕守尧.艺术与创生[M].西安：陕西师范大学出版社，2002：25.

[2]　曾繁仁.西方现代"艺术素养教育转向"与21世纪中国艺术素养教育发展[J].学术月刊，2002（5）.

[3]　高建平.从自然王国走向艺术王国——读杜威美学[J].中国社会科学院研究生院学报，2006（5）.

[4]　张冰.建构现代形态的中国美学——访中国社会科学院文学研究所理论室主任高建平研究员[N].中国社会科学院院报，2006-11-09.

其间有着连续性，要从这种连续性上来考虑艺术的本质。尤其是他"活的生物"概念说明了人与环境的关系。他的"一个经验"概念说明了审美经验的特点。他对艺术在社会中的地位提出一个动态的评价，指出随着社会的发展，艺术会从文明的美容院变成文明本身。这些观点，今日的美国美学家越读越觉得有意义。他拆掉了艺术的象牙之塔，将艺术从一个封闭的世界拉回到日常生活之中，他也没有绝望地说艺术会终结，而是说艺术的未来，不是消亡，而是整个世界艺术化。所有这些，都对当今的艺术理论有着积极的意义。

对杜威艺术观持消极评价最突出的是汝信教授[1]。汝信主要对杜威的以下观点进行了抨击：①杜威把社会意识和社会存在混为一谈，因而看不到艺术在一定社会条件下发展成为独立领域的必然性，这完全是一种舍本求末的浅薄之见。②杜威使用经验这一概念，其内涵十分广泛又不确定，而且鼓吹的是一种唯心主义经验论。③杜威的艺术观把艺术和人的其他活动相混淆，抹杀了审美经验与一般生活经验之间的原则区别，而且把人的艺术活动和动物生活中的活动相混淆，取消了人与一般动物相区别的本质特征。④杜威艺术理论的唯心主义错误主要体现在：杜威否认艺术是客观现实生活的反映，否认后者是前者的唯一源泉，而把从客观现实生活中派生的，而且是加以唯心主义解释的经验当作唯一实在，这就完全颠倒了主次的关系；杜威把艺术和一般生活经验混为一谈，否认从一般生活经验到艺术创作必须经历一个质的飞跃，从而也就贬低了艺术家真正的主观能动作用。⑤杜威夸大了艺术的社会作用，这主要在于杜威看待艺术社会作用的错误观点上：强调艺术所谓的工具作用；否认艺术的认识作用。此外，在杜威看来，似乎只有艺术才能突破把人类隔离开的鸿沟和壁垒，促进人类的相互了解和团结。

也有学者认为杜威关于艺术观的有些论述陷于矛盾中，如朱狄曾指出[2]：杜威"未能对审美经验的客观性方面作出正确的评价"，因此不能"对审美经验的本质作出正确的解释"。杜威一方面声称任何艺术必须是审美的，另一方面他又把艺术分为"美的艺术"和"其他艺术"，这样就不能不陷于明显的矛盾中。既然具有审美性质就是艺术之所以为艺术的条件，那又怎么可能有与"美的艺术"相对立的"其他艺术"？这样，杜威

---

[1] 汝信.西方美学史论丛续编[M].上海：上海人民出版社，1983：282-326.

[2] 朱狄.当代西方美学[M].北京：人民出版社，1986：53-54.

指责那些想在实用艺术和美的艺术之间建立"类"的差别的人是荒谬的，实际上他自己也是荒谬的了。

这些或褒或贬的评价一方面说明了人们对杜威的理解和阐释还在不断进行中，对杜威的认识还在不断深化，需要时间去证明他的价值；另一方面也说明杜威并不是完美的，需要批判地去审视和借鉴。

杜威的美育思想是西方艺术的理论，它并不完全适合中国的美育。但是，中国艺术也不是一成不变的，它在朝向世界化方向发展的过程中，大可以根据"中学为体、西学为用"的原则，借鉴杜威的美育思想来建构中国当代的美育思想。笔者认为，杜威的美育思想至少在以下几方面为中国当代的艺术素养的理论研究者和教育实践工作者提供了思路与借鉴。

一、普通人与艺术家

在西方传统美学看来，艺术是非常珍贵、高不可攀的。而杜威认为，艺术绝不是在"象牙之塔"中上演的"阳春白雪"，要理解美的最终的形式和可以为大家所接受的形式必须从日常生活经验入手，艺术和审美的源泉根植于人的经验。在杜威看来，经验具有广阔的包容性，经验既可以指人们所观察、期望、担忧的东西，如开垦的土地、撒播的种子、收获的喜悦以及日夜、干湿、春秋、冷暖等变化，经验也可以指"这个种植和收割、工作和欣快、希望、畏惧、计划、求助于魔术或化学、垂头丧气或欢欣鼓舞的人"[1]。按照杜威的理解，经验实际上泛指人类的一切生活，艺术即经验，由此可见，艺术也就无处不在了：艺术存在于人们的科学研究、艺术创作、各种制作或各种社会交往中。杜威反复强调交流是艺术的基本特征："由于艺术的对象是表现性的，它们起传达作用。我不是说，向别人传达是艺术家的意图。但是，这是他的作品的结果——如果作品在别人的经验中起作用的话，它确实只能存在于传达之中。"[2]杜威将审美经验与日常交谈进行比较："社会交流的行动就是艺术作品"[3]，"莫里哀笔下的人物不知道他一生都在说着散文。的确，人们一般不知道，他们只要与别人进行口头交流，就是在从事一门艺术"[4]。杜威视艺术为一种语

---

[1]　杜威.艺术即经验[M].高建平，译.北京：商务印书馆，2005：8.

[2]　杜威.艺术即经验[M].高建平，译.北京：商务印书馆，2005：113.

[3]　杜威.艺术即经验[M].高建平，译.北京：商务印书馆，2005：67.

[4]　杜威.艺术即经验[M].高建平，译.北京：商务印书馆，2005：267.

言，他不想让我们犯这个错误：给予口头语言或语言交流某种特权，给予口头语言特权，认为由于艺术表达事物，那些事物能被转变成词语是错误的。"事实上，每一种艺术都有自己的语言方式，不能在用另一种语言传达时其意义还保持原样。"[1]艺术对象"是某种语言。更确切地说，他们是许多种语言"[2]。每一种艺术有它自己的媒介，每一种艺术是一种不同的语言，我们的口头语言只是交流模式中的一种。然而，"由于艺术是最普遍的语言形式……因而它是最普遍而最自由的交流形式"[3]。杜威艺术观的含义很明显：所有的语言都是审美的。这实际上说明：不只"高级艺术"是审美的，日常生活都是审美的，只要我们以一种愉悦的态度与方式对待自己的日常生活与工作，我们就是在从事艺术。从某种程度上来说，普通人与艺术家之间没有本质的差异，人人都是艺术家。

二、过程与结果

于杜威而言，经验是艺术的萌芽，作为艺术的经验必须是完整的。完整经验的形成，必须经过起始、过程与结束的阶段，而一般的日常经验却不具备这些特征，它们只不过是例行公事的重复，使当事者失去兴趣。杜威认为，在零散的经验中，当事人往往先尝试而后半途而废，并不是由于经验到达了终点，而是由于外部因素的干扰或者自己的懈怠。艺术作为一个完整的经验过程，不是仅仅指人们做什么及如何做，而是产生于做什么及如何做二者的统一之中，即过程与结果的统一。杜威曾用古希腊人"劳动者不体面、体面者不劳动"为例做了说明：当时的生产者几乎都是奴隶，奴隶的劳动是受限制和约束的，劳动者的劳动过程没有任何自由，甚至是苦不堪言的，更谈不上艺术性。而那些根本没有参与劳动过程却享受劳动成果的人，由于没有亲自动手感知和体验劳动的全过程，自然不会有审美体验。所以，劳动者和享受劳动成果者都不能获得经验。其原因就是过程与结果的脱离。杜威特别重视和强调艺术生成及审美活动中的"过程"，因为"结果"是过程的结果，杜威甚至将艺术直接定义为做或制作的"过程"："这在美术与技术中都是如此……由于艺术的活动或做的成分如此明显，许多辞典常用艺术熟练的行动、制作的能力来解释艺术。牛

---

[1]　杜威.艺术即经验[M].高建平，译.北京：商务印书馆，2005：115.

[2]　杜威.艺术即经验[M].高建平，译.北京：商务印书馆，2005：106.

[3]　杜威.艺术即经验[M].高建平，译.北京：商务印书馆，2005：270.

津辞典用约翰·穆勒的话说：艺术是追求制作的完美的努力。"[1]按照杜威的观点，艺术作品的真正价值绝不能等同于艺术活动的结果，而是弥散于整个过程之中，美的艺术的真正原因"正是在于这些匿名的艺术家们在生产过程中的完美生活与体验"，在这个生产过程中美的艺术使"整个生命具有活力"，这个过程真正形成了"是否是美的艺术的区分"[2]。杜威的艺术观早已阐明：过程比结果更重要。而这点，恰是被我们当前许多美育工作者所忽视的。许多教育工作者更多的是关注受教育者最后学到了什么艺术技能，关注他们画得像不像、唱得好不好，他们强调的是"结果"，而忽视了学生在整个艺术学习"过程"中的收获，这是艺匠的训练而非艺术教育的真正目标。美育应让受教育者真正投入整个实践过程中，以主体的角色进行主动的探索，在探究的过程中、在操作的过程中，他们才能真正获得感性上的认识并产生心灵上的共鸣，从而把自己体验到的东西纳入已有的经验体系。只有受教育者积极主动地感知、体验、探索、动眼、动脑、动手，才能逐步体会和领悟到艺术的种种形而上之道，才能进一步运用所学到的知识和经验进行艺术创造，发展能力，完善人格，体现自我。唯有这样，知识经验才能成为个人态度、行为习惯乃至价值观的一部分。

三、发现问题与解决问题

杜威从经验的角度来看待艺术，经验既包括审美经验，又包括创作经验。杜威认为在两种类型的可能世界之中不可能发生审美经验：一方面，在一个纯粹变动的世界中，统一、稳定或顶峰经验，都将是不可能的；另一方面，一个已经完成的、终结的世界，就不会有悬念和危机的特征，不可能发现问题，更不可能给问题解决提供机会。审美需要骚动和杂乱，从混乱过渡到和谐的片刻是最具生命力、最令人满足的经验。杜威强调审美经验本身不是处于一个静态的环境中，而是处于一个动态的过程中，审美经验产生于生命反复与环境失去平衡又重建与环境的平衡之中，产生于从骚乱到和谐这一时刻，所以在完全流动的世界中或完全静止的世界中，在一个混乱的世界中或在一个完成了的世界中，都不可能产生审美经验。按照杜威的理解，审美过程从混乱到和谐、从失去平衡到重建平衡，实际上是强调审美过程是在混乱中、在失去平衡中不断去发现问题，并将发现的

---

[1]　杜威.艺术即经验[M].高建平，译.北京：商务印书馆，2005：47.

[2]　杜威.艺术即经验[M].高建平，译.北京：商务印书馆，2005：26-27.

问题逐步解决后才可能实现和谐与平衡的一个过程，换而言之，审美过程绝非仅仅解决问题的过程，而是一个发现问题比解决问题更重要的过程。于杜威而言，创作经验亦如此。一个"发现问题"的画家绘画时是在不断地寻找他的视觉问题而不是执行某一问题，而一个"解决问题"风格的画家在开始绘画前预先为自己的创作制订相对详细的计划，然后把它画出来，画家绘画的过程完全由"解决"问题组成。一种问题解决的方法不产生真正的艺术，"一件最终产品无论是由艺术家还是由观赏者做出预先规定，所生产出的都是机械的或学院派的产品"。只有艺术家在艺术创作过程中发现问题，艺术作品才真正伟大："出乎意料的突转，某种艺术家自己没有明确预见的东西，是一件艺术作品具有恰当性质的条件：它使艺术品避免了机械性。"[1]当代心理学的研究论证了杜威的艺术观：问题是思维的起点，发现问题比解决问题更重要。因此，在美育中，教师应根据受教育者的身心特点提供特定的艺术实物材料，受教育者在亲自动手拨弄这些艺术材料的过程中也许有了突发奇想，产生了新的问题，这就促使着他们进一步去探究并努力解决自己所发现的问题，这样，他们的艺术潜能更能得到应有的发挥，艺术创造力就会得到更好的培养。

四、独创与对话

杜威的"艺术即经验"观强调经验是静态与动态、主动与被动、主观与客观的有机统一，所有经验或直接或间接的源泉都是有机体与周围环境相互作用的结果。艺术即经验，那么，艺术亦在于使人从其与周围环境交互作用之关系中获得意义的澄清，而不单只是通过或感觉或思考的任何一方所能达到的。杜威明确指出：审美经验是"一种艺术作品与自我相互作用的东西"[2]，由于"每一种文化都有着自身的集体个性"，在不同的文化背景下长大的人其经验是不同的，因此在对同一件作品进行审美时其审美经验是不同的。"两个不同的人的经验也不相同。同样的人在不同的时间里将某种不同的东西带入同一个作品中时，它也会发生变化。"[3]具体论述到艺术作品时，杜威强调艺术作品不是被我们称为艺术家的人以任何独特的或完整的方式独自完成的工作，艺术作品是由艺术家与影响艺

---

[1] 杜威.艺术即经验[M].高建平，译.北京：商务印书馆，2005：153.

[2] 杜威.艺术即经验[M].高建平，译.北京：商务印书馆，2005：367.

[3] 杜威.艺术即经验[M].高建平，译.北京：商务印书馆，2005：367-368.

家的其他人共同完成的。杜威声称，即使一个艺术家在独自工作，对他的创造性来说也有一种公众的、社会的因素。"甚至在头脑中构想的，从而在物质上是私人的结构，就其实质内容上讲也是公众的，这是因为它是在参照了对可见的，从而从属于公众的世界的产品的处理来构想的。"[1]杜威用语言的隐喻进一步阐明自己的观点："语言只在它被听与被说时才存在……甚至艺术家在独自工作时……艺术家不得不替代性地充当受众的角色。"[2]杜威强调艺术是一个公共的过程，而不是一个个体的或心理的过程，艺术"不是局限于艺术家，局限于这里或那里的某个恰好喜欢该作品的人的一个孤立的事件。就艺术起作用的程度而言，它也是朝着更高的秩序和更大的整一性的方向去再造社群经验。"[3]不难看出，杜威所强调的艺术创作或艺术作品是由艺术家、观众、环境、物质媒介等因素之间相互交流、对话与合作的结果，而非艺术家独自冥想或创作的过程。因此，在美育中，我们应有意识地培养师生之间、生生之间、学生与文本之间、学生与大师之间等方面的交流、对话与合作，让受教育者在交流、对话与合作中畅谈各自的认识、理解、感受与体验，从而真正领悟到艺术的真谛。

五、创造与欣赏

于杜威而言，艺术家知道自己正在做什么及自己将做什么，那种认为艺术家不需要反思、不知觉每一个笔触的观念是荒谬的。在艺术与审美中，艺术创造与欣赏是相互作用的，如果我们视"艺术"为做的过程，视"审美"为欣赏，这必将导致创造与欣赏分离。杜威明确指出，艺术家在创造过程中需要有知觉的技能，艺术家独立工作时他本人亦充当观众的角色："艺术家在工作时将接受者的态度体现在自身之中。"[4]同时，杜威强调，欣赏不是被动的，欣赏者与创作者的活动有着类似之处，也是一个创造的过程。他说："桑塔耶纳说得好，'知觉并不像陈腐的印章或蜡模比喻一样停留在心中，被动而不变化，……知觉落入脑子里，更像种子落入耕过的地里，甚至像火光落入一桶火药中一样。每一个图像繁殖出一百

---

[1]　杜威.艺术即经验[M].高建平，译.北京：商务印书馆，2005：55.

[2]　杜威.艺术即经验[M].高建平，译.北京：商务印书馆，2005：115.

[3]　杜威.艺术即经验[M].高建平，译.北京：商务印书馆，2005：87.

[4]　杜威.艺术即经验[M].高建平，译.北京：商务印书馆，2005：51.

个图像'。"[1]当面对一个对象时，感受者可以用学究式的方式去感知，去寻找与他自己所熟悉的东西的相同之处，或者学者式地寻找他想要写的文章的材料；但是，他如果用审美的方式去知觉，他将创造一个具有全新内在的题材。这是因为艺术品是作家对生活素材进行创作而形成的艺术形象。在审美知觉活动中，每个人都带着自己原先的经验来欣赏艺术，把作品中提供的许多表象连成一个整体。以读诗为例，任何两个以上读者按其对一首诗的反应来说绝不可能有完全相同的经验。任何人只要他试着阅读一首诗，那么一首新诗便被创造出来，用杜威的话说：一首新诗是由诗意地阅读的人创造的。这种创造的实质是读者把作品中的艺术形象再创造成自己头脑中的艺术形象，正如作品的创造者有意识地经验得到的组织作用一般，必须具有一种改造的行动，即必须按照自己的观点和兴趣，经过如同艺术家依照他的兴趣从事选择、简化、澄清化、省略和浓缩等手法，即经过提炼、加工、理解、综合等思维活动，将实质上散漫无序的细节和特点综合成为一种经验的整体，否则就会把审美同茫然无解的情绪激奋相混淆。杜威赞同英国批评家A.C.布拉德利的观点："一首首的诗组成了作为总称的诗歌，我们会照它实际存在的样子来考虑一首诗；而一首实际上的诗是当我们在读诗时，所经历的一连串的经验——声音、意象、思想……一首诗便是在数不清的程度上存在着的。"杜威认为，即使一位艺术家也不能清楚地说明他自己的作品的真正意义是什么，因为"他自己会在不同的日子和一天的不同时间里，在他自身发展的不同阶段，从作品中发现不同的意义"[2]。因此，杜威进一步指出：每一次对对象的审美知觉都是一种再创造。"没有一种再创造的动作，对象就不被知觉为艺术品。"[3]由此可见，杜威强调创作与欣赏是艺术活动的两种基本形式，两者缺一不可，并始终相生相伴在艺术实现过程中，艺术家正是在创作中欣赏、在欣赏中创作才有可能成功创作出艺术作品。美育如何科学、有序地构建欣赏教学内容体系，让受教育者在欣赏中学会创造，在创造中学会欣赏，这是杜威带给我们的基本启示。

---

[1] 杜威.艺术即经验[M].高建平，译.北京：商务印书馆，2005：173.

[2] 杜威.艺术即经验[M].高建平，译.北京：商务印书馆，2005：117-118.

[3] 杜威.艺术即经验[M].高建平，译.北京：商务印书馆，2005：58.

参考文献

[1] 杜威.艺术即经验[M].高建平，译.北京：商务印书馆，2005.

[2] 杜威.经验与自然[M].傅统先，译.南京：江苏教育出版社，2005.

[3] 杜威.人的问题[M].傅统先，邱椿，译.上海：上海人民出版社，2006.

[4] 杜威.民主主义与教育[M].王承绪，译.北京：人民教育出版社，2005.

[5] 杜威.我们怎样思维·经验与教育[M]. 姜文闵，译.北京：人民教育出版社，1991.

[6] 杜威.哲学的改造[M].许崇清，译.北京：商务印书馆，1958.

[7] 赵祥麟，王承绪.杜威教育论著选[G].上海：华东师范大学出版社，1981.

[8] 杜威.学校与社会·明日之学校[M].赵祥麟，译.北京：人民教育出版社，2006.

[9] 杜威.杜威文选[M].孙有中，译.上海：上海社会科学院出版社，1997.

[10] 杜威.杜威五大讲演[M]. 胡适，口译.合肥：安徽教育出版社，1999.

[11] 塔利斯.杜威[M]. 彭国华，译.北京：中华书局，2002.

[12] 杜威.杜威传[M].单中惠，编译.合肥：安徽教育出版社，1987.

[13] 梅休.杜威学校[M].王承绪，赵祥麟，译.上海：华东师范大学出版社，1991.

[14] 比厄斯利.西方美学简史[M].高建平，译.北京：北京大学出版社，2006.

[15] 舒斯特曼.实用主义美学[M].彭锋，译.北京：商务印书馆，2002。

[16] 单中惠.现代教育的探索：杜威与实用主义教育思想[M].北京：人民教育出版社，2002.

[17] 克雷明.学校的变革[M].单中惠，译.上海：上海教育出版社，1994.

[18] 朱狄.当代西方美学[M].北京：人民出版社，1986.

[19] 蒋孔阳.二十世纪西方美学名著选[G].上海：复旦大学出版社，1987.

[20] 杨鑫辉.心理学通史[M].济南：山东教育出版社，2003.

[21] 桑塔耶纳.美感[M].缪灵珠，译.北京：中国社会科学出版社，1982.

[22] 黑格尔.美学：第一、二、三卷[M].朱光潜，译.北京：商务印书馆，1979.

[23] 王鲁湘.西方学者眼中的西方现代美学[M].北京：北京大学出版社，1987.

[24] 马奇.西方美学史资料选编：上、下[G].上海：上海人民出版社，1987.

[25] 王守昌，苏玉昆.现代美国哲学[M].北京：人民出版社，1990.

[26] 达尔文.物种起源[M].舒德干，译.西安：陕西人民出版社，2005.

[27] 车文博.西方心理学史[M].杭州：浙江教育出版社，1998.

[28] 蒋孔阳，朱立元.西方美学通史[M].上海：上海文艺出版社，1999.

[29] 罗素.西方哲学史：下卷[M].马元德，译.北京：商务印书馆，2003.

[30] 胡经之.西方文艺理论名著教程[M].北京：北京大学出版社，1986.

[31] 朗格.艺术问题[M].滕守尧，译.南京：南京出版社，2006.

[32] 滕守尧.审美心理描述[M].成都：四川人民出版社，1998.

[33] 布洛克.现代艺术哲学[M].滕守尧，译.成都：四川人民出版社，1998.

[34] 里德.通过艺术的教育[M].吕廷和，译.长沙：湖南美术出版社，2002.

[35] 帕森斯，布洛克.美学与艺术教育[M].李中泽，译.成都：四川人民出版社，1998.

[36] 列维，史密斯.艺术教育：批评的必要性[M].王柯平，译.成都：四川人民出版社，1998.

[37] 滕守尧.艺术与创生 [M].西安：陕西师范大学出版社，2002.

[38] 滕守尧.文化的边缘[M].南京：南京出版社，2006.

[39] 庞朴.一分为三：中国传统思想考释[M].深圳：海天出版社，1995.

[40] 滕守尧.中外综合式艺术教育一百例[M].西安：陕西师范大学出版社，2002.

[41] 李泽厚.美学四讲[M].天津：天津社会科学院出版社，2001.

[42] 艾夫兰.西方艺术教育史[M].邢莉，常宁生，译.成都：四川人民出版社，2000.

[43] 康内尔.二十世纪世界教育史[M].张法琨，译.北京：人民教育出版社，1990.

[44] 陆有铨.现代西方教育哲学流派[M].郑州：河南教育出版社，1993.

[45] 瞿保奎，马骥雄.美国教育改革[M].北京：人民教育出版社，1990.

[46] 鲍尔斯，金蒂斯.美国：经济生活与教育改革[M].王佩雄，译.上海：上海教育出版社，1990.

[47] 津恩.美国人民的历史[M].许先春，蒲国良，张爱平，译.上海：上海人民出版社，2000.

[48] 周谷平.近代西方教育理论在中国的传播[M].广州：广东教育出版社，1996.

[49] 赵祥麟.外国教育家评传：第2卷[M].上海：上海教育出版社，1992.

[50] 滕大春.外国教育通史：第5卷[M].济南：山东教育出版社，1993.

[51] 林克，卡顿.一九○○年以来的美国史[M].刘绪贻，译.北京：中国社会科学出版社，1983.

[52] 郭声健.艺术教育[M].北京：教育科学出版社，2001.

[53] 邹铁军.实用主义大师：杜威[M].长春：吉林教育出版社，1990.

[54] 陈怡.经验与民主：杜威政治哲学基础研究[M].上海：复旦大学出版社，2002.

[55] 孙有中.美国精神的象征：杜威社会思想研究[M].上海：上海人民

出版社，2002.

[56] 杜祖贻.杜威论教育与民主主义[M].北京：人民教育出版社，2003.

[57] 杨平.多维视野中的美育[M].合肥：安徽教育出版社，2000.

[58] 元青.杜威与中国[M].北京：人民出版社，2001.

[59] 姜义华.胡适学术文集·教育[M].北京：中华书局，1998.

[60] 刘沛.美国音乐教育概况[M].上海：上海教育出版社，1998.

[61] 陈育德.西方美育思想简史[M].合肥：安徽教育出版社，1998.

[62] 汝信.西方美学史论丛续编[M].上海：上海人民出版社，1983.

[63] 教育部基础教育司.全日制艺术教育艺术课程标准解读[M].北京：北京师范大学出版社，2002.

[64] 曹孚.实用主义教育思想批判[M].北京：新知识出版社，1956.

[65] 高觉敷.西方近代心理学史[M].北京：人民教育出版社，1982.

[66] 汝信.外国著名哲学家评传：第8卷[M].济南：山东人民出版社，1985.

[67] 陶行知.陶行知全集[M].成都：四川教育出版社，1991.

[68] 陈秀云.陈鹤琴教育文集[M].北京：北京出版社，1983.

[69] 钟启泉，崔允漷.新课程的理念与创新：师范生读本[M].北京：高等教育出版社，2003.

[70] 多尔.后现代课程观[M].王红宇，译.北京：教育科学出版社，2000.

[71] 加德纳.艺术与人的发展[M].兰金仁，译.北京：光明日报出版社，1988.

[72] 罗恩菲德.创造与心智的成长[M].王德育，译.长沙：湖南美术出版社，1993.

[73] 迟轲.西方美术理论文选[G].南京：江苏教育出版社，2005.

[74] 王安国，郭声健，蔡梦.走进课堂：音乐新课程案例与评析[M].北京：高等教育出版社，2003.

[75] 胡知凡.艺术课程与教学论[M].杭州：浙江教育出版社，2003.

[76] 课程教材研究所.20世纪中国中小学课程标准·教学大纲汇编：音乐美术劳技卷[M].北京：人民教育出版社，2001.

[77] 曾繁仁，高旭东.审美教育新论[M].北京：北京大学出版社，1997.

[78] 赵秀福.杜威实用主义美学思想研究[D].济南：山东大学，2001.

[79] 王彦力.走向对话：杜威与中国教育[D].南京：南京师范大学，2005.

[80] 摩西.世界著名教育思想家：1、2[M].北京.中国对外翻译出版公司，1994.

[81] 钟启泉，安桂清.研究性学习理论基础[M].上海：上海教育出版社，2003.

[82] 赵祥麟.重新评价杜威的实用主义教育思想[J].华东师范大学学报（哲学社会科学版），1980（2）.

[83] 布鲁纳.杜威教育哲学之我见[J].伟俊，钟会，译.外国教育研究，1985（4）.

[84] 张华.杜威研究性学习的思想与实践[J].当代教育科学，2005（23、24）.

[85] John Dewey：The Early Works：1882–1898[M].Carbondale：Southern Illinois Press，1972.

[86] BOYDSTON. John Dewey：The Later Works：1925–1953[M]. Carbondale：Southern Illinois University Press，1987.

[87] ALEXANDER T M. John Dewey's Theory of Art，Experience and Nature：The Horizons of Feeling[M]. Albany：State University of New York Press，1987.

[88] CAHILL H. American Resources in the Arts[M] // O'CONNOR F V. Art for the Millions. Boston：New York Graphic Society，1973.

[89] JACKSON P W. John Dewey and the lessons of art[M]. New Haven，C.T.：Yale University Press. 1998.

[90] SMITH P. The History of American Art Education： Learning About Art In American Schools[M]. Westport：Greenwood Press，1996.

[91] GARDNER J. Excellence：Can We Be Excellent and Equal Too?[M]. New York：Harper & Row，1961.

[92] GILMAN B I. Museum Ideals of Purpose and Method，Camhridge：Riverside Press，1981.

[93] HICKMAN L. Dewey's Theory of Inquiry[M] // HICKMAN L A. Reading

Dewey: Interpretations for a Post-modern Age. Bloomington: Indiana University Press. 1998.

[94] ELFAND A D. A History of Art Education: Intellectual and Social Currents in Teaching Visual Arts[M]. New York: Teachers College Press, 1990.

[95] KAUFMAN-OSBORN T. Politics/Sense/Experience: A Pragmatic Inquiry into the Promise of Democracy[M]. New York: Cornell University Press, 1991.

[96] GARRISON J. Dewey and Eros: Wisdom and Desire in the Art of Teaching[M]. New York: Teachers College Press, 1997.

[97] http://www.siu.edu/deweyctr/: The Center for Dewey Studies.

[98] TEJERA V. American Modern: The Path Not Taken[M]. New York: Rowman & Littlefield. 1996.

[99] http://www.cosmopolis.ch/english/cosmo13/barnes.htm

[100] Russell, Dee, Cultivating the imagination in music education: John Dewey's theory of imagination and its relation to the Chicago laboratory school. educational theory, 2004, spring98, vol. 48, issue 2.

[101] GOLDBLATT P. How John Dewey's Theories Underpin Art and Art Education[J]. Education and Culture, 2006, 22（1）.

[102] BARNES A C. Method in Aesthetics[M] // The Philosopher of the Common Man: Essays in Honor of John Dewey to Celebrate his Eightieth Birthday. New York: G.P. Putnam's Sons, 1940.

[103] LIM B. Aesthetic discourses in early childhood settings: Dewey, Steiner, and Vygotsky[J]. Early Child Development and Care, 2004, 174（5）.

[104] MOTHERWELL R, The New York School. Storming The Citadel[M]. New York: Public Broadcasting System, 1991.

[105] Art-as-Art: The Selected Writings of Ad Reinhardt[M].New York: The Viking Press, 1975.

[106] ROSENBERG H. The Tradition of the New[M]. London: Thames and Hudson, 1962.

[107] BRESLIN J E B. Mark Rothko: A Biography[M].Chicago: University of Chicago Press, 1993.

[108] O'CONNOR F V.Catalogue of an Exhibition[M] // Federal Art Patronage: 1933–1943. University of Maryland Art Gallery, College Park, Md., 1966.

[109] http: //www.ucls.uchicago.edu/photo_album.

[110] FLAM J. Motherwell[M].New York: Rizzoli International Publishing, 1991.

[111] SEITZ W C. Abstract Expressionist Painting in America[M]. Cambridge: Harvard University Press, 1983.

[112] http: //blog.sina.com.cn/s/blog_494860e301000adv.html

后 记

《杜威美育思想研究》是在我博士毕业论文的基础上修改而成的。书稿搁置多年，终于得以付梓出版。衷心感谢各位师友亲人的厚爱与鼓励。

博士论文倾注了导师滕守尧先生的无数心血，从选题、资料的收集到多次修改，始终得到先生的殷切指导和不倦教诲，其中的点点滴滴令我感动不已，这些感动，将会伴随我的一生！先生敏锐的洞察力、渊博的学识、严谨的治学态度及和蔼可亲的为人，是我终身学习的楷模！在博士论文作为一本独立的著作付梓之际，谨对滕先生表示诚挚的敬意和谢意！

还记得论文开题报告上管建华博导、许卓娅博导、孔起英教授、易晓明博士提出的富有启迪性的建议，令我获益匪浅，在此，表示深深的谢意！特别感谢答辩委员会主席聂振斌先生以及王柯平博导、徐碧辉博导、宋瑾博导、管建华博导、骆东青博导、边霞博导等各位委员，感谢各位前辈对我毕业论文的赏识，这使我受宠若惊，也将不断激励我在学术之路上慢慢前行。感谢各位前辈用独特的、艺术化的方式为我提出精辟的修改意见，尽管我在答辩后根据各位前辈提出的宝贵意见做了些修改，但受限于自己的学术功底，我深知离各位前辈的期望依然很遥远。各位前辈永远是我学业上的导师，我会多读他们的著作以增长自己的智慧。

感谢肇庆学院科技处处长胡海建教授的真知灼见对我学术的点拨和引领！感谢肇庆学院科技处对本书出版的经费资助！感谢肇庆学院教师教育学院院长肖起清教授富有开拓性的工作热情及教育智慧对我的鞭策和引领！感谢肇庆学院省级中小学教师发展中心小伙伴们对我工作的鼎力配合！

每当我在学业或工作上受到挫折时，总能从一直住在偏远小山村的勤劳、善良、年迈的父母那儿得到精神上的安慰和鼓励。父母不知道尚有"蹉跎莫遣韶光老，人生唯有读书好"的诗句，但他们一直用他们独特的方式告诉我要不断进步。父母的心永远是最低的，他们从来没有对我们提出过任何物质要求，只渴望我们能"常回家看看"，但我们常因工作或学业让父母在"我们有空就回家"的承诺中一次又一次期待。下次回家时，我要送给父母一个惊喜，因为我可以把此书带给他们，深信这是他们最喜欢的礼物。

感谢我的爱人李曙豪博士和我的女儿李艺臻同学。爱人在兼顾工作、学业和家庭的同时还为我撑起了一方绿荫：当我面对学术的艰难而彷徨时有他的激励；当我在学术的殿堂步履蹒跚时有他的指点；当我有情绪困扰时有他的开导。从小不在父母身边长大的女儿在生活的磨炼中养成暖心、懂事、吃苦耐劳及不懈努力的诸多良好品质，让我在精神上多了一些慰藉的同时也常为自己的不称职而深感愧疚。

要感谢的人还有很多，无法一一述及。在此，对所有关心我的人一并致以谢忱。但愿他们体健、心静、事顺！

常怀感恩之心，伴我砥砺前行。愿《杜威美育思想研究》一书能为中国美育思想的百花园增添芬芳，愿中国教育伟大事业更加辉煌。